尤里卡文库

Psychologische Typen

C.G.Jung

心理类型

[瑞士] 卡尔·荣格 著

庄仲黎 译

湖南文艺出版社

目 录

序　言　001

导　论　005

第一章　古希腊罗马时期与中世纪思想史的类型问题　014

第一节　古希腊罗马时期的心理学：德尔图良与奥利金　014

第二节　早期基督教会的神学论争　038

第三节　化体说的问题　043

第四节　唯名论与唯实论　048

第五节　路德和茨温利对于圣餐礼的争辩　119

第二章　席勒对于类型问题的探讨　124

第一节　席勒的《审美教育书简》　124

第二节　席勒的《论素朴的诗与感伤的诗》　237

第三章　太阳神精神与酒神精神　248

I

第四章 性格类型学的类型问题 268

第一节 乔丹类型学概述 268
第二节 对于乔丹类型学的阐述与批判 278

第五章 心理病理学的类型问题 302

第六章 美学的类型问题 329

第七章 现代哲学的类型问题 349

第一节 詹姆斯类型学 349
第二节 詹姆斯类型学特有的二元对立 363
第三节 詹姆斯类型观的批判 384

第八章 传记的类型问题 389

第九章 类型概述 405

第一节 绪言 405
第二节 外倾型 410
第三节 内倾型 479

结 语 537

序　言

这本书是我从事临床心理学将近二十年的工作心得。其中的思想是逐渐成型的，它们一部分来自我个人在治疗精神疾病方面所获得的、与各个社会阶层人士互动时所形成的无数的印象和经验，另一部分则来自我个人后来和朋友、对手的讨论和争论，最后还有一部分来自我本人对于自己的心理特质的批判。

我希望从历史学和心理学术语的角度，把我从经验所抽象而出的思想与既有的知识联结起来，而不是列举许多个案来增加读者的阅读负担。我这么做，并不是因为我的论述需要某种历史的正当性，而是希望我能把自己身为精神医学专家的经验，从狭隘的专业领域带入比较普遍的知识脉络当中。如此一来，连受过高等教育的非心理学专业人士也可以在这种知识脉络里运用这些来自心理学专业领域的经验。如果我自己不确信这本书所呈现的心理学观点具有普遍的意义与应用性——所以,最好能在普遍的知识脉络里,而不是在原来的专业假设的形式里作处理——我其实不敢把这些心理学观点与既有的知识衔接在一起,因为人们会很容易误以为这是在侵犯其他的领域。为了符合我撰写本书的目的,我把自己的探讨限制在几位与本书处理的问题有关的作家的思想里,所以不会呈现一切与我们的问题有关的内容,毕竟这样的研究规模已超出我的能力好几倍。如果完全撇开这一点不谈,即使所完成的相关资料与意见的索引已近乎完备,这些资料的搜集与整理对于这些问题的研究和发展也没有全面而彻底的贡献。所以,为了让自己尽可能地专注于一些主题,我毫无遗憾地舍弃了许多这几年我所搜集的资料。

在大量未采用的资料中,有一份很珍贵的档案曾让我受益匪浅,也就是我和我的巴赛尔朋友 H.施密特博士(Dr. med. H. Schmid)针对类型问题的切磋而留下的一大批信件。我非常感谢这样的意见交流,它让我的观念得以厘清,我后来还把其中许多内容——其呈现的形式当然已经有所改变,且已经过多次修改——写进这本书里。基本上,这些在书信往返中所进行的讨论就相当于撰写本书的准备工作,但是,把这些内容直接收录在本书里,却可能造成读者更多的困惑，而不是理解。不过，如果不是这位朋友的付出，我实在无法完成本书，所以，我要在这里衷心地表达我对他的感谢。

卡尔·荣格

1920年春于库斯纳赫特/苏黎世

导　论

　　柏拉图和亚里士多德！他们不仅代表两个思想体系，还体现了人类性情的两种不同的类型。自远古以来，这两种类型无论在哪个时期或哪个地区都或多或少互有敌意而彼此对立。这种冲突持续至今，不过，以整个中世纪时期最为激烈，当时的冲突还成为基督教会史最重要的内容。人们经常谈到柏拉图和亚里士多德，虽然这些谈论主要聚焦在其他的人物上。属于热情的、神秘的、柏拉图式性情的人从情感的深处揭示了基督教的观念与相关的象征。属于务实的、条理分明的、亚里士多德式性情的人则从基督教的观念与象征中，建立了一个稳固的思想体系、一种教义学以及一套敬拜仪式。基督教会终究包含了这两种性情的人，其中一种性情的人大多在教会里任职，而另一种性情的人则隐身于修道院，不过，他们仍持续不断地相互攻击。

　　——德国诗人海涅（Heinrich Heine）《德意志论》（*Deutschland*）第一卷

身为精神科医师，我在诊治精神病患的临床工作中早已发现，人类的心理除了个体的差异之外，还存在着类型的区分。首先，我注意到两种心理类型，我把它们称为"内倾型"（Introversionstypus）和"外倾型"（Extraversionstypus）。

当我们在观察人们的生命历程时，我们会看到，某些人的命运比较受到他们所关注的客体的支配，而另一些人的命运则比较受制于他们自己的内在和他们的主体。因为我们所有的人都或多或少偏向这一方或那一方，所以，我们会自然而然习惯于站在自己所属类型的角度来理解一切。

为了避免造成读者的误解，我想先在这里讨论一种情况。这种情况当然会严重困扰我尝试对这两种类型所进行的一般性描述，所以，我如果期待自己的论述能获得正确的理解，就必须先假设，读者已经对我怀有高度的肯定。如果每位读者都知道自己属于哪一种类型，情况就比较简单，毕竟要确定人们属于哪个类型并不是一件容易的事，尤其是对那些本身已经出现问题的人而言。人们对于自身的人格（Persönlichkeit）的判断往往相当模糊，这是因为每一种显著的类型都同时具有补偿（Kompensation）自身类型的片面性的特殊倾向，因此，主观的判断往往含糊不清。

不过，从生物学的角度来看，这种补偿的倾向却是合理的，因为，人类需要维持心灵（Seele）的平衡。因为经由补偿作用所形成的次要性格（sekundärer Charakter）或次要类型（sekundärer Typ）会模糊化个体的心理类型，所以人们会倾向于否定类型的存在，而只相信个体的差异。

为了替我在后面所表述的内容的某种特性进行辩解，我必须先强调我在研究心理类型时所碰到的困难：呈现这两种类型最简单的方法似乎就是描述并同时剖析它们的具体情况。由于每个人都拥有两种机制，即外倾与内倾的机制，只有当某一机制比另一机制占有相对的优势时，才足以形成一个类型。但为了让类型浮现出必要的图像，人们必须进行高度修饰，而修饰过的类型图像便或多或少变成一种无伤大雅的欺骗。此外，人类的心理反应是如此复杂，我的叙述能力几乎无法完全正确地反映它的面貌，这又是另一个困难。因此，在迫不得已的情况下，我必须把论述局限于对一些已经从大量观察到的个别事实抽象而出的原则的阐明。这些论述与"先验演绎"（deductio a priori）无关——尽管从表面看来似乎是如此——而是对于有经验依据的洞察所进行的演绎推理的说明。我希望，这些关于心理类型的洞察有助于处理分析心理学和其他学术领域的困境，尤其是那些在人际关系里已经出现，而且不断出现的误解和冲突。这些洞察还告诉我们，为什么两种不同类型的存在早已是人们所熟知的事实，它们以这种形式或那种形式显现出来，不仅人情练达的人，就连搔首苦思的思想家也会注意到它们的存在。或如大文豪歌德的例子：他曾经借由直觉而发现两种普遍的原则，即"心脏的收缩"和"心脏的舒张"[1]。

人们通过名称和概念来理解内倾和外倾的机制，这些名称和概念尽管极其不同，却能各自适应各个观察者的各种观点。外倾机制就是对于外在客体的关注，而内倾机制则是外倾的反向翻转，也就是对于主体和主体的心理过程的关注。在前一种情况里，客体宛如磁铁般地影响着主体的倾向，它会强力地吸引和制约主体，让主体出现自我疏离，而且大幅改变主体的性质，好让主体主动地迎合它。这么一来，人们就会认为，客体对主体而言具有更重要的，甚至是关键性的意义，因为客体是绝对的支配者，是生命和命运的特殊意义，所以，主体会毫无保留地

---

[1] 歌德在他的代表剧作《浮士德》第一部的开头，便通过主人翁浮士德在两种对立的状态中的不断流转，来表达自己的二元对立观。——译注

把自己交给客体。后一种情况则相反：主体是，而且仍然是一切关注的中心，所有的生命能量最终似乎都流向主体，因此往往阻碍了客体取得强势的影响力。此时，能量似乎从客体流出，而主体就好比一块想吸住客体的磁铁一般。

以易于理解和清晰的方式来描述这种主体与客体的对立关系的特性，并不是一件容易的事。因为这样的尝试会面临高度的危险，所提出的论述也会充满矛盾，最终只会带来更多的困惑，而不是清晰的理解。极为普遍的情况是，人们会把内倾的观点说成自我和主观的心理过程无论如何都凌驾于客体和客观的心理过程之上，或至少在面对客体时，总是力图维护自身。因此，内倾的态度（Einstellung）赋予主体的价值会高于客体，换句话说，客体所得到的价值总是比较低，它只具有次要意义，有时甚至只作为主观内容的外在和客观的表征。比方说，客体会作为某种思想的体现，但主角却还是思想本身；或者，客体会成为情感的对象，但重要的却是情感的经历，而不是拥有实在个体性的客体。反之，外倾的观点会使主体从属于客体，客体便因此而获得了高度的价值。此时，主体只具有次要意义，主观的心理过程有时只表现为客观事件的多余的附属物和带来干扰的附属物。显然，由这两种对立的观点共同衍生出的心理势必会裂解为两种完全不同的心理定向（Orientierung）；其中一种定向会根据自己的看法来看待一切的人、事、物，而另一种定向则是根据客观发生的种种。

外倾和内倾这两种相反的态度主要代表着两种相反的机制：外倾机制往外捕捉客体，就类似心脏向外的舒张，内倾机制收回倾注于外在客体的能量，就类似心脏向内的收缩，而且每个人都以这两种机制来呈现本身自然的生命节奏。歌德不仅使用心脏跳动的收缩与舒张这两个生理学概念表达了这种生命的节奏，同时还认为，两种与心脏的收缩和舒张相仿的、彼此交替出现的心理活动方式也符合人类正常的生命发展。不过，这种有规律的心理活动却难以不受那些构成生活的复杂的外在条件，以及可能更复杂的个人心理气质（Disposition）的条件的干扰。外在的状况和内在的气质往往有利于某一种机制，但同时也限制或阻碍了另一种机制，因此，某一种机制便自然而然地取得优势地位。如果这种状态长期如此，就会形成固定的心理类型，也就是一种持续受到某一机制支配的习惯性态度。这种强势的机制当然无法完全压制弱势的机制，毕竟弱势机制也属于必要的心理活动。因此，我们可以从这一点知道，纯粹的心理类型——单单拥有一种机制，而另一种机制已经完全萎缩的类型——绝对不可能存在。一种类型的态度充其量只意味着某一机制占相对的优势。

随着心理的内倾和外倾的发现，人们才有机会在心理层面上把个体区别为两个庞大的群组。不过，这种分类的本质却是肤浅而笼统的，因此，我们只能粗略地进行区分。我们如果更详细地研究这两种心理类型，就会发现，属于同一类型的个体之间，也存在着不小的差异。因此，我们必须继续探索属于相同类型的个体之间存在哪些差异。根据我的诊疗经验，若要大致划分个体的类型，其实不应该只依据内倾与外倾这两种普遍性差异，还应该参考人类的各种基本心理功能。因为，外在的状况和个人的心理气质不仅可以让外倾机制取得优势，也可以让某种基本心理功能占有支配地位。依照我的经验，人类的基本心理功能从实际和本质来说，可以被区分为思考（Denken）、情感（Fühlen）、感知（Empfinden）和直觉（Intuieren）这四种。如果其中某种心理功能持续居于主导地位，个体便属于以该功能作为优势功能（mehrwertige Funktion）的心理类型。因此，除了这四种基本心理功能以外，还存在着与其相应的四种心理类型，即思考型、情感型、感知型[1]和直觉型，而且诚如我在前面所叙述的，个体对于客体会采取不同的态度，所以，这四种类型都会出现内倾化或外倾化。

我以前曾写过两份关于心理类型的未定稿的报告，因为我当时的想法尚未成熟，所以没有论述这里所提到的心理类型的划分，而是错误地把思考型等同于内倾型，把情感型等同于外倾型[2]。其实，人们只要深入探究心理类型的问题，就会发觉，这种等同根本站不住脚。为了避免再次引起误解，我在此要恳切地请求读者，务必切记我在本书里

---

1 在所有关于荣格心理学的中文书籍里，Empfindungstypus 不是被译为"感觉型"，就是被译为"感官型"，本书译者则将其译为"感知型"，理由如下：由于"感觉"这个中文词语比较接近日常德语里的 Fühlen（即英文的 feel），但在荣格所使用的心理学词汇里，Fuhlen 却应该中译为"情感"，也就是另一种基本心理功能，因此，把 Empfindungstypus 译为"感觉型"，很容易造成读者在观念上的混淆。至于把 Empfindungstypus 译为"感官型"，也有不妥之处，因为，作为四大基本心理功能之一的 Empfinden 虽然主要依赖于客体的感官知觉，但仍有一部分依赖于主体的主观感知，因此，把 Empfindungstypus 译为"感官型"只涵盖了 Empfinden 的"具体感知"（或感官感知），却忽略了所谓的"抽象感知"，也就是出现在艺术家身上的那种较高度发展的"审美感知"。——译注

2 *Zur Frage der psychologischen Typen* (Paragr. 858—882 dieses Bandes). *Die Psychologie der unbewußten Prozesse*, p. 58 [Neuausgabe: *Uber die Psychologie des Unbewußten* (GW VII)].——原注

所区分的心理类型。此外，为了保证如此复杂的论述可以达到绝对必要的清晰度，我还特地在本书的最后一章逐一定义了我所使用的心理学概念。

第一章　古希腊罗马时期与中世纪思想史的类型问题

第一节　古希腊罗马时期的心理学：德尔图良与奥利金

人类自有史以来，便有心理学的存在，然而，客观心理学的出现却是晚近的事。早期的心理学曾出现这样的现象：心理学的主观内容如果增加，它的客观性就会随之降低。欧洲古代虽然充斥着许多心理学的著作，但其中只有少数能称得上客观心理学的论著，这种现象大多可归因于古希腊罗马时期与中世纪的人际关系的特性。或许我们可以这么说，古希腊罗马时期的生活习惯和法律环境处处都透露着，人们当时几乎只会从生物性的角度来评断他人；到了中世纪时期，人们对于他人的评断已经具有形而上学的性质——如果人们可以表达价值判断的话——而这种包含价值的论断则来自基督教所强调的人类灵魂的永恒价值。尽管中世纪对人的评价已经具有对于个人的尊重，能平衡古希腊罗马人在价值观上的偏颇,不过,这种形而上学的评判却跟古希腊罗马时期对人的生物性评判一样,仍不足以作为客观心理学的唯一基础。

仍有不少人认为,应该把心理学视为一门具有绝对正确性的学科。目前大多数的人都还相信,客观心理学应该以实际的观察和经验材料作为主要的根据。当然,这样的研究基础如果可以获得,那肯定是再好不过了!然而,学术研究的目的与理想却不在于尽可能精确地描述事实,毕竟它无法与现代的录像、录音技术匹敌。只有当学术研究有能力提出精简地表达现象多样性、一贯地掌握事物演变过程的原理原则时,它才能达成它的宗旨与目的。令人遗憾的是,学术研究虽然具有普遍的、已被证实的有效性,但研究者对于可被经验的研究对象的观点却逐渐沦为研究者主观心理状态的产物。由此可见,学术理论与概念的形成其实含有许多个人的偶然性。

在这个世界上,不只存在着心理物理学的方程式(psychophysische Gleichung),还存在着个人的心理学方程式(persönliche psychologische Gleichung)。我们的肉眼虽然可以看见颜色,却无法看到显现颜色的光波长度,没有人比心理学家更重视这个众所周知的事实。个人方程式

（persönliche Gleichung）早在研究者从事观察时便已开始产生作用：因为人们会看到自己最容易看到的东西，所以人们首先会看到弟兄的眼中有刺。无疑，弟兄的眼中确实有刺，但人们自己的眼里也有梁木[1]，因此，个人的察看行为在某种程度上往往会受到阻碍。我本人并不信任所谓的客观心理学所倡导的"纯观察"的研究准则，除非研究者的观察仅限于盯住测时器、瞬间显示器以及其他的"心理学"研究仪器。我认为，过度依赖观察方法的研究者其实无法从心理学的经验事实里获取丰硕的研究成果。

研究者在报告或采用观察资料时，个人的心理学方程式甚至还发挥了更大的作用，但是，他们却绝口不提自己如何理解、如何将这些经验材料形塑成概念的过程。所幸的是，没有一门学科会像心理学这样，把观察者和研究者必须恰当处理他们的研究对象视为绝对必要的基本要求。这种做法不啻意味着，观察者和研究者必须有能力进行全

---

[1] 这句话的典故出自《新约·马太福音》第 7 章第 3—4 节："为什么看见你弟兄眼中有刺，却不想自己眼中有梁木呢。你自己眼中有梁木，怎能对你弟兄说，容我去掉你眼中的刺呢。"此外，《路加福音》第 4 章第 41—42 节也写道："为什么看见你弟兄眼中有刺，却不想自己眼中有梁木呢。你不见自己眼中有梁木，怎能对你弟兄说，容我去掉你眼中的刺呢。"——译注

方位的观察，不得顾此失彼。而绝对客观的观察根本无法做到，研究人员的观察只要不过于主观，就已经相当不错了！如果研究者主观的观点与观察能与研究对象的客观事实相符合，这也只是表示，该观点的有效性仅限于与研究对象有关的范围，并不具有普遍的有效性。如果人们发现，每当自己眼中有梁木时，就会看到弟兄的眼中有刺，这种情况并不表示，自己眼中的梁木可以证明弟兄眼中没有刺。令人遗憾的是，人们在意识到自己眼中的梁木所造成的视觉阻碍时，很可能会进一步得出一个轻率的、自认为具有普遍性的原理：所有弟兄眼中的刺，都是自己眼中的梁木。

被观察者的心理会因为观察主体的不同而出现各种不同的样貌。因此，承认并谨记知识的主观局限性——尤其是心理学知识的主观局限性——是进行正确的学术判断的基本条件。只有当观察者（知识的生产者）充分了解自己的人格类型与概貌时，这个条件才会获得满足。而且，只有在观察者已经大幅地摆脱稳固的集体观点的影响，并因此而清晰地领会自身的个体性之后，他才有机会充分认识自己。

我们越往回追溯历史，便越能发现，人类个体的人格特质已被群体的集体性淹没而消失无形。如果我们继续回溯时光而来到人类的原始时代，我们就会察觉到，一些与个体有关的概念根本不存在，换句话说，存在的不是个体性，而是集体的关联性或"神秘参与"（participation mystique）[1]。由于具有集体态度（Kollektiveinstellung）的个体只存在投射性的思考和感觉，这种集体态度便阻碍了随主体的不同而有所差异的个体心理所进行的认识与评估。在人类的思想史与文化史上，"个体"（Individuum）这个概念的形成是比较晚近的发展成果。因此，我们无须讶异，从前那种强势无比的集体态度使得人们完全无法对于个体差异进行客观的心理评估，这种情况就如同人们尝试让个体的心理过程达到学术的客观化一般。由于人类的先民缺乏个体的独立思考，他们的知识便被"心理化"，也就是充满着心理的投射（projizieren），一些初民社会的世界观就是很贴切的例子。随着人类社会的个体性的发展和由此而来的心理分化（psychologische Differenzierung），客观知识的去心理化（Entpsychologisierung）才逐渐发生。

以上的讨论或许可以说明，为何在古希腊罗马时代所流传下来的诸多史料中，客观心理学可以使用的研究

---

[1] LEVY-BRUHL, *Les fonctions mentales dans les societies inferieures*. ——原注

资料竟然少之又少。古希腊医学曾把人划分为四种性情（Temperamente），这些性情几乎是心理暨生理综合体（psycho-physiologische Komplexionen），[1]因此，这样的区分几乎与本书所讨论的心理类型无关。尽管古希腊罗马时期的相关研究资料相当缺乏，但这并不表示，我们无法在这个时期的思想史中发现心理类型对立的效应所留下的轨迹。

混杂基督教教义、波斯神秘宗教与希腊哲学思想的诺斯底教派（Gnosis）是基督教早期的异端派别。诺斯底主义把人分为三等，它们大致上与人类的三个基本心理功能相符，即"思考""情感""感知"。知识丰富的属灵人（Pneumatiker）的思考功能特别发达；属魂人（Psychiker）深受情感的影响；属体人（Hyliker）则受到感知的左右。诺斯底教派在基督教界向来坚持知识的价值，因此，把偏重情感的属魂人置于思考发达的属灵人之下完全符合该教派的精神。但是，主流的基督教会所宣扬的信仰与爱的准则却排斥知识：依照基督教的价值观，只因为拥有知识而显得卓尔不群的属灵人，其实是比较没有价值的人。

---

[1] 古希腊医学家曾根据人体的四种体液——血液、黏液、黄胆汁和黑胆汁——在体内的比例而把人区别为多血质、黏液质、黄胆质和黑胆质这四种性情类型。——译注

基督教界一开始便长期对旁支的诺斯底教派展开具有杀伤力的斗争。我们在观察这场斗争时，不妨想想人们在心理类型上的差异。早期的基督教会以务实为主要路线，智识型的人如果顺从本身的战斗驱力而与基督教的卫道人士展开论战，通常无法承担失败的风险，毕竟当时基督教的信仰准则已日趋严格，无法允许教会内部出现具有自主性的宗教运动。这些基督教的信条相当缺乏正面的知识内容，寥寥可数的思维虽然很有价值，却会阻碍人们的思考。在基督教界所倡导的智识的牺牲（sacrificium intellectus）之下，智识型的人往往比情感型的人受到更大的打击。然而，从现今西方的思想发展来看，该教派大部分的知识内容不仅没有因为外部的排挤而丧失价值，反而还变得更重要，而且这些知识对于当时教会内部的智识型的人确实具有极大的吸引力，几乎与俗世的诱惑不相上下。当时亦被视为异端的幻影派（Doketen）甚至还声称，耶稣基督不过是幻影，并没有真正的肉身，他在世为人所承受苦难的种种全是假象。幻影派的这项宣称也让纯粹的思维成分远比含有人性的情感成分受到更多的瞩目。

正统的基督教界为捍卫教义而对诺斯底教派发动激烈的斗争，活跃于2世纪末的基督教神学家德尔图良

（Tertullian）与奥利金（Origenes）大概是其中态度最鲜明的两位卫道人士。他们不仅是基督教早期教父[1]，本身还是非常精彩的人物。20世纪初期的奥地利哲学家沃尔夫冈·舒兹（Wolfgang Schultz）曾在他的著作中谈论这两位古罗马时期的神学家：

> 一个生物体几乎毫不停歇地吸收食物的营养素，并使它们化为身体的一部分，而另一个生物体则在激烈的抗拒下几乎不停地把营养素排出体外。德尔图良和奥利金对于诺斯底教派，就是采取这种全然相反的态度。这两位人物对于该教派的回应不只凸显了本身和本身的世界观，在当时的精神生活与宗教潮流里，如此截然不同的回应对于诺斯底教派的立场而言更是具有关键性的意义。[2]

德尔图良大约是在公元160年出生于北非腓尼基城邦迦太基（现在的突尼斯）。这位基督教早期的著名神学家起先并未信仰基督教，直到35岁那一年才受洗成为基督徒，

---

[1] 基督教早期教父就是基督教会早期重要的神学作家和宣教师。——译注
[2] SCHULTZ, *Dokumente der Gnosis*, p. XXIX. ——原注

结束了从前在迦太基城那种声色犬马的生活,甚至后来还荣升为该城的主教。德尔图良勤于撰文立说,他的人格特质——我们最关注的部分——也在这些丰富的著述中显著地表露出来。最明显的是,他本身带有一种独特而高贵的热情、如火焰般富于激情的特质,以及在宗教见解上的深刻的内向性。他会为了维护一个自己已经认识的真理而变得既狂热又主观,对于不同的意见毫不宽容。他是一位冷酷无情、不把对手彻底毁灭绝不罢休的斗争者,好斗的性情几乎无人能及。他在使用语言这把闪闪发亮的宝剑时既纯熟又残酷。他是沿用1000多年的拉丁文教会用语的创始人,而且曾为草创时期的基督教会建立了一套神学术语。"当他已经采取某个观点时,便宛如受到一批地狱大军的鞭策,会不计一切后果地表述该观点,即使正当性早已不站在他这边,而且所有理性的秩序已在他的面前崩塌下来。"[1]

思考的热情会让德尔图良的态度变得极其强硬,而让他本身和他原本打算奉献心力的事物越来越疏离。同样,他在伦理方面也显得苛刻而严厉。他要求苦难与牺牲,而不是逃离它们,以寻得生活的安逸。他不允许再婚,而且

---

[1] SCHULTZ, *Dokumente der Gnosis*, p. XXV. ——原注

要求女人必须以头巾蒙头。他曾用毫不留情的狂热态度对付诺斯底教派，虽然该教派跟他同样热衷于思考与知识，而且他们的哲学与学说在内容上其实分歧不大。他认为人的理性是有限的，若要突破这个限制，就需要信仰的指引。世人至今仍普遍认为，"因为荒谬，所以相信"（Credo quia absurdum est）这句拉丁文名言应该是这位神学家对于基督教信仰的表白。不过，根据历史的考证，这句格言应该与他无关，他其实只曾写下："上帝的儿子死了，这绝对是可信的，因为这件事很荒谬。他从坟墓中复活，这是确实的，因为这不可能发生。"[1]

德尔图良的脑筋相当敏锐，早已看出诺斯底教派和一些哲学流派在理论学说上的贫乏，因此鄙夷地否定了它们。他以自己内在世界的见证和一些符合自身信仰的内在事实为依据，并把这些内在事实扩充成一些彼此相关的神学概念。直到今天，德尔图良所确立的这些神学概念仍然是天主教思想系统的根基。德尔图良认为，这些非理性的内在事实的本质基本上充满生命的动能，它们就是基督教会对抗凡俗世界以及理性的学术知识和哲学的原则与基础。以

---

[1] TERTULLIAN, *De carne Christi* 5. ——原注

下是引自德尔图良著作中的一段话：

　　我呼唤一个新的见证，或更确切地说，一个比任何一部重要的著作更令人熟悉的见证，比任何一个理论体系更频繁被讨论的见证，比任何一份出版物更广为传播的见证。它比整个人类更伟大，因为它让整个人类得以形成。所以，请靠近这个见证，我的灵魂！倘若你是某种神圣和永恒的东西——就像某些哲学家所相信的那样——你就不会撒谎。倘若你根本不是什么神圣的东西，而终究会死亡——正如古希腊哲学家伊壁鸠鲁所独自主张的那样——你就更不可以撒谎。不论你是从天而降或出生于人间，不论你是由数字或原子所组成，不论你的存在开始于肉体诞生的那一刻，还是之后才进入肉体，不论你来自何方，不论你多么频繁地把人们变成现在的这个样子，也就是能够察觉和认识的理性存在体。然而，我的灵魂，我却没有呼唤那个在学校接受教育、对图书馆里的一切了如指掌、在高等学府和雅典式的列柱大厅里用餐饱食，以及宣告智慧的你！哦，不，我的灵魂！我想交谈的对象，就是那个纯朴的、未受教育的、迟钝笨拙的、没有经验的，除了自己之外一无所有的你！那个仿佛刚从巷弄、从街角、从作坊走来的你！我所需要的，正是你的无知。[1]

虔诚的德尔图良遵从基督教会所提倡的智识的牺牲，等于是在自我残害。这让他毫无保留地认可非理性的内在事实，并以此作为自己的基督教信仰的真正基础。由于内心体验到信仰历程的必要性，于是他便写下了"人类灵魂的本质是基督徒"（anima naturaliter christiana）这句相当重要的基督教格言。他认为，哲学和其他的知识学问终将因为智识的牺牲而衰落，诺斯底教派也会因此而走投无路。德尔图良的著述内容后来随着人生的发展而越来越尖锐。当基督教界越来越受迫于情势，而必须容忍广大的信众一些不合教义与教规的行为时，不愿随波逐流的他便决定与主流的基督教会决裂，转而追随当时锐意改革教会风气的腓尼基先知孟他努（Montanus），而成为孟他努教派的一员。孟他努强调属灵的体验，要求信徒必须展现出绝对拒绝世界的态度，过着超凡脱俗的信仰生活。后来德尔图良还撰写宣传册，发动教义的论战，并激烈地攻击罗马教宗加里斯都一世（Calixtus I），而致使本身所属的孟他努教派

---

[1] SCHULTZ, *Dokumente der Gnosis*, p. XXVf. ——原注

在基督教界越来越边缘化。200年后，即罗马帝国末期，出身于北非、曾在迦太基求学的神学家奥古斯丁（Augustin）曾在著作中提到，前辈神学家德尔图良后来因不满孟他努学说而退出该教派，并自行另立宗派。

德尔图良可以说是内倾思考型的典型代表。他那斐然可观的、极度敏锐的思考力还伴随着明显的感官性（Sinnlichkeit）。不过，归信基督教却让他在心理发展过程中付出高昂的代价，因为他必须切除自己身上最有价值的器官，即智识（Intellekt），同时还必须放弃智识所赋予他的透彻的理解力，甚至他的智识后来还接受了一些具有神话色彩的思维，比如上帝之子牺牲受难的伟大的典范性象征。当他走在基督教所倡导的牺牲智识的道路上时，便已自绝于纯粹理性的心理发展之外，因此，他必须承认，心灵深处的非理性动能（irrationale Dynamis）就是他的本性所在。德尔图良当然会厌恶诺斯底教派的思维成分，也就是对人类心灵深处充满生命动能的现象进行智识方面的利用，因为他为了认可宗教的情感原则早就已经排除了这条智识的路线。

另一位基督教早期教父奥利金则是与德尔图良彻底相反的人物。奥利金约在公元185年出生于埃及繁华的港都亚历山大城。他的父亲因改宗基督教，违反了罗马帝国的法律，最终殉道身亡。他个人则在非常特殊的氛围中成长，毕竟亚历山大城向来就是东西方文化和思想的交汇之地。求知欲旺盛的他在亚历山大城接触并学习到十分丰富的知识和思想，诸如基督教、犹太教、希腊和埃及文化。他全盘接受了这一切，而且曾在一所教导基督教教义的学校担任导师。奥利金过世之后，不信仰基督教的新柏拉图学派哲学家波菲利（Porphyrius）——新柏拉图主义之父普罗提诺（Plotins）的门生——还曾这么谈论他：奥利金的外在生活虽然过得很像基督徒，但不合乎基督教的律法。这位基督教教父对于事物和神祇的观点已经希腊化，因此，他会把希腊民族的观念强加于非希腊民族的神话上。[1]

早在26岁——公元211年——之前，奥利金便已经自我阉割，人们虽然可以更细腻地猜测他的动机，但这方面其实已无相关的史料可供考证。他口才很好，善于借由说话来打动人心，发挥巨大的影响力。他经常被学生和一群崇拜他、等着记录他珍贵的谈话的速记员围绕着。他还是一位相当多产的神学作家，而且经常外出远行，在各地展

---

[1] SCHULTZ, *Dokumente der Gnosis*, p. XXII. ——原注

开精彩的讲学活动。他曾亲自在土耳其南部的港都安提阿（Antiochia）为罗马帝国皇帝的岳母讲授基督教神学，曾在以色列的古城凯撒利亚（Caesarea）担任一所学校的校长，也曾因频繁的长途旅行而必须多次中断讲学活动。他本身非常博学多闻，具有仔细探究事物的惊人能力。他曾费心寻找《圣经》的手稿，因此，对于《圣经》的文本批评有卓越的贡献。"他是一位伟大的学者，是早期基督教会中唯一真正的学者。"活跃于19、20世纪之交的德国神学家暨基督教史学家阿道夫·冯·哈那克（Adolf von Harnack）曾这么评论奥利金。奥利金不仅不排斥诺斯底主义的影响，甚至还以和缓的方式把它引入基督教会里，这个做法就跟德尔图良完全相反。不论其成效如何，至少这是他努力的目标。没错，就他的思维和基本观点而言，他本身就是所谓的"基督教界的诺斯底主义者"。冯·哈那克曾用下面这段颇具心理学意义的文字叙述奥利金对于信仰和知识所持有的立场：

信仰者与求知者都一样，他们都需要《圣经》：前者从《圣经》中取得他们所需要的信仰事实与戒律，后者则从《圣经》中解读出一些宗教思想，并从这些思想里获得可以体验上帝的爱与观点的力量。换言之，一切的物质性可以借由宗教的解释（以比喻方式作解释，也就是诠释学）而转化成一个思想的宇宙。没错！所有的一切终究会因为信仰的提升而被超越，被当成过往的阶段而被抛在后方，独独只有上帝所创造的人类灵魂与这位造物者的那种喜乐而平静的关系会存留下来（爱与异象，amor et visio）。

与德尔图良不同的是，奥利金的神学在本质上是哲学，而且与新柏拉图哲学的理论架构完全契合。在他的著作中，希腊哲学、诺斯底主义以及主流的基督教思想彼此和谐地交融着。然而，这种明智的高度宽容与公正性却让奥利金最终难逃被教会公开谴责的命运。晚年的奥利金因为罗马帝国皇帝德西乌斯（Decius）迫害基督徒而遭拷打，不久便因为禁不起刑罚的折磨而撒手人寰。基督教会对奥利金的谴责则发生在他亡故之后：公元399年，罗马教宗阿纳斯塔修斯一世（Anastasius I）公开对奥利金发表谴责。543年，拜占庭帝国的查士丁尼大帝（Justinian I）召开一场关于教义与教规的宗教会议（Synode），贬斥奥利金的"异端邪说"，并在后来举行的高阶神职人员的宗教会议（Konzilien）中对奥利金"不当的"神学理论正式提出评判。

奥利金是外倾型的典型代表。他的心理主要定向于外在客体，因此，他会认真地考虑客观事实及其相关条件。他的外倾还显现在最高原则的陈述里，比如基督教对于上帝的爱与异象的阐述里。基督教的发展过程在奥利金身上碰上了他所属的外倾类型。与客体的关系就是这种心理类型原本的基础，而且这种与外在客体的关系一向都以象征的方式显现在个体的性欲中，因此，某些心理学理论会把人类所有重要的心理功能都归结为性欲。在这个脉络下，只有阉割生殖器才能让个人恰当地表达自己对于最有价值的心理功能的牺牲。不论是德尔图良的智识的牺牲，还是奥利金的阳具的牺牲（sacrificium phalli），毁弃绝对是基督教的特征。因为该教的信仰过程会要求信徒彻底断绝与客体的感官性联系，更确切地说，信徒必须牺牲自己向来最重视的心理功能、最贵重的物品以及最强烈的驱力。从生物学的角度来看，这种牺牲是为了约束信徒，但在心理学上，这种牺牲却是为了消除信徒旧有的联结，以便为他们的精神注入新的发展的可能性。

内倾思考型的德尔图良改宗基督教后，便摒弃智识，因为智识曾是他与世俗最坚实的联结。此外，他还攻击诺斯底教派，因为该派对他而言正是一条通往智识的歧途，更何况智识还能驾驭感官性。这些事实还让我们发现，诺斯底教派其实存在两大派系，内部并未团结一致：其中一派的诺斯底教徒追求极致的精神生活，而另一派却迷失在行为的反常、放荡和淫猥当中，会肆无忌惮地做出令人相当厌恶的变态和无耻的行为。换句话说，他们有一部分是严谨的克制者，而另一部分则是秩序与法律的违反者。后者计有尼古拉派（Nicolaiten）、阿康提派（Archontiker）和柏柏利派（Borborianer），他们通常会犯下过失，而且根据他们所宣称的某些事理，刻意让自己沉溺于毫无节制的纵欲中。在诺斯底教派里，看起来立场完全相反的派别彼此能多亲近？关于这一点，其实只要看看阿康提派就知道了：阿康提派是诺斯底教派的一个分支，后来分裂为节制派与放纵派，而且他们还各自依照自己的逻辑，坚定不移地贯彻自己的观点。如果人们想知道，曾被大胆实践的唯智主义（Intellektualismus）在伦理上意味着什么，不妨研究一下诺斯底教徒的生活史，然后就会明白，为什么主流的基督教界会主张智识的牺牲。当时那些奉行牺牲智识的基督徒也同样坚定不移地维护，并在生活中力行自己所构想出的主张，其中还不乏一些荒谬的言论与行为。

外倾型的奥利金则通过自阉来放弃自己与世间的感官性联结。对他而言，具有威胁性的东西显然不是智识，而是关于客体的情感和感知。因此，割下自己的生殖器可以让他从诺斯底主义所带有的感官性中解放出来，从而毫无畏惧地沉浸在丰富的诺斯底主义的思想中。德尔图良则与奥利金相反，他以放弃智识来排斥该教派，并借此获得了奥利金所缺乏的深刻的宗教情感。对此，哲学家舒兹曾表示：

德尔图良用最深刻的情感体验自己所表达的每一句话，他不会像奥利金那样受到理智（Verstand）的引导，而是顺从自己的内心。所以，就情感的处理而言，德尔图良比奥利金出色。然而，曾身为最积极的思考者的德尔图良后来却几乎弃绝了知识，而且把对付诺斯底教派的斗争扩大为反对人类思考的斗争。所以，就理智的处理而言，德尔图良就不如奥利金了！[1]

我们在这里可以看到，信徒在信仰基督教的过程中，原本的心理类型已经发生彻底的转变：德尔图良从一个敏

1　SCHULTZ, *Dokumente der Gnosis*, p. XXVII. ——原注

锐的思考者变成一位偏重情感的人，而情感型的奥利金则变成一名学者，并自陷于思考当中。如果我们颠倒这件事的逻辑而声称德尔图良向来是个偏重情感的人，而奥利金骨子里本来就属于智识型，这当然是一件很容易的事。不过，心理类型的不同毕竟不是环境造成的，而是与生俱来的，即使我们撇开这个事实不谈，而采取相反的观点来看待这种转变，我们还是无法解释，为何德尔图良会把诺斯底教派的思想视为最危险的敌人，为何奥利金会把性欲当作自己最大的威胁。人们或许可以说，他们两人可能当时没有搞清楚状况；或许人们还可以因此认为，这就是造成这两个人物不幸的人生结局的原因；或许人们还会认为，这两位神学家并没有为了信仰而牺牲生命中最重要的东西，而只是牺牲了比较不重要的东西，似乎只是用买卖母牛的方式来跟命运讨价还价。其实，这个观点的原则具有值得认可的有效性：在原始社会中，不也有这种滑头鬼，他们到神像前祭拜时，把一只黑母鸡夹在腋下，却对神像说："看，我要把这只漂亮的黑猪献给你！"话说回来，我本人倒认为，这种贬抑人物的解释方式虽然可以让普通的老百姓因为看到大人物受到鄙夷而心情变得轻松起来，但这种方式却不一定是正确的，即使它的出发点具有浓厚的"生物学"色彩。以上是我们对于早期基督教会的两位著名的神学家的了解，在这里我们还必须强调，他们两位的整体作风是认真而严肃的，他们归信基督教既没有欺瞒也没有蒙骗世人，而是真心虔诚地信仰这个宗教。

当我们在讨论这两位神学家的个案时，如果可以注意到他们天生的驱力方向（Triebrichtung）的中断——信仰基督教后所出现的自我牺牲的过程——在心理学上的意义，那么，我们就不会误入歧途而迷失了自己，也就是清楚地认识到，个人的心理类型的大翻转意味着个人已经转向另一个态度。同时我们也可以知道，驱使这种类型翻转的动机来自何处，"人类灵魂的本质是基督徒"这个德尔图良的主张有多少正确性。天生的驱力方向就跟所有的自然现象一样，都适用最小作用量原理（Prinzip des kleinsten Kraftmases）——以最简便有效的方法来产生作用——只是每个人天性不一，再加上父母的作风和环境状况的不同，个人对于最初的、童年时期的外在环境的适应也会采取不一样的方式：有的人会比较矜持审慎，有的人就比较能设身处地替别人着想。各种不同的心理类型就这样自然而然地出现，也各自拥有特定的优先态度（Vorzugseinstellung）。因此，具有相对的稳定性，且拥有所有基本心理功能的个体如果想要彻底适应环境，均等地使用这些心理功能在心理学上是必要的。

人类会出现各种不同的心理适应方式一定有原因，比方说，人们如果把外在客体仅仅片面地视为纯粹的思考或情感的对象，这种主观的做法显然无法让个体充分适应环境，因为片面的（"类型化的"）态度会造成心理适应不良，而且会随着年纪的增长而越来越严重。个体迟早会出现适应障碍，而迫使主体产生补偿作用，以借此弥补在生活中所遭遇的挫折。然而，补偿作用却只在个体舍弃（牺牲）向来所持有的片面态度之后才能有所发挥。在此之前，适应不良会导致能量的暂时性滞积（Aufstauung），这些过剩的能量会流入一些个体向来在意识上未曾使用，却已存在于无意识[1]里的隐秘渠道中。适应不良就是个体出

---

[1] 为了避免混淆，我们应该厘清"潜意识"（Unterbewußte）和"无意识"（Unbewußte）这两个概念。中文用语和新时代运动（New Age Movement）经常使用的"潜意识"一词是由法国心理学家暨哲学家皮埃尔·雅内（Pierre Janet, 1859—1947）所提出的概念。虽然弗洛伊德曾在早期的论著里使用"潜意识"这个概念，但他后来在《非专业分析的问题》（*Die Frage der Laienanalyse*）这部于1926年出版的著作中已明确表示，"潜意识"这个词汇究竟是指存在于意识之下的心智里的东西，还是指意识之外还存在另一种隐藏的意识，这不仅他个人无法区辨，连使用这个词语的人恐怕也不清楚。因此，他主张"意识"和"无意识"才是一组可靠的对比概念，（转下页）

现类型的翻转过程的有效原因（causa efficiens），个体会因此而主观地感受到一股隐约的不满足感。这种不满足感却是公元前后那个历史时代的普遍氛围。当时人们内心对于获得解救的需求已经强烈到不寻常的惊人程度，各种我们所能想象和无法想象的狂热的宗教崇拜纷纷出现在古罗马城，而且盛况空前。其中，当然也不乏一些纵欲理论（Auslebetheorie）的代表者，他们选择以当时的知识学问进行论证，而非"生物学"的生理需求。当时的人们并没有充分地探讨为什么生活会过得这么不好，毕竟那个时代的因果论的严谨度远不及现代的学术研究。他们不只追溯童年时期、探讨宇宙起源论（Kosmogonie），甚至还提出许多理论体系证明，古代所发生的一切还会继续发生作用，而后世的人仍得继续面对一些令人难以忍受的状态。

德尔图良和奥利金为宗教信仰所做的牺牲是激烈的，而且以我们现在的眼光来看，其程度过于激烈。不过，这样的牺牲却符合当时的时代精神，也就是绝对具体的精神。

（接上页）而不是"潜意识"和"无意识"。荣格后来虽然在深度心理学领域与弗洛伊德见解相左而与他决裂，却一直沿用这位前辈所定义的"无意识"概念。由此可见，中文使用者在谈论弗洛伊德的精神分析学和荣格的分析心理学时，不宜使用"潜意识"这个词语。——译注

基于这样的精神,诺斯底教派索性将他们的异象视为真实或至少与真实直接相关,而且把个体对于态度转变过程的主观内在察觉(Wahrnehmung)投射为一套关于宇宙起源的理论系统,并坚持其心理人物的真实性。至于该教派的死对头德尔图良,则把客观性赋予自己内在的情感事实。

我在《力比多的转变与象征》[1]这部著作里,曾留下一个尚未解决的问题:在基督教的信仰过程中,信徒真实的力比多[2]流向是如何产生的?我在该书中曾提到,力比多的能量流向会一分为二,分裂成相互对立的两半。这个解释的依据是人们的心理态度的片面性,由于人们的心理态度已经变得如此片面,以至于补偿作用不得不在无意识中发挥作用。在基督教早期的那几个世纪中,教会内部的诺斯底运动曾在补偿作用发挥的时刻里,以极其清晰的方式反映出无意识内容。基督教的出现不啻意味着古希腊罗马的文化价值——古希腊罗马人民的心理态度——的崩坏与被淘汰。我们现今在处理这个关于力比多的问题时,如果还要

---

[1] Neuausgabe: *Symbole der Wandlung* (GW V). ——原注

[2] Libido 亦被中译为"欲力",这个概念由精神分析学家弗洛伊德率先提出,并将其定义为一种与性欲或性冲动有关的本能。荣格也在他的分析心理学里使用这个概念,却把它当作一种普遍的心理能量,不一定与性或生殖有关。——译注

额外强调，不论我们谈论的是当前的时代或是两千年前的时代都没有什么区别，这似乎是多此一举了！

第二节　早期基督教会的神学论争

在充斥着神学论战的早期基督教会分裂史与异端支派史里，我们应该会看到类型的对立：伊便尼派（Ebioniten）几乎可以被视为史上最早的一批基督徒。这群改宗基督教的犹太人相信，耶稣基督具有绝对的人性，是玛利亚和约瑟的儿子，后来还通过施洗约翰接受了圣灵的洗礼，从而展开传道的工作。因此，光就这一点而言，伊便尼派便与否定耶稣具有真实肉身的幻影派处于极端的对立，而且这种对立的状态还持续了很长的一段时间。约公元320年，这种对立还以另一种变异的方式——教会内部斗争更尖锐化，但争执的内容却比较温和的方式——在往后被斥为异端的阿利乌教派（Arius）内部暴露出来。阿利乌教派认为，父神耶和华是至高的存在，圣子耶稣和圣灵只不过是他的受造物，位阶在他之下，因此便否定了正统基督教会所主张的圣父、圣子、圣灵三位一体的传统教义。我们如果更仔细地回顾阿利乌教派内部争论上帝与耶稣基督在本质上究竟是相同还是相似的历史，就可以看出，主张此二者本质相似的派别明显地强调人们可以感受到的、感官可以知觉的部分，而主张本质相同的另一派却比较看重纯粹思考性与抽象性的事物。同样地，我们还可以发现，声称耶稣只有一种本质的基督一性论者（Monophysiten）对于出席迦克墩宗教会议（Konzil von Chalcedon）的那些强调耶稣是神、人二性同时共存、无法划分的基督二性论者（Dyophysiten）的愤恨，似乎又是着重抽象的、不可思议的事物的一派与青睐感官所能知觉的、存在于自然界的事物的另一派的对立。

阿利乌运动的内部冲突、基督一性论者与二性论者的争执，全都显示了一个令人深深震撼的事实：虽然这些宗派的首脑们把处理细微的教义问题视为本身最重要的任务，不过，那些立场鲜明、积极参与因教义的歧见所引发的斗争的广大信众却不会关注教义问题。因为对那个时代的人们来说，只有与神学争论无关的政治势力的问题和要求才是激发他们的力量，而不是细微的教义问题。如果心理类型的差异在这里真的透露着什么意义的话，那就是领导人一喊出口号，信众粗暴的直觉便以谄媚奉承的方式为这些口号贴上标签，而不需要具体地分析争执的问题。因此，我们应该承认这个事实：关于上帝与耶稣基督究竟是本质相同还是本质相似的争论，其实是一件严肃的事。毕竟从历史和心理学的角度来说,这起神学争执的背后隐藏着两个敌对的派别对于信仰的表白:伊便尼派认为,耶稣基督根本就是人,具有绝对的人性与相对的("显然的")神性;幻影派则主张,耶稣基督是神,具有绝对的神性,人们所看到的肉身只不过是他的幻象。

如果我们对于这场教会的分裂进行深度的剖析,就会发现其中存在着显著的心理类型的对立:其中一方声称,主要的价值与意义存在于感官可以掌握的事物上,相关的主体即使不一定是具体且确实存在的个人,也往往是人们所投射出来的感知;另一方则主张,主要的价值存在于抽象的、与人们无关的事物上,相关的主体就是人们身上的某种功能,也就是说,客观的自然过程的发生具有与个人无关的规律性,它发生在人们的感知之外,但又是人们感知的基础。前者的观点以人们所体现的功能综合体(Funktionskomplex)为优先而忽视了功能;后者的观点则以功能为优先而忽视了人们,即执行功能所不可缺少的载体(Träger)。这两种观点都相互否定彼此的主要价值,而且个人越坚决地认同己方的观点,就越容易侵犯对方的观点,并以此攻击对方的主要价值,尽管他可能自以为自己是出于最大的善意。

类型对立的另一面，似乎出现在5世纪初期北非神学家奥古斯丁与不列颠神学家伯拉纠（Pelagius）的神学论战中。德尔图良曾深刻体验到基督徒在受洗后仍无法避免犯错，在许多方面与德尔图良相似的奥古斯丁则进一步把这种现象发展成悲观的、基督教所独有的原罪论，而且主张原罪的本质存在于人类从先祖亚当所承继而来的欲望（concupiscentia）[1]中。在奥古斯丁的神学理论里，与原罪的事实对立的，就是上帝的救恩，以及拜上帝恩典之赐而得以建立的、负责掌管人类灵魂的救赎渠道的教会组织。这样的神学观点让人的价值变得非常低。人类已一无是处，只是可怜的、被丢弃在世间的受造物，如果没有通过那唯一能解救世人的教会而获得上帝的恩典，无论如何一定会落入魔鬼的掌控中。这种看法不只让人们或多或少失去本身的价值，还让人们丧失了自主性以及道德的自由，当然，从另一方面来看，教会思想的价值与意义却因此而获得提升，从而符合奥古斯丁在"上帝之城"[2]这个概念里所论述的

---

[1] 我们倾向于把"欲望"称为"尚未驯化的力比多"。这种力比多被视为命运的束缚，会把人类带往罪恶与堕落。——原注

[2] 奥古斯丁在他的名著《上帝之城》里把世界历史描写为两种社会的对峙史，即位于天上的、属于上帝的"上帝之城"以及属于魔鬼的"地上之城"。——译注

神学纲要。

相对于如此压制人心的观点，人类对于自由和道德价值的情感却越来越强烈。这种情感已经无法再被一些如此鄙薄人类的判断或如此尖刻的逻辑长期地压抑着。伯拉纠和他的大弟子赛勒西（Caelestius）就是人类的价值情感（Wertgefuhl）的捍卫者，我们可以在他们的身上发现他们对于维护这种价值情感的坚持。他们的神学理论以人类的道德自由为根基，而且把这种自由视为既定的事实。伯拉纠的立场与基督二性论者的观点在心理学上具有特殊的关联性，因为基督二性论者聂斯脱里（Nestorius）——当时的君士坦丁堡大主教——后来还为一些曾与他为敌的伯拉纠派信徒提供了避难所。聂斯脱里强调基督的神性和人性的区别，因此不宜混淆此二者，这一点与后世的拜占庭帝国传教士西里尔（Cyrill）所主张的理论完全不同：基督是神、人二性合一的神人（Gottmenschen）。聂斯脱里大主教反对把耶稣的母亲玛利亚神化，因此不愿意尊她为"上帝的生育者"，而只称她为"基督的生育者"。他甚至还进一步指出，把玛利亚当成上帝的母亲根本是异教徒的思想。聂斯脱里的这些观点后来引发了聂斯脱里派内部的争执，这场争端最终因为该派的分裂才平息下来。

第三节　化体说的问题

随着政治情势出现大翻转，以及后来罗马帝国的瓦解和古希腊罗马文明的没落，上述的教义论争也跟着画上了句号。不过，当欧洲的局势在数百年后再度达到某种程度的稳定时，不同的心理类型也以它们特有的方式重现。一开始，它们还显得畏缩而迟疑，但后来便随着文化的提升而变得越来越强烈。虽然它们已经不再与那些造成早期基督教会动荡不安的问题有关，而是以新的形态出现，但它们隐匿在表象下的那些心理却是一样的。

约在9世纪中期，法国修道院院长帕斯卡修斯·拉贝图斯（Paschasius Radbertus）发表了一本关于圣餐的著作，并提出他的圣餐观，即化体说（Transsubstantiationslehre）：圣餐仪式中的无酵饼和红葡萄酒一经祝谢后，便立即转化成耶稣基督真实的身体和血。我们都知道，拉贝图斯的圣餐观后来还正式成为基督教的教条。根据这个教条，圣餐中的圣饼和葡萄酒的化体是"确实的、实在的以及实质的"过程，尽管饼和酒的"非本质的属性"（Akzidentien）的外观并未改变，但就其实质性来说，它们确实已经是基督的圣体和宝血。后来在拉贝图斯主持的修道院里，一位叫拉特兰努（Ratramnus）的修士因为不赞同院长把圣餐中的酒和饼象征如此极端地具体化，竟敢于出言反对所谓的化体说。不过，根据德国19世纪神学家暨教会史家卡尔·哈瑟（Karl August Hase）在《教会历史》（*Kirchengeschichte*）这本论著里的说法，化体说最关键的反对者其实是司各特·爱留根纳（Scotus Eriugena）。

出身爱尔兰的爱留根纳不仅是中世纪早期的神学家，也是伟大的哲学家和富有原创性的思想家。因为他在世时如此孤独而超前地走在时代的前端，所以，在他过世数百年后，教会才发现他所留下的著作含有异端成分，而正式发表对他的谴责。爱留根纳晚年在英格兰南部小镇马姆斯伯里（Malmesbury）担任当地修道院的院长，最后不幸在889年左右被院内几位修士合谋杀害。对于爱留根纳来说，真正的哲学就是真正的宗教。他具有独立的思考，不会盲目地附和权威，包括那些曾一度存在的权威，这一点正是他与他那个时代的大多数人不同的地方。甚至连那些已经通过所有神学论辩的考验的基督教早期教父，如果他们的著作没有蕴含人类理性的宝藏，他也不会认可他们的权威。或许他当时曾以非常不合时宜的方式把理性置于权威之上，不过，在他逝世几个世纪之后，他对于理性的重视已经无疑地获得了世人的肯定。

此外，他还坚持，圣餐礼的意义仅仅是信徒对于耶稣和他的门徒最后一次聚会的那顿晚餐的纪念，其实，不论在哪个时代，只要是有理性的人都会这么认为。然而，爱留根纳如此清晰且合乎人性的思考以及保留基督教仪式的信仰意义和价值的用心，却不符合当时的时代精神和周遭人们对他的期待，这种处境很可能就是导致他最后在修道院院长任内被手下的修士谋杀的原因。尽管可以理性地、合乎逻辑地思考，他却没有受到普遍的肯定。相反，虽然懂得揣摩与迎合时代潮流的拉贝图斯不会思考，而且把"饼与酒的化体"象征和丰富的意义粗糙化为感官所能知觉的东西（das Sinnfällige），不过，这样的作风却能投合当时追求信仰内容具体化的时代精神，而让他在这场神学论战中稳居上风。

在这里，我们不难看出，已经在早期基督教会的教义争端中出现过的那些类型对立的基本要素，又重新出现在9世纪的这场神学论争里，即从客体抽离的抽象观点和关注客体的具体观点。我们在这里绝不想从智识的角度片面而贬抑地评判拉贝图斯本人和他在神职生涯里所取得的种种成就。虽然我们现代人会觉得拉贝图斯提出的化体说教义荒谬无稽，但我们却不该因此而认为这个神学理论毫无历史价值可言。它虽然是呈现人类谬误的最佳例证，但不该因此而被断定不具有价值。我们在对化体说下判断之前，其实应该详尽地探究这个教义曾如何影响欧洲基督徒数百年的宗教生活，以及我们这个时代尚有哪些部分仍间接受益于这种影响。换言之，我们不该忽略，信徒对于奇迹真实性的信仰势必会使得自身的心理过程脱离那些只有感官所能知觉的东西，而且这种脱离还会进一步影响信徒的心理过程的本质。因为感官所能知觉的东西具有过高的阈限值（Schwellenwert），所以会持续侵入人们的心理，而破坏并消除某种以排除不适的事物为基础的功能，即已定向的思考功能，进而使得具有特定方向或目标的思考过程无法进行。圣餐里的仪式与教义的实际意义就是出于这个简单的考量，而且这些仪式和教义在这个观点下还能经得起纯粹投机的生物性思考方式的探索。至于那些因为信仰化体说而对个人产生的直接而特定的宗教效应，就更不用说了！

我们越推崇爱留根纳，就越不该低估拉贝图斯的成就。这个论争告诉我们，内倾型思维与外倾型思维是不能比较的，因为这两种类型的思考方式具有不同的目的性，所以它们根本完全不同。或许人们可以说，内倾者的思考是理性的，而外倾者的思考则是注重实际的（programmatisch）。我在此想特别强调，以上这些阐述并无法让我们对这两位神学家的个体心理做出任何的定论。毕竟我们对爱留根纳本人所知甚少，仅有的相关文献实在不足以让我们明确地判断他的类型。就我们所掌握的资料来说，他应该比较倾向于内倾型。至于拉贝图斯，我们几乎完全不了解，只知道他的主张有违人们普遍的思维，但他却凭借本身那稳当的情感逻辑（Gefühlslogik），提出他那个时代认为恰当的、可以接受的神学见解。或许我们可以依据这个事实而把他归类为外倾型。不过，考虑到我们对这两位历史人物的认识相当有限，因此不宜再对他们下任何的判断，尤其是拉贝图斯。或许他的情况跟我们的设想完全不同：他也可能是内倾型，但因为他的理智受到外在的制约，所以他不会持有与周遭的人们不同的观点；此外，他的逻辑推理也会因为个人缺乏原创性，而只能依据基督教早期教父的著作所建立的信仰前提做出最简便的结论。同样地，原先我们认为内倾型的爱留根纳实际上也可能是外倾型，只要我们可以证明他会被自己身处的环境所左右，而外在环境就反映在普遍存在的知识和想法里，以及一些被人们视为适当的、值得追求的事物上。不过，这种受制于外在环境的情况并未在爱留根纳身上获得证实。另一方面，我们还知道，那个时代的人们对于宗教奇迹的真实性的渴望有多么强烈！对当时的时代精神的特质来说，爱留根纳的观点必然显得冷酷而压抑，至于拉贝图斯那种把人心企盼的东西具体化的见解，肯定会令人感到振奋。

第四节　唯名论与唯实论

9世纪的这场关于圣餐礼的争执只不过是另一场更激烈的论战的开端，即唯名论（Nominalismus）与唯实论（Realismus）之争。这场中世纪的论战导致经院哲学的派系分裂长达数百年，而且造成了一些难以估量的后果。支持唯名论的哲学流派主张，所谓的共相（Universalia）只是一些名称或字词——比如美、善、动物、人类等抽离于事物之上的普遍概念或类概念（Gattungsbegriffe）——他们有时还把共相戏称为"一阵由声音的振动所产生的微风"（flatus vocis）。当代法国小说家暨诺贝尔文学奖得主阿纳托尔·法朗士（Anatole France）曾写道："思考究竟是怎么一回事？我们是如何思考的？请想想，我们是在用字眼思考。一个形而上学家用以建构他的世界体系的，充其量只是一些修饰过的猴子和狗的叫声罢了！"法朗士的这个说法就是极端的唯名论。此外，哲学家尼采还曾依据这种哲学观而把理性称为"语言形而上学"（Sprachmetaphysik）。

而思考究竟是怎么一回事呢？我们是如何思考的？请想想，我们在用字母思考。为了延续世界的体系，一个形而上学家有的充其量是符号精心剪裁之下的呐喊与狗吠。

反之，唯实论者则主张事物具有客观实在的共相，因为观念世界的出现早于感官世界，所以共相先于事物而存在。这也就表示，共相的普遍概念大致不脱柏拉图所谓的理型（Idee）。唯名论者虽然笃信基督教，却是怀疑论派的一支，换句话说，唯名论就是最僵化的基督教教义学（Dogmatik）当中的哲学怀疑论。它否定抽象事物所固有的特殊存在，所以，它所谓的实在性（Realität）必然吻合于感官所能知觉的事物的实在性，而且这种事物的个别性还会显示出实在性，而不是抽象观念。严格的唯实论则恰恰相反，它始终强调抽象的东西、观念以及先于事物而存在的共相的真实性（Wirklichkeit）。

一、古希腊罗马时期的共相问题

我们如果探讨柏拉图的理型论（Ideenlehre），就会发现，它与一场古代的冲突有关。柏拉图在他的著作里所写下的一些恶意的评语，比如"迂腐守旧的老人"和"精神贫乏者"，就是在暗指当时两个彼此相关的哲学流派——犬儒学派（Kyniker）和麦加拉学派（Megariker）——的代表人物，因为，他们都对于柏拉图的哲学精神不以为然。

犬儒学派的代表人物安提西尼（Antisthenes）虽然曾受教于苏格拉底，熟悉苏格拉底的思想氛围，甚至还与他的弟子，也是历史学家的色诺芬（Xenophon）成为好友，不过他显然很厌恶另一位苏格拉底的弟子柏拉图所提出的那个美妙的理型界。他甚至写了一本攻击柏拉图的小册子，并且故意把柏拉图的名字写成Σαθων，这个希腊语的含义是男孩或男人，但从性的角度来看，这个字词却源自σαθη，即阴茎。安提西尼就以这种我们所熟知的心理投射方式巧妙地暗示他打算如何攻击柏拉图了！正如我们所看到的，对于600年后的基督徒奥利金而言，问题的根源就是与上帝敌对的魔鬼。他试着通过自阉来制服魔鬼，并因此而得以毫无阻碍地进入诺斯底主义丰富的思想世界。活跃于公元前5世纪至公元前4世纪之交的安提西尼则是基督教仍未兴起之前的异教徒，他本人也相当重视阴茎这个自古以来就被当作感官愉悦的象征。我们都知道，犬儒学派以"回归天性"为中心思想，因此，不只是他这个领导者，连底下所有的成员都很看重这个性器官的象征。

促使安提西尼开始重视自身具体的情感和感知的原因其实不少，其中最主要的因素在于他本身是一位无产阶级的劳动者，而且他还懂得把对于上层阶级的羡慕与嫉妒升华为正面的情操。这位犬儒主义的典范人物并不是血统纯正的希腊人。他在世时住在雅典城外的郊区，并在城门外教学讲课。他的言行与态度总是以无产贫民为榜样，所建立的犬儒学派全由贫穷的无产阶级或生活于郊外边陲地区的人民组成。这些成员共同的特点，就是对于既有的世俗价值提出破坏性批判。

安提西尼的弟子第欧根尼（Diogenes）是犬儒学派杰出的代表人物。他称自己为"犬"，墓碑上还放着一只以爱琴海帕罗斯岛的大理石雕刻而成的狗作为装饰。他虽然对人类充满温情，对人性充满同情和谅解，却毫不留情地贬斥他那个时代的人所尊崇的一切。他还会嘲笑剧场里那些观赏堤厄斯忒斯[1]吃下人肉做的餐点或俄狄浦斯王（Oedipus）弑父恋母等悲剧而感到惊恐的观众。吃人肉哪有多可怕？

---

[1] 堤厄斯忒斯（Thyestes）是英雄珀罗普斯（Pelops）的儿子，他与哥哥阿特柔斯（Atreus）为了争夺迈锡尼王国的王位而展开一场战斗。后来阿特柔斯杀死了弟弟堤厄斯忒斯的两个儿子，而且假意和解，设宴邀请弟弟堤厄斯忒斯出席，堤厄斯忒斯在不知情的情况下，吃下了用自己儿子的肉所做成的美馔佳肴。——译注

人肉跟其他肉类相比，并没有多么特别！乱伦的不幸也不是什么大灾厄，我们畜养的家畜不也如此？它们对我们人类而言，难道不是很有启发性的例子？

麦加拉学派与犬儒学派在许多方面彼此相关。麦加拉这个城邦曾是雅典的竞争者，但后来却屈居劣势，无法东山再起。麦加拉城邦后来分别在拜占庭（现在的伊斯坦布尔）及西西里岛建立殖民地，这个扩展一开始很顺利，前景一片大好，但没过多久，它便因内乱衰败与没落，而全面地被雅典城邦超越。雅典人后来还把愚蠢的农夫笑料称为"麦加拉的笑话"。麦加拉学派的哲学特色或许就在于这群被击败的弱势者从生命的开始便逐渐产生的嫉妒。这个学派和犬儒学派都是不折不扣的唯名论者，他们都坚决反对柏拉图的理型唯实论（Ideen-Realismus）。

麦加拉学派后来出现了斯提尔波（Stilpon）这位出色的领导人物。我们可以从以下这则关于他的趣闻轶事中看到他的性情特征：斯提尔波有一次来到雅典，在山丘上的卫城看到一幅由艺术家菲迪亚斯（Phidias）以自己的女儿帕拉丝（Pallas）为模特所绘制的雅典娜女神的肖像画。当时他对于这幅绘画的评语——她不是宙斯的女儿雅典娜，而是菲迪亚斯的女儿帕拉丝——委实展现了麦加拉学派的本色。这则流传至今的趣谈充分显示了麦加拉学派的唯名论思想的整体精神，因为斯提尔波曾主张，类概念并不具有实在性和客观的有效性。当我们说"人"这个字词时，其实并没有涉及任何人，因为"人"这个字词既不是指这个人，也不是指那个人。古罗马帝国时期的希腊传记作家普鲁塔克（Plutarch）曾写下斯提尔波说过的一句格言："我们不能从一件事情推断另一件事情。"实际上，犬儒学派的安提西尼也曾有类似的教诲，至于最早探讨判断的形成（Urteilsbildung）的代表人物，大概非拉莫努斯的安提丰（Antiphon of Rhamnous）莫属。他是一位与苏格拉底同时代的诡辩学派辩士（Sophist），至今仍流传着一句他的名言："曾经辨识出任何长形物体的人，既无法用眼睛看到长度，也无法用心灵确知长度。"安提丰这句话等于直接否定了类概念的实质性（Substantialität）。

以上这种知识判断的独特方式已经让柏拉图的理型失去论据的基础，因为在柏拉图看来，只有理型才拥有永恒的、不会改变的有效性与持续性，至于那些"真实的""大量存在的"东西只会短暂地留下它们的残迹，却经不起时间的考验。与柏拉图持相反立场的犬儒学派和麦加拉学派则从"真实"的观点指出，类概念即使被视为依个案鉴别

（Kasuistik）的、纯粹描述性的名称，仍不具有任何实质性，因为重点在于个别的事物。

当代奥地利哲学家暨语言学家特奥多·贡珀茨（Theodor Gomperz）[1]曾清楚地表示，唯名论与唯实论之间鲜明而彻底的对立其实就是语言学的"内属性"（Inhärenz）与"述谓"（Prädikation）的问题。举例来说，当我们说"热的"和"冷的"这两个词语时，我们就是在谈"热的"和"冷的"东西。对于这些东西而言，"热的"和"冷的"就是它们个别的属性（Attribute）、述词（Prädikate）或人们对于它们的看法（Aussagen）。这些看法与感官所察觉到的、真实存在的东西有关，也就是和一件热的或冷的物体有关。我们可以从许多类似的例子里抽象出"热的"和"冷的"这两个概念，有了这些概念，我们便能直接将它们与某些事物（etwas Dinghaftes）联系在一起或联想在一起。因为在抽象过程中个体的察觉仍在进行，所以，我们就会把"热的"和"冷的"等概念当作某些事物了！把具体事物从抽象过程中去除，对我们来说是一件困难的事，因为每个抽象过程都会自然而然地被它所抽象的

---

[1] THEODOR GOMPERZ, *Griechische Denker* II, p. 143. ——原注

事物紧紧地依附着。在这个意义上，述词所指涉的事物性（Dinghaftigkeit）其实是先验的（a priori）知识，与人们的经验无关。

如果我们现在转到"温度"这个比冷、热更高一级的类概念，我们仍可轻易地感受到它的事物性，尽管它的感官知觉的明确性已经减少。不过，人们对于"温度"这个类概念所持有的种种设想却仍紧密地依附在人们对它的感官知觉上。如果我们再往上到更高一级的类概念，即"能量"，此时它的事物性特质已经消失，而且人们对于"能量"这个类概念所能设想的东西已出现某种程度的降低。这么一来，就会引发人们对于能量的"性质"的争执：能量究竟是纯粹的抽象概念，还是某种"真实存在的东西"？虽然当今那些学识渊博的唯名论者仍深信，"能量"只不过是一个名词，一个人们思考的"凭借"。不过，他们却无法阻止人们在惯常的语言使用中将"能量"这个词汇当成绝对的事物，并持续在大脑里为自己制造认识论的混乱。

纯粹思维的事物性会以如此自然的方式渗透到我们内在的抽象过程，并让述词或抽象观念获得"实在性"，但是，纯粹思维的事物性却不是艺术家的作品，也不是人们任意对于概念的实体化（Hypostasierung），而是人类本质的某种必然性。换句话说，现代的人类并未将抽象概念恣意地实体化，且进一步将它们移植到另一个同样也是人为的世界中。不过，早期人类真正的历史过程却与此相反：以原始人为例，他们的无意识影像（Imago）是如此强大，他们对于感官感知（Sinnesempfindung）的心理共鸣是如此强烈，且具有极高度的感官性，以至于当他们出现对于内在世界的模拟时——自发的记忆影像（Erinnerungsbild）浮现时——有时甚至会进入幻觉状态。所以，当原始人的脑海里突然出现亡母的记忆影像时，他会觉得自己看见了母亲的鬼魂，也听见了该鬼魂所发出的声音。记忆影像的浮现对现代人来说只是"想起"死者，但原始人却因为这些影像的强烈感官性而将它们视为真实，他们对于鬼魂的信仰就这么形成了！相较之下，我们现代人却只将原始人所谓的鬼魂称为"思想"。当原始人在"思考"时，他们会认为自己出现了灵视（Visionen）[1]，这是因为当下浮现的影像相当真实，致使他们经常把心理层面的东西误以为真。

19世纪美国西部探险家约翰·鲍威尔（John W. Powell）曾谈道："野蛮人普遍习惯于混淆主观和客观，这

---

[1] Visionen 这个词语还有另一个相当普遍的中译，即基督教所谓的"异象"。——译注

才是混乱中的混乱。"[1]英国人类学家沃尔特·斯宾塞爵士（Sir Walter Baldwin Spencer）和澳大利亚人类学家弗朗西斯·吉伦（Francis J. Gillen）也曾在他们合写的著作中提道："一个野蛮人在梦境中所经历的一切，对他来说就跟他在清醒时所看见的东西同样真实。"[2]至于非洲黑人的心理，我本身的研究也完全证实了上述的观点。未开化的原始人的鬼魂信仰并非基于他们本身对于解释某些现象的需要——如欧洲人所认为的那样——而是基于一个基本的事实：相对于欧洲人以感官感知的独立自主性为基础的心理唯实论（psychischer Realismus），原始人的心理唯实论还扩及记忆影像的独立自主性。对原始人而言，思维具有灵视性和听觉性，因而也具备了神启的性质。所以，身为灵视者的巫师就是部落里的思想家，负责把鬼魂和诸神的启示传递给众人。此外，思维也因为本身的实在性而拥有行动一般的效果，因此，思维也能产生魔力效应（magische Wirkung）。同理可知，词语作为思想的外衣，其本身也具有实在性。词语既然能召唤"实在的"记忆影像，当然也

---

[1] *Sketch of the Mythology of the North American Indians*, p. 20. ——原注
[2] *The Northern Tribes of Central Australia*. ——原注

具有"实在的"效应。

原始人的迷信之所以令我们惊异不已，其原因就在于我们现代人的心理意象（psychisches Bild）已经达到普遍的去感官化（Entsinnlichung），换句话说，我们现代人已学会了"抽象"思考，尽管这种思考仍无法完全摆脱原始人思考的局限性。从事分析心理学的人都知道，即使前来求诊的病人是"受过良好教育的"欧洲人，他们还是必须经常提醒这些病人，"思考"并不是"行动"。其中有些病人需要这种提醒，是因为他们认为思考已足以产生行动的效应；另一些病人需要这样的提醒，则是因为他们认为，自己如果不思考，就得有所行动。

正常人的梦境和精神错乱者的幻觉都让我们清楚地看到，人类心理意象的原始实在性其实可以轻易地再现。神秘主义者的宗教活动甚至还努力地通过人为的内倾再现了无意识影像的原始实在性，并借此增强对于外倾的抗衡力。摩拉王（Mollâ-Shâh）曾为伊斯兰教神秘主义者特威库尔-贝格（Tewekkul-Beg）主持入教仪式，特威库尔-贝格事后对于该仪式的描写对于以上的论述来说就是一个很贴切的例证：

说了这些话之后，他（摩拉王）叫我坐到他的对面，这时的我就好像进入了精神恍惚的状态。他还命令我在自己的心里描绘他本人的形象。他把我的眼睛蒙住后，便要求我把自己所有的灵力集中在心上。我遵从他的指示，在上帝的恩宠与摩拉王的精神支持下，我的心在顷刻间被打开了。我在我的内心里看到了一个东西，好像是一只被弄翻的杯子；当它被摆正后，我整个人便沉浸在无上的喜悦中。我对摩拉王说："在这个小房间里，就在您的面前，我在心里看见一幅真实的图像，好像另一个特威库尔-贝格正坐在另一个摩拉王的面前。"[1]

而后，摩拉王向特威库尔-贝格解释，这只是他入教仪式中的第一个现象。一旦那条通往原始的实在图像的道路开通，其他的灵视就会随即接踵而至。

述词的实在性是先验的，因为它原本就存在于人类的心理中。只有后来的批判才能剥除抽象化思维的真实性。即使到了柏拉图的时代，人们依然深信，词语概念具有魔力的实在性。由于这种信念非常强大，哲学家们便纷纷借由词语

---

[1] BUBER, *Ekstatische Konfessionen*, p. 31ff. ——原注

的绝对意义而勉强地提出一些荒谬的回答，进而编造出一些谬误的结论，以迎合当时流行的观点。麦加拉学派的欧布里德斯（Eubulides）就是一个简单的例子。他曾提出一个名为"戴面纱的人"（Enkekalymmenos）的谬论："你能认出你的父亲吗？能。那你能认出这个戴面纱的人吗？不能。你已经自相矛盾，因为这个戴面纱的人就是你父亲。你能认出你父亲，但同时你也认不出他来。"这个谬论的重点仅在于，被询问者天真地假设，"认出"这个动词在任何情况下都是指向同一个客观的事实情况（Tatbestand），但在现实中，这个动词的有效性却被局限在某些特定的情况。这个原则也同样适用于所谓的"带角的人"（Keratines）的谬论："你没有失去东西，所以你还拥有它。你并没有失去犄角，所以你还拥有犄角。"这个谬论的关键也在于被询问者的天真，因为他已经假设，"没有失去就等于拥有"这个特定的事实情况在任何情况下都是正确的。这些谬论以颇具说服力的方式告诉我们，词语具有绝对意义其实是人们的幻觉。人们后来也据此质疑类概念的实在性，虽然这些类概念曾以柏拉图的理型的形式出现，甚至还具有形而上学的存在和绝对的有效性。贡珀茨曾说道：

人们对于语言存有疑虑，但还未完全失去信任。我们受到这种疑虑的提醒,而且发现它经常存在于词语对于事实的极不恰当的表达里。然而,人们却往往天真地相信,概念范围和整体上与其相符的词语运用范围,必须全面而彻底地相互吻合。[1]

词语意义的绝对性与魔力性其实已经预设,事物的客观行为始终可以借由词语意义而存在。在这一点上,诡辩学派的批判确实一针见血。此外,这个学派还很有说服力地证明了语言的无能。如果理型只不过是一些名称——这个看法仍有待证实——人们对于柏拉图的攻击就算是合理的了!类概念如果可以表明事物的类似性与一致性,它们就不再只是名称。那么,接下来要探讨的问题就是,这种一致性是否客观?事物之间的一致性的确是存在的,因此类概念也具有实在性。类概念包含着实在的事物,就如同包含着对于事物精准的描述。类概念之间的区别只在于,它本身是在描述事物或是在表明事物的一致性。因此,问题并不在于概念或理型本身,而是在于它们的语言表达。然而,语言表达在任何情况下都无法贴切地再现所指称的

---

[1] GOMPERZ, *Griechische Denker* II, p. 158. ——原注

事物或事物的一致性。由此看来，唯名论派对于柏拉图的理型唯实论的攻击原则上是一种不合理的侵犯，所以，柏拉图愤怒地对这些攻击展开防卫完全是正当的。

依照犬儒学派——即唯名论派——的安提西尼的看法，内属性原则（das Inhärenz-Prinzip）存在于以下的语言事实里：人们只能使用少数几个述词来修饰一个主词，甚至还不可以使用任何与主词无涉的述词。安提西尼认为，只有与主词相符的叙述才是有效的。至于一些主词与述词相同的句子（例如，"甜的东西是甜的"），毫无叙述内容可言，因此这样的句子并没有任何意义。如果撇开这种情况不谈，那么，内属性原则的弱点就在于，即便使用的词语正确无误——词语与其指涉的事物彼此相符一致——但词语却和所指涉的事物本身无关，举例来说，"草"这个字词其实跟"草"这个事物没有任何关联性。此外，内属性原则也同样高度受制于古老的词语崇拜（Wortfetischismus），带有这种癖习的人们竟然天真地以为，词语就是所指称的事物。因此，唯名论者如果对唯实论者叫嚣"你在做梦！你以为自己在跟事物打交道，其实你只是在跟词语这个怪物缠斗"，唯实论者也可以用相同的说辞回应唯名论者的攻击，因为唯名论者所考虑的也是描述事物的词语，而不是事物本身。

即使唯名论者会针对不同的事物使用不同的词汇，但这些词汇毕竟还是词汇，并不是事物本身。

尽管大家都认为"能量"这个理型只是一个词语概念（Wortbegriff），但它却具有高度的实在性，甚至连电力公司都要靠它来配发股利。电力公司的董事会绝不会相信能量的非实在性（Irrealität）和形而上学的性质。"能量"这个词语所表明的，正是某些力学现象的一致性。能量不仅不容否认，而且每天还以最令人信服的方式证明本身的存在。如果某个事物是实在的，而某个词语又被习惯性地用来指谓该事物，那么，这个词语便因而获得了"实在的意义"（Realbedeutung）。事物之间的一致性如果是实在的，表明事物的一致性的类概念也会因此而具有"实在的意义"，不过，类概念的"实在的意义"并没有比指称个别事物的概念的"实在的意义"还要重要或不重要。人们的价值重心从一边转移到另一边，其实跟个体的态度和那个时代的心理状态有关。语言哲学家贡珀茨在安提西尼身上也感觉到了这种心理基础，并做了以下的表述：

人类健全的理智、对于所有幻想的排斥，或许还有个人情感的力量，这些都影响着个体的人格，因此，个别的个体便成了一种完全真实的人格类型。[1]

此外，我们在这里还要探讨人们的嫉妒，尤其是那些未充分获得公民权利的人、无产的劳动者以及那些想往上攀爬而不惜使用卑劣的手段，或至少会贬低他人的人。犬儒主义者最明显的特征就是嫉妒。他们总是在挑剔别人，而且别人所拥有的东西没有什么是神圣而不可触犯的。他们甚至会为了在别人身上贯彻自己的主张，而不惜破坏别人家庭的和谐。

柏拉图的理型界及其永恒的本质性（Wesenhaftigkeit）恰与犬儒学派根本的批判态度截然对立。这位提出理型界的唯实论哲学家在心理定向上显然也与该学派那种批判的、具有破坏性的判断相背离。柏拉图对许多事物进行抽象化思考，并创造了一些综合性（synthetisch）和建构性的（konstruktiv）概念。这些概念表明了事物的普遍一致性才是真正存在的事物（das eigentlich Seiende）。它们无形且超凡的性质直接对立于内属性原则的具体化。内属性原则倾向于将思维的材料还原成独特的、个别的以及实质的事物，

---

[1] GOMPERZ, *Griechische Denker* II, p. 148. ——原注

不过，这种做法却跟述谓原则（Prädikationsprinzip）所主张的绝对有效性一样，都是行不通的。述谓原则希望把人们对于个别事物的描述提升为永恒的实质（Substanz），而让它们得以从此摆脱原本的薄弱性。这两种判断的形式都有其存在的合理性，而且它们还会同时出现在每个人身上。在我看来，以下的事实最能清晰地说明这种情况：麦加拉学派的创立者欧几里得（Eukleides von Megara）曾提出一种至高无上的、人类所无法企及的、超乎个体与个案鉴别的"统一于一"（All-Einheit）的原则。他结合了伊利亚学派[1]的"存在"与"善"这两个原则，并且认为，"存在"和"善"是一致的，与它们对立的只有"非存在的恶"。这种乐观的"统一于一"当然就是关于最高秩序的类概念，它涵盖了一切的存在，却也背离了所有显而易见的事物，它的崇高性已经远远超越了柏拉图所提出的理型。欧几里得用"统一于一"这个听起来颇为响亮的概念来补救唯实论的建构性判断极可能面临的瓦解。不过，"统一于一"这个

---

[1] 希腊哲学的伊利亚学派是由伊利亚（Elea）的色诺芬在公元前500年左右创立的。色诺芬的理论核心就是将存在的统一性与不变性视为唯一的真实。对他而言，丰富多样的现象世界只不过是表象，因此他认为，所有企图解释我们这个世界的尝试都是没有意义的。——译注

概念实在过于邈远而笼统，它甚至无法表达事物的一致性，因此，它不是类型，而是内心渴望统一的产物，毕竟这种统一可以把一堆杂乱无序的个别事物整合起来。只要人们试着摆脱负面的批判态度，这种对于"统一于一"的渴望就会迫使他们崇奉一种极端的唯名论。所以，我们会发现，这些人往往对于高度不可能性与高度专断性持有相同的基本概念。因此，在形成判断的过程中，他们不可能只依据内属性原则。对此，贡珀茨有十分中肯的评论：

在任何一个时代，这样的尝试大概都会失败。更何况在一个缺乏历史理解力、毫无深度心理学的时代，这种尝试绝不可能成功。那些比较清楚明白的、显而易见的，但比较不重要的益处，已经迫使那些隐藏的、实际上比较重要的益处退居次要地位。这个危险不只具有威胁性，甚至是无可避免的。当人们为了剪除人类文化的弊端而以动物世界和原始人类为模范时，就必然会否定人类已经过数万年而整体仍不断向上发展的成果。[1]

---

1 GOMPERZ, *Griechische Denker* II, p. 137. ——原注

以事物的一致性为根据且与内属性原则相对立的建构性判断，创造了一些隶属于最有价值的文化财富的普遍观念。即使这些观念是由那些已去世的先人所创造的，但我们和他们之间仍存在着一些强韧到几乎无法被撕裂的联结。对此，贡珀茨继续谈道：

就像已失去灵魂的尸身一般，已故的先人也能拥有受到爱护、获得荣誉以及牺牲自我的权利；那些雕像、坟墓和兵士的旗帜就是最好的证明。如果我强制自己努力地撕毁那些虚构编造的东西，我就会堕入野蛮状态，而且必须忍受因为丧失所有的感知而产生的痛苦，这些感知会用一片开满芳花的草地来掩饰地表下的坚硬岩层，也就是赤裸裸的真相。重视地表这些繁花似锦的植被和人们一切既有的价值就是在为所有美化人生——所有生活的装饰与优雅、所有动物性的力比多以及所有艺术活动与艺术享受的高尚化——的努力提供基础。然而，这一切却都是犬儒学派所致力于铲除的，而且他们的做法还显得毫无顾忌、毫不留情。当然，在这个问题上，总是有人愿意对犬儒主义者和他们为数不少的现代追随者让步。总之，这里还存在着一个局限，突破这个局限，我们就可以摆脱联想原则（Assoziationsprinzip）的支配，也就不会因为愚蠢和迷信——完全根植于联想原则无限制的支配——而受到谴责了。[1]

我们会如此详尽地探讨内属性原则与述谓原则的问题，不只是因为这个问题会再度出现在中世纪经院哲学的唯名论和唯实论的论争里，而且因为这个问题一直未获解决，以后大概也无法解决。此外，这个问题也涉及抽象观点（其决定性价值在于思考过程本身）与具体思维、具体情感（受制于个体在意识或无意识里对于感官所知觉的外在客体的定向）之间的类型对立。对于偏好内属性原则的后者而言，采取述谓原则的前者所着重的心理过程只不过是凸显其人格特质的手段。因此，我们就不需要讶异，为何内属性原则会受到犬儒学派的无产阶级哲学的采用了！只要有充足的理由将价值重心移往个体的情感，客观取向的具体思维和具体情感势必因为缺乏创造正面性的能量（因为这种能量已被导入个人的目的上）而出现负面性与批判性，而且它们的分析也会缩减为具体的细节。这些个别事物会

---

[1] GOMPERZ, *Griechische Denker* II, p. 138.——原注

因此而出现杂乱无章的积累，这时最好的方法就是把它们全部归入"统一于一"之下，虽然这个概念模糊笼统，不过它的性质却或多或少符合人们的盼望。相反，如果价值重心移向心理过程，大量心理活动的结晶便会转化为统辖繁杂的具体事物的上层观念。由于观念必须尽量去个人化（depersonalisieren），个人的感知便尽可能地转入已被其实体化的心理过程中。

除了以上的论述，在这里我们也顺便提出两个问题：我们是否可以从柏拉图理型论的心理学当中推论出柏拉图本人属于内倾型？支持唯名论的犬儒学派和麦加拉学派的心理学是否允许我们把它们的代表性人物——诸如安提西尼、第欧根尼和斯提尔波——归类为外倾型？不过，光是这个问题的提问方式就会让我们无法找到答案。或许只有在巨细靡遗地研究柏拉图的"权威性著作"后，我们才有可能判断柏拉图属于哪一种类型，而我本人实在不敢贸然对此提出任何看法。不过，如果有人能拿出证据说明柏拉图确实属于外倾型，我也不会感到诧异。至于其他的历史人物，因为流传下来的相关资料相当残缺不全，所以，我认为，要判别他们的人格类型几乎是不可能的事。

既然这里所探讨的两种判断的形成方式——内属性原

则和述谓原则——都来自价值重心的转移,那么以下的情形也可能发生:如果在内倾型的人身上,个人的感知基于某些理由而被赋予重要性,并得以支配思考,他的思考就会因为缺乏正面能量而转化为负面性与批判性;对于外倾型的人来说,价值重心落在自己与客体的关系上,却不一定落在自己对于客体的个人态度上。当个人与客体的关系占据重要的地位时,如果个人只关注客体的本质,并未混入个人的感知,那么个人的心理过程虽然退居次要的从属地位,却不会出现批判性与破坏性。因此,我们把内属性原则与述谓原则之间的特殊冲突当作一种不寻常的情况,在往后的研究里,我们应该对这种冲突进行更深入的研究。这种冲突的特殊之处其实在于个人的感知所扮演的角色究竟是正面,还是负面。如果类型(类概念)能凌驾于个别事物之上,并使其丧失重要性,类型这个观念便获得了真实性;反之,如果个别事物的价值已经高涨到足以终结类型(类概念)时,就会对类型造成破坏而导致混乱失序。虽然这两种情况既极端又不合理,但它们却形成了一幅对比鲜明、画面清晰、由夸大的手法来凸显特色的图画。这种倾轧与对立也会出现在内倾型本质与外倾型本质之间——当然是以比较温和的,因此也比较隐蔽的方式——

即使个人的感知在这些人格类型里并不具有重要性。

举例来说,心理究竟是主人还是奴仆,这已经是本质上的差异,毕竟主人的思考和情感不同于仆人。所以,即使为了维护普遍价值而对个人领域进行广泛的抽象化,也无法将个人因素的渗入完全排除在这种思考过程之外。而且,只要这种情形还存在,思考和情感就会含有破坏性倾向。这种破坏性倾向源自个人在面对不利的社会环境时所采取的自我维护的行为。不过,人们如果为了维护个人的倾向而把既有的普遍价值归结为个人的潜在倾向,那可就大错特错了!那就是一种伪心理学,不过,这种心理学也存在着。

二、中世纪经院哲学的共相问题

由于"不存在第三种可能性"(tertium non datur),内属性原则与述谓原则这两种判断的形成方式的矛盾便一直悬而未决。3世纪的新柏拉图学派哲学家波菲利则是把这个问题留给了中世纪,他说:"就普遍概念和类概念而言,真正的问题在于,它们到底具有实质性,还是只具有纯粹的智识性?它们是实体的,还是非实体的?它们与感官所察觉到的事物是分开的,是存在于这些事物的里面,还是围绕着这些事物而存在?"大体上,中世纪的经院哲学家是以这种方式来处理这个问题的。他们从"共相先于事物"(universalia ante rem)这个柏拉图的观点出发,也就是说,作为典型与模范的普遍概念或观点比个别事物更早出现,而且完全脱离个别事物而独立存在于"天堂般的地方",一如柏拉图《会饮篇》里那位睿智的古希腊女先知狄俄提玛(Diotima)跟苏格拉底在谈论"美"时所表示的:

对他来说,这种美不会显现在漂亮的面容、双手或身体的其他任何部分,它既不是概念性的表达或知识,也不是任何属于他人的东西,而就是它本身。它为了本身而存在,同时也为了本身的永恒性而存在。别的美在他看来,只部分地展现了这种美。它本身并不会因为别的美的出现和消逝而有所增减,也不会因此而被糟蹋。[1]

正如我们所看到的,与柏拉图的理型论针锋相对的就是唯名论的批判性观点:类概念只不过是一些词汇而已。唯名论者主张"共相后于事物"(universalia post rem),也

---

[1] *Symposium* 211 B.——原注

就是实在事物的存在居前,而理型的存在居后。柏拉图的学生亚里士多德所主张的温和的唯实论则介于这两派意见之间,也就是"共相存在于事物中"(universalia in re),换句话说,就是形式和物质同时并存。亚里士多德当时试图借由具体化来综合这两派相反的意见,并提出折中的见解,而且这种做法完全符合亚里士多德的性情。

相对于恩师柏拉图的先验论(Transzendentalismus)立场——柏拉图学派后来因执迷于毕达哥拉斯学派的神秘主义而没落——亚里士多德则是一位彻底讲求真实性的哲学家。我们必须这么说,他在古希腊时期所探究的真实性因为包含许多具体的内容而让后世人可以不断从中受益,所以他的思想早已成为人类共同的精神遗产。面对当时唯名论与唯实论的争执,亚里士多德的解决方式就是将古希腊人所知道的常理具体化。

后来中世纪发生了激烈的共相之争,这场长期的论战基本上就是经院哲学最重要的部分,它的格局并未脱离上述三个古希腊哲学派别的分歧与冲突。不过,我在这里并不打算进一步探讨中世纪这场论争的细节——部分是因为本人才疏学浅的缘故——而只想大致地描述这场大规模的纷争。只要能在此清晰地勾勒出它的轮廓,我就很满意了！

支持唯名论的法国经院哲学家约翰·罗塞林（Johannes Roscellinus）在11世纪末引发了中世纪的共相之争。罗塞林当时表示，共相只是事物的名称，或如同唯名论者向来的主张，只是"一阵由声音的振动所产生的微风"。对他来说，只有个人和个别事物才存在——当代美国历史学家亨利·泰勒（Henry Osborn Taylor）曾贴切地以"整个人已被个体的实在性盘踞"[1]这句话来描述他——因此，他得出了"连上帝也只是一个个体"的结论，上帝的三位一体（Trinität）便因而分解成圣父、圣子和圣灵三个不同的神，他们不再是一体，而是三个分离的个体，也就是所谓的"三位异体"（Tritheismus）。身为教会主流势力的唯实论者当然无法容忍这种与教义相抵触的神学理论，于是便在一场于1092年在法国北部苏瓦松（Soissons）召开的宗教会议里，把罗塞林的见解贬斥为异端。在唯实论的阵营里，法国香槟地区的主教威廉（Wilhelm von Champeaux）虽是一位极端的唯实论者，却也受到亚里士多德学说的影响。知名的经院哲学家皮埃尔·阿伯拉尔（Pierre Abaerlard）曾

---

[1] TAYLOR, *The Mediaeval Mind* II, p. 340. ——原注

受教于他，但后来却与他完全对立，不仅否认他的唯实论观点，也反对共相的存在。根据阿伯拉尔的说法，香槟的威廉在讲课时会教导学生，一个东西既存在于本身的完整性（Totalität）里，也存在于不同的个别事物里。不同的个别事物之间并没有根本的差异，只有各式各样的"非本质的属性"。就"非本质的属性"这个概念而言，偶然性才是事物实际多样性的特征。这就如同基督教圣餐中的圣饼和葡萄酒，依照该教义的化体说，它们在化体为基督的圣体与宝血之前只具有"非本质的属性"。

11世纪与12世纪之交的坎特伯雷大主教安瑟伦（Anselm of Canterbury）被后世誉为经院哲学之父和基督教最后一位教父。这位原籍意大利的神学家是一位不折不扣的柏拉图主义者，就他的唯实论的观点来说，共相就存在于上帝的道（Logos）里。在这种思想的脉络下，我们还应该知道，安瑟伦曾提出一个被称为"本体论"（Ontologie）的、具有心理学重要性的概念，即"证明上帝存在的证据"（Gottesbeweis）。这个概念阐明了上帝的存在就来自"上帝"这个观念，19世纪德国哲学家伊曼纽尔·费希特（Immanuel H. Fichte）曾对此有简短的概述："在我们的意识中，绝对存在者（das Unbedingte）这个观念的存在就证明了绝对存在者的真正存在。"[1]安瑟伦则主张,"至高的存在"(das höchste Wesen)这个属于智识领域的概念也含有存在的性质。他还接着推论:"真的有这样一种存在,人们无法想象还有比它更伟大的东西,所以,人们也无法想象它不存在。它就是我们的上主。"[2]这个本体论论证的逻辑缺陷是如此明显,以至于需要心理学的解释来说明,为什么像安瑟伦这样一号人物要提出这个论证。其中最有可能的原因应该在于唯实论者普遍的心理气质当中,也就是在这样的事实里:当某个特定的阶层和某些特定的群体——符合时代潮流的团体——将本身的价值重心转移到观念上时,观念在他们看来就比个别事物的真实性显得更有实在的价值,或更有存在的价值。因此,这些人根本无法接受,那些对他们来说最重要的、最有价值的东西竟然不是真实的存在。当他们的生活、思考和情感显然都完全依从某种观点时,他们就能对该观点的有效性提出最有力的证明。观念的无形其实无关紧要,因为观念具有卓著的有效性,而且这种有效性就相当于真实性,也就是观念的真实性,而

---

[1] FICHTE, *Psychologie* II, p. 120. ——原注
[2] ANSELM, *Proslogion seu Alloquium de Dei existential*, p. 110. ——原注

不是感官知觉的真实性。

高尼罗（Gaunilo of Marmoutiers）是法国南部图尔（Tours）的马穆提耶修道院的修士，也是经院哲学之父安瑟伦同时代的对手。高尼罗曾公开反对盛行于当时，而真实性却难以被证明的"幸福岛"[1]的说法。他所提出的异议确实合乎理性，与此类似的反对意见在往后几个世纪里仍层出不穷，却不足以威胁本体论论证持续至近代的存在，毕竟连黑格尔、费希特和鲁道夫·洛采（Rudolf Hermann Lotze）这些19世纪哲学家也都是本体论的代表人物。然而，这个长期存在于西方思想史的矛盾却不该归因于人们贫弱的逻辑推理或大幅衰退的理智。我们如果这么做，那可就糊涂了！这种矛盾其实和人们根本的心理差异有关，因此，我们应该承认并牢记这些心理差异的存在。有些人会认为，世上只有一种心理学或一种心理学的基本原则。这样的看法实在令人难以忍受，因为它专横地把伪科学的偏见强加在正常人身上。这些人总是在谈论人、关于人的"心理学"，然而，这种"心理学"却往往被轻率地化约成一些如"A等于B"之

---

[1] "幸福岛"是古希腊诗人荷马的史诗《奥德赛》里的一座位于茫茫大海中的岛屿，菲肯人（die Phääken）就在这座岛上建立了他们的理想国度。——译注

类的公式化结论。同样，他们也经常在讨论真实性，在他们看来，似乎只存在一种真实性。实际上，只有对人类心理能产生作用的真实性才算得上是真实性，而不是那些被某些人认定具有作用力的真实性。他们甚至还以充满偏见的方式将他们所发现的"真实性"普遍化，并做出一些概括性结论。即使他们的研究过程显得如此客观、如此具有学术性，但我们却不该忘记，学术研究并无法"完全涵盖"人们的生活，学术研究其实只是一些与研究者心理有关的见解，充其量只是一种人类的思维模式罢了！

本体论论证并不算是论证，也不是什么证据，而是人们内心对于这个事实的确认：某个观念对某一群人来说是真实的、能起作用的，而且它的真实性几乎可以和感官世界的真实性相匹敌。感官主义者（Sensualist）主张感官世界的"实在性"；注重观念的人则坚持心理的真实性。心理学必须接受这两种（或更多种）类型的存在，同时在任何情况下都要避免将其中一种类型误认为另一种类型，而且绝不可试图把某一类型化约为另一类型，而让该类型的一切好像只是另一类型的一种功能。由此可知，忠实可靠的学术原则——不宜依照人们的需求而任意扩大解释的基础——不应该被人们扬弃，毕竟大部分的心理学解释原则对人们来说是不可或缺的。除了以上有利于客观的心理学研究的表述之外，我们还应该看到一个值得注意的事实：虽然本体论论证似乎已遭康德彻底推翻，但在康德之后，有不少哲学家又纷纷地接受了这个论证。今天的我们不只难以理解一些二元对立的学说——例如唯心论和唯实论，精神主义和唯物主义——及其相关的附属问题，甚至我们在这方面所碰到的挑战比中世纪早期那些至少拥有一致的世界观的人们还要严峻许多。

如果逻辑论证有利于本体论的证明，现代人的智识大概就不会去关注它。本体论的论证本身其实跟逻辑毫无关系，唯实论者安瑟伦所留给后世的那个论证就是一个后来被智识化或被理性化的心理事实，而且得借助循环论证（petitio principii）和一些似是而非的诡辩。当时公众的共识（consensus gentium）便已证明，本体论论证就是一个普遍存在的事实，这个论证稳固地存在也正显示出它那无可撼摇的有效性。不过，我们却应该考虑它存在的事实，而不是它所使用的诡辩术，因为它的缺点就在于：它想用逻辑进行论证，但它却远远不只是纯粹的逻辑论证。实际上，它的存在与公众的共识这个心理事实有关，这个心理事实的存在与效应是如此明确，而使得它不再需要任何的论证。公众的共识"证实"了安瑟伦的论断——"上帝存在着，因为，人们会想到他"——是正确的。然而，这个普遍被接受的真理，却也只是一种同一性陈述（ein identischer Satz）。因此，如果安瑟伦想证明他对上帝所持有的观念含有事物的真实性，"逻辑"的论证不仅完全派不上用场，甚至还是错误的。他曾表示："这个东西的存在是毋庸置疑的，人们无法想象还有比它更伟大的东西，而且它不仅存在于人们的智识里，也存在于事物中（事物性，也就是'实在性'）。"[1]

对于中世纪的经院哲学来说，"事物"（Ding，即拉丁语 res）这个概念已经和思想处于相同的高度。为了厘清一些概念，1世纪的基督教早期圣人阿略帕哥的狄奥尼修斯（Dionysius Areopagita）还曾在他那些影响中世纪早期哲学甚深的著作中区辨"理性的事物""智识的事物""感官所能察觉的事物""绝对存在的事物"这些概念的不同。中世纪著名的神学家托马斯·阿奎那（Thomas Aquinas）则认为，"事物"既"存在于灵魂之内"，也"存在于灵魂之外"。这两者的等同不仅值得我们注意，也让我们认识到当时人们

---

[1] ANSELM, *Proslogion seu Alloquium de Dei existential*, p. 109. ——原注

观点里的原始事物性（即"实在性"）。我们如果从这种心理状态出发，就可以轻松地掌握本体论论证的心理学意涵。观念的实体化在该论证中根本不是什么重要的推论步骤，而是思维的原始感官性的后续作用。从心理学的角度——而非从逻辑的角度——来看，高尼罗修士用以反对安瑟伦的论据其实还不够充分：尽管公众的共识已经"证实"，"幸福岛"的观念确实经常出现，但它在效应方面却比不上"上帝"这个观念，因此，"上帝"就取得了比"幸福岛"更高的"实在性价值"（Realitätswert）。

此后，所有接受本体论论证的思想家都重复了安瑟伦的谬误，至少在原则上都重蹈覆辙。到了18世纪，康德所提出的反证似乎有望终结本体论论证。接下来，我将简略地介绍康德在他的名著《纯粹理性批判》（*Kritik der reinen Vernunft*）里对于本体论无法证明上帝的存在的论述：

绝对必然的存在体（Wesen）的概念是一个纯粹的理性概念，也就是一个纯粹的观念。只要人们的理性还需要它的客观实在性，它的客观实在性就难以获得证实……判断的无条件的必然性却不是事物的绝对必然性，因为判断的绝对必然性只是事物的有条件的必然性，或只是判断中的述词的有条件的必然性。[1]

康德在这段引文之后，立即举了一个关于必然的判断的例子——一个三角形有三个角——并提出自己的论述：

以上的命题并不表示，三个角具有绝对必然性，而是表示，在三角形存在的前提下，必然有三个角的存在。这个逻辑的必然性还证明了其中的幻觉的力量是如此强大：当人们对于某件事物已经形成先验的概念时，人们就会依照这个既有的想法，在自己所能理解的范围内去理解该事物的此在，从而相信，自己可以正确无误地下结论，因为，人们已经认为，这个概念所指涉的客体必然存在。也就是说，当我认为某件事物已经存在时，在这个条件下，它的此在就具有必然性（依据形式逻辑的同一律），而且它的此在也因此而取得了必然性，因为，我是在一个任意设定的概念里，而且是在我已经替这个概念设定了对象的条件下，思考它的此在。

---

[1] KANT, *Kritik der reinen Vernunft*, p. 468f. ——原注

康德在这段话中所提到的"幻觉的力量"就是原始人的词语魔力（magische Macht des Wortes），这种魔力也暗藏于概念之中。人类需要经过一段长期的发展才能彻彻底底地认清，原来词语——唯名论者所谓的"一阵由声音的振动所产生的微风"——并非每次都能体现或产生魔力的实在性。然而，有些人虽已看清这一点，本身却迟迟无法排除这股存在于词语概念中的迷信力量。在这种"本能的"迷信里，显然还存在着某些不愿被根除的，并显示至今仍未得到足够的重视和此在的合理性的东西。这种不合逻辑的错误推断（Paralogismus）便以类似的方式进入了本体论的论证中，也就是借由幻觉。关于幻觉的说明，康德首先提到"绝对必然的主体"这个命题，这个命题的概念恰恰就是"存在"这个概念所固有的。"绝对必然的主体"没有内在的矛盾，也不会被人们扬弃。这个概念就是"最实在的存在体"（das allerrealste Wesen）的概念。

你们说，它具有全然的实在性，而且你们有权假定，这样的存在体是可能的……既然全然的实在性也包含了此在，此在就存在于一个可能的存在体的概念中。假如这个事物被扬弃，它的内在可能性也就被扬弃，而这是自相矛盾的。对此，我的回答是：你们如果把存在的概念引入一个你们只依据其可能性进行思考的事物的概念里，那么，不论这个概念隐藏在什么名称之下，你们都已经陷入了矛盾当中。如果人们允许你们这么做，表面上，你们似乎获得了胜利，但实际上这根本不意味着什么，因为你们只不过提出了一些同义反复的赘述冗词。

存在显然不是真正的述词，不是可以被加在某一事物的概念里的某种东西的概念。它只是对于某一事物或某种确定性本身的设定。在逻辑的运用上，它只是判断的系词。"上帝是全能的"这个命题包含两个概念，这两个概念所指涉的客体就是"上帝"和"全能"。至于"是"并不是述词，它只是依照述词与主词的关系而把述词加在主词之上的东西。如果我现在把主词（上帝）和它所有的述词（其中也包括"全能"）联系在一起，并说"上帝是"或"有一个上帝"，那么，我就没有把述词加在"上帝"这个主词之上，而只是把主词本身设定在它所有的述词当中，也就是把主词设定为一个和我的概念有关系的对象。在这种情况下，对象和概念的内容必然完全相同，所以，我并没有为这个只表达可能性的概念增添任何东西，我只是认为概念所指涉的对象确实存在（通过"他是"的表达）。由此看来，真实的东西所包含的并不会比纯粹可能的东西更多。100个真实的塔勒币[1]所包含的丝毫不比100个可能的塔勒币更多……不过，在我的财产状况里，100个真实的塔勒币却多于100个塔勒币的纯粹概念（即可能的塔勒币）。

我们对于一个对象（Gegenstand）的概念，可能包含我们认为这个对象将会拥有什么、拥有多少，因此，我们必须让自己超越这个概念，才能让这个概念获得真正的存在。这在感官的对象上是通过我们对于经验法则的任何一种察觉的关联性而发生的；然而，对于纯粹思维的客体来说，我们根本没有办法认识它们的此在，因为思维只有以完全先验的方式才能被我们认识。我们所意识到的一切存在却……完完全全属于经验的统一体（Einheit），在经验范围以外的存在虽然不会被认为不可能，但是，这样的存在却成为我们无法为它的真实性辩护的预设。[2]

我觉得详细地回顾康德的一些基本论述是必要的，因为，我们在这里必须相当清晰地区别"在智识里的存在"

---

[1] 塔勒币是18世纪流通于日耳曼地区的银质货币。——译注
[2] KANT, *Kritik der reinen Vernunft*, p. 472ff. ——原注

（esse in intellectu）和"在事物里的存在"（esse in re）这两个概念。黑格尔曾指责康德，因为他认为康德不该在幻想（Phantasie）中把"上帝"这个概念和100个塔勒币做比较。不过，康德却提出一个恰如其分的看法：逻辑主要是对内容进行抽象化，如果内容占尽优势，逻辑就不再是逻辑了！从逻辑的角度来看，在逻辑的非此即彼之间，总是不存在第三者；然而，在"智识"与"事物"之间，却还有"心灵"的存在，而且"在心灵里的存在"（esse in anima）已经使得一切的本体论论证显得相当多余。康德在他的三大批判的第二部论著《实践理性批判》（*Kritik der praktischen Vernunft*）中曾很有气魄地尝试对"在心灵里的存在"提出哲学性的判断。他在该书中把上帝当作实践理性的假设，而且指出这项假设是基于"人们对于追求至高的善的意愿以及由此而形成的客观实在性的前提。此外，这种追求至高的善的意愿对于道德法则的推崇——一种在先验上已认知的推崇——也是必要的"。

这么一来，"在心灵里的存在"就成了一种心理事实。我们只需要确定，它在人类的心理中究竟出现过一次、多次，还是经常地出现。"上帝"和"至高的善"这两个词语不啻意味着——正如这两个名称所显示的——最高的心理价值。换句话说，它们在决定我们的思想和行为时，就已被赋予，而且实际上已接受了那种最高的、最普遍的意义。在我们的分析心理学的语言里，"上帝"这个概念恰好是汇集最大量的力比多（心理能量），且与前面的定义相符的观念群（Vorstellungskomplex）。不同的人对于上帝的实际概念会不一样，这正好也符合了人们的信仰经验。上帝从来就不会固定地存在于人们的观念里，更别提在现实之中了！因为，正如大家都知道的，人们对于能够发挥效应的最高价值的认定颇有分歧：对一些人来说，"他们的神就是自己的肚腹"[1]，而对另一些人来说，金钱、科学、权力和性等才是他们的神。由于人们对于"至高的善"有各自不同的定义，个体的整个心理也会因此而有所差异，至少在主要的特征上。因此，人们如果把一种完全基于某种基本驱力（Grundtrieb）——比如权力欲或性欲——的心理学"理论"套用在那些驱力定向不同的个体上，那么，这种心理学理论就只能解释他们身上的一些次要特征了！

三、阿伯拉尔对于共相之争的调解

探讨中世纪的经院哲学如何靠着本身的努力试图平息

---

[1] 《新约·腓立比书》3：19。——原注

沸沸扬扬的共相之争，并且在"不存在第三种可能性"的情况下竭力地平衡两种类型之间的对立，其实是一件颇有意思的工作。12世纪著名的法国经院哲学家皮埃尔·阿伯拉尔便曾试着调解这场共相之争。阿伯拉尔的一生是不幸的，他曾疯狂地爱上爱洛依丝（Heloise）——他和爱洛依丝的爱情悲剧和流传下来的情书已经成为世界文学的一部分——后来因为一些误会，女方家族展开报复，派人将他阉割。熟悉阿伯拉尔生平的人都知道，他的心灵存在着一些彼此分裂的对立，如何消弭这些对立而达到内在的和谐，一直是他很关注的哲学议题。19世纪法国作家夏尔·德·雷米萨（Charles de Remusat）[1]曾表示，阿伯拉尔的个人特色就是崇奉折中主义：虽然阿伯拉尔会批评和驳斥所有在讨论共相方面比较有分量的理论，但他也会从中汲取一些含有真理性、站得住脚的思想内容。此外，阿伯拉尔的著作只要涉及共相之争，就会变得难以理解，且令人感到困惑，因为他在处理这个主题时总是不断地斟酌所有相关的论证与观点。他在面对两派的论辩时并没有采纳任何一派的观点，而是尝试了解他们的冲突所在，并试图让

---

[1] Charles de Rémusat, *Abélard*. ——原注

他们达成共识。但是，这样的作风却只会让他不断遭到门生的误解。在某些门生的眼里，他是唯名论者，但在另一些门生的眼里，他却成了唯实论者。这其实是一种很典型的误解，毕竟人们会以某一特定的类型进行思考，这会比兼顾两种类型还要轻松许多，因为在前一种情况下人们的思考可以合乎逻辑并维持前后的一致性，而后一种情况却还缺乏所谓的"折中观点"。总之，唯名论者和唯实论者都致力于本身论述的完整性、清晰性与统一性。人们只要试着考量和平衡这两种类型的对立，就会让自己陷于迷惑之中，而且所产生的结果都无法让这两种类型感到满意，因为任何一方都不会认同折中观点的解决方法。雷米萨曾从阿伯拉尔的著作中整理出许多充满矛盾的命题——这些命题也与我们在这里所探讨的主题相关——而且不解地质疑："我们是不是该承认，每个人的脑袋中存在着一大堆空泛且互不连贯的信条，还有，阿伯拉尔的哲学其实只是一片混沌？"[1]

阿伯拉尔从唯名论中学到了一个真理：共相就存在于"词语"的意义里，共相就是语言所反映的心理习惯。此

---

[1] Charles de Rémusat, *Abélard*, II, p. 119.——原注

外，他还从唯名论中汲取了另一个真理：现实中的事物并不是普遍的存在（共相），而是个别的存在（殊相）；还有，现实中的实质也不是普遍的事实，而是个别的事实。除此之外，阿伯拉尔也从唯实论里吸收了一些真理：比如说，种类的名称就是出自个别事实和事物基于本身无可置疑的相似性的结合。在他看来，"概念论"（Konzeptualismus）不仅是整合唯名论和唯实论的折中观点，而且应被理解为一种可以掌握感官所察觉到的个别事物，并按照它们之间的相似性而对它们进行"分类"的功能。如此一来，个别事物绝对的庞杂性便得以转为相对的统一性。如果说个别事物的庞杂和差异不容置疑，那么，它们的相似性也是如此，而且这种相似性还能使它们集结在某个概念之下。如果谁的心理态度以察觉事物的相似性为主，那么对他而言，集合概念（Sammelbegriff）便已存在，换句话说，着重相似性的集合概念会得力于感官知觉无可否认的事实性而自动浮现出来。如果谁的心理态度以察觉事物的差异性为主，那么对他来说，事物的相似性就不存在，而只存在差异性，同时这种差异性也会挟带着与前者所察觉的相似性同等的事实性而涌现出来。

这么看来，对客体的移情（Einfuhlung ins Objekt）似

乎就是一种关注客体差异的心理过程，至于对客体的抽象化，则可能是一种刻意忽视个别事物实际的差异而着眼于它们普遍的相似性的心理过程，而且这种相似性还是观念赖以存在的基础。当移情和抽象化相互结合时，个体就会产生一种唯一能真正消融唯名论与唯实论的歧见，并使它们相互协调一致的心理功能。概念论就是以这种心理功能为基础而建立起来的。虽然中世纪的经院哲学家知道如何以华美的辞藻谈论心灵，但这些论述却与心理学无关，毕竟心理学是欧洲学术史上最年轻的一门学科。假设那个时代就有心理学的存在，或许阿伯拉尔会把"在心灵里的存在"这个概念提升为一道调解共相之争的公式。作家雷米萨便曾清楚地认识到这一点，他说道：

在纯粹的逻辑里，共相不过是通用语言中的一个词语。在物理上——相较于逻辑，物理的超越性多于实证性，而且物理还是逻辑真正的存在基础——类别则建立在事物实际构成和运作的方式上。总之，在纯逻辑和物理之间，存在着一门能调和此二者的学科，我们姑且称之为"心理学"。至于阿伯拉尔所研究的，正是我们的观念如何相互衍生的过程，他还由此得出人们的智识谱系，而这一谱系也是存在物的层次关系及其实际存在的图像或符号。[1]

无论在后来的哪一个世纪，关于共相先于事物还是后于事物而存在的问题，一直都是欧洲知识界所争执的焦点，尽管它已脱下经院哲学的外衣，而改以新的样貌出现。基本上，共相是一个古老的问题，人们对于这个问题所提出的解答有时会偏向唯实论，有时则偏向唯名论。西方哲学在19世纪初期曾以唯实论为主流观点，此后，由于时代风气的转变，知识界转而崇尚科学精神，于是共相问题的探讨便再次被推向了唯名论阵营，只不过当时唯名论与唯实论的对立已经不像阿伯拉尔的时代那么尖锐。现在我们有了心理学这门学科，它可以协调并统合观念与事物的差异，而不需要去扭曲任何一方。我觉得，化解唯名论与唯实论这场长期冲突的可能性就存在于心理学的本质里，虽然至今仍没有人能宣称心理学已经完成了这项使命。这么看来，我们应该对雷米萨以下的这番话表示赞同：

因此，阿伯拉尔还是取得了胜利；尽管他提出的唯名

---

[1] Charles de Rémusat, *Abélard*, II, p. 112. ——原注

论或概念论在经过人们深入的检视后仍有严重的局限,但他确实具有原创的现代精神。他宣告、预示也坚持了这种现代精神。那道点亮地平线的曙光实际上来自一个尚未露脸的太阳,而它应当照耀这个世界。[1]

如果我们忽视了心理类型的存在,并因此而忽视了一种类型的真理往往意指另一类型的谬误这个事实,那么阿伯拉尔的努力就意味着经院哲学的钻牛角尖。如果我们肯定这两种类型的存在,我们就会觉得,阿伯拉尔对于共相之争的处理非常重要。这位经院哲学家会在"遣词措句"(sermo)中寻找折中观点,寻找一种为了巩固本身的意义而使用某些词语的定义,因此,他不把"谈话"(Rede)当成人们所打造的、为了某种特定的含义所组合而成的句子。此外,阿伯拉尔并不会讨论构成句子的"词语"(verbum),因为对唯名论者来说它只是"声音"(vox),只是"一阵由声音的振动所产生的微风"。实际上,这一点正是古希腊罗马时代与中世纪的唯名论者对于人类的心理发展的伟大贡献,因为他们所支持的唯名论彻底消解了词语和客观事

---

[1] Charles de Rémusat, *Abélard*, II, p. 140. ——原注

实之间那种原始的、具有魔力的、神秘的同一性，从而使得人们不再以事物，而是以那些从事物抽象出来的观念作为立足点。阿伯拉尔会忽视唯名论的这项贡献，或许是他的视野过于开阔的缘故。在他看来，词语只是声音，但句子——他所谓的"遣词措句"——却含有较多的东西，因为句子本身带有固定的含义，句子描述了事物本身普遍的、在观念上的、被人们所思考的、被感官所察觉的种。因为阿伯拉尔主张共相存在于"遣词措句"中，并且只存在于其中，所以，人们把他划入唯名论阵营是可以理解的。不过，这样的归类并不正确，毕竟共相对他而言远远不只是声音，还具有更大的真实性。阿伯拉尔在表达他的概念论时一定感到很吃力，因为这些采取折中观点的论述必然由各种矛盾构成。在牛津大学的手稿收藏中，一份纪念阿伯拉尔的墓志铭可以让我们深刻地洞察他的学说所隐含的矛盾：

他告诉我们，词语只有在与事物发生关联时，才具有意义，

他还告诉我们，词语借由名称的指谓而让事物具有可辨认性；

他纠正了一些关于种类名称和抽象名称的错误观点。
当他把这两种名称仅仅转成词语时,
还明确地表示,这些名称就是组合而成的定义。
……
故得证,动物与非动物都是类概念。
人类与非人类也是类概念。

只要人们想依据某种立场——阿伯拉尔就是依据智识的立场——来概括这两种观点的对立,他们所表达的内容几乎都会自相矛盾。我们不该忘记,唯名论与唯实论的基本差别并不只在于逻辑与智识方面,而且在于心理方面。这种心理方面的差异主要起因于个体的心理态度对于外在客体和内在观念所显示的类型差异。

心理态度定向于观念的人,会从观念的角度来理解和反应;心理态度定向于客体的人,则会从感知的角度来理解和反应。在后者看来,抽象是次要的,所以他会觉得对于事物的思考并不是很重要,而前者的情况则完全相反。心理态度定向于客体的人当然是唯名论者——"名称是过眼云烟"——只要他还没有学会以补偿作用来弥补本身定向于客体的心理态度的片面性。一旦他的补偿作用开始发挥作用，他就会变成一位逻辑思考十分缜密的人——假如他具有这方面的能力的话——变成一个事事讲求精确与方法的人，而且会变成一个乏味单调的人。心理态度定向于观念的人当然擅长逻辑思考，由于他在这方面已经具备充足的能力，这反而让他无法理解，也无法重视那些逻辑学的教科书。这种类型所产生的补偿作用会让他本身转变成一个热情的且注重情感的人——正如我们在基督教早期神学家德尔图良身上所看到的——不过，他的情感仍旧会受到他的观念的影响。基于相同的道理，那些因补偿作用而成为精通逻辑思考的人的观念世界依然会受到外在客体的影响。

以上的探讨让我们碰触到了阿伯拉尔思想的缺点：他试图解决问题的智识方式是片面的。如果唯名论与唯实论的对抗只关乎一场逻辑与智识的论战，我们就无法明白，为什么阿伯拉尔对于这场论战的最终论述会充满了矛盾。既然这两个哲学流派的冲突还涉及一种心理的对立，那么，片面的、逻辑与智识的论述就必定会出现矛盾而无法继续存在。诚如上述的阿伯拉尔墓志铭的最末一句："人类与非人类也是类概念。"即使通过"遣词措句"的形式，逻辑与智识的表达仍无法给我们一道可以公正地对待两种对立的心理态度的本质的折中公式，因为这种表达完全受制于抽象层面，完全缺乏对于具体真实性的肯定。

所有逻辑与智识的论述——尽管如此无懈可击——都在去除客体印象（Objekteindruck）的生动性与直接性。为了完成论述，这种做法虽然势在必行，却也因此而失去了对于外倾态度而言最重要的东西，也就是与真实客体的关联性。由此可见，任何一种心理态度都无法提出可以调和对立的双方，且令双方感到满意的折中公式。不过，人们却不该让自己陷于这种冲突的拉锯中——即使他们的思维可以应付这种分裂状态——因为这种分裂状态并不只是远离生活现实的哲学问题，它还是每天不断重复出现在人们跟自己、跟外在世界的关系里的问题。因为这场流派之争根本上牵涉了这个问题，所以，人们即使对这两派的论证有所讨论，却还是无法解决他们之间的矛盾。如果人们要解决这个问题，就需要能够调解双方矛盾的第三种观点："在智识里的存在"缺少可被感官察觉的真实性，"在事物里的存在"则显得思想贫乏不足。然而，观念和事物已经交会于人们的心理，而心理也尽力地维持这两者之间的平衡。如果心理无法让观念获得具有生命力的价值，观念最后会如何？如果心理把制约的力量从感官印象中抽离，客观事物又会如何？假如实在性不是我们内在的真实性，不是"在灵魂里的存在"，那么实在性到底是什么？具有生命力的真实性既不是通过事物确实而客观的行为，也不是通过观念的公式而存在，而是借由此二者在生动的心理过程中的联结，即"在灵魂里的存在"。只有通过特定的心理活动，感官的察觉才会深入客体所带来的印象中；只有通过特定的心理活动，观念才能获得可以产生效应的力量；此二者都是构成具有生命力的真实性所不可缺少的部分。

心理所固有的活动就跟所有的生命过程一样，是一种持续不断的创造性活动，人们既不可以把它们解释为对于外在感官刺激的反射性反应，也不可以把它们当作负责实现永恒观念的执行体（Exekutivorgan）。人类的心理每天都在创造真实性，我只能用"幻想"（Phantasie）这个词汇来表达这种心理活动。因为幻想和情感、思考、直觉以及感知这四大基本心理功能有关，所以，它既是情感的，也是思考的，既是直觉的，也是感知的。在幻想里，每一种心理功能都与其他的心理功能紧密相系。幻想有时显得很原始，有时却呈现为个体所有能力的整体成果，而且是最新的、最大胆的成果。因此，在我看来，幻想可以相当清晰地反映出特殊的心理活动。幻想主要是一种创造性活动，可以提供所有可以解答的问题的答案。它还是一切可能性的源头，而且以充满生命力的方式把内在世界和外在世界，以及所有心理的二元对立联结起来。幻想始终都是沟通客体与主体、外倾与内倾之间那些互不兼容的要求的桥梁。只有在幻想里，两种原本对立的、无法调和的机制才能结合在一起。

假如阿伯拉尔当时能深刻地洞察出唯名论和唯实论这两种观点之间的心理差异，他必定会以合乎逻辑的方式把幻想运用在调解双方矛盾的论述上。在学术的领域里，幻想就和情感一样，是一种禁忌。不过，如果我们认识到这两个阵营的对立基本上是心理的对立，那么，心理学就不得不赞同情感观点，同时也必须肯定可以调解矛盾的幻想观点。这里还出现一个棘手的问题：绝大部分的幻想都是无意识的产物。幻想含有意识的成分，这是无可怀疑的，但从整体来看，幻想却是非自主的，而且原本就和意识内容对立，这就是它最特殊的特征。幻想和梦之间虽然具有共同的特性，但是，梦的非自主性与奇异性却远远高于幻想。

人们与幻想的关系高度取决于本身和无意识的关系，而本身和无意识的关系又特别受制于时代精神。个体会随着理性主义风气的强弱而程度不一地倾向于无意识和无意识的产物。毋庸置疑，基督教界——就如同所有封闭式的宗教系统——历来都倾向于全力压抑信徒的无意识，因此也瘫痪了信徒的幻想。此外，宗教往往会采用一些固定的象征观点，以便充分而有效地取代个体的无意识。所有宗教的象征概念都是无意识过程以典型的、具有普遍约束力的形式塑造出来的。宗教的教义和信条会针对"终极的事物"（die letzten Dinge）和人类意识所无法企及的界域，把一些具有权威性的相关信息传递给信众。

如果我们观察某个宗教的兴起过程，我们就会发现，教义的人物形象如何以神启的方式——通过无意识幻想的具体化——进入宗教创立者的脑袋里。从他的无意识所产生的一些形式会被解释为具有普遍的有效性，从而取代信徒们的个人幻想。《新约·马太福音》关于耶稣基督生平的记载让我们得以窥见这种过程当中的一个片段：在耶稣被圣灵引到旷野并接受魔鬼试探的故事里，我们可以看到，"王权"这个观念如何以魔鬼现身这个异象的形式——魔鬼向耶稣提供了统辖世间的权力——从耶稣的无意识里浮现出来。假如耶稣基督当时把这个幻想信以为真而如实地接受了它，这个世界就会多了一个疯子。不过，他当时非但没有这么做，甚至还拒绝将本身的幻想具体化，毕竟他是以属天国度的君王身份来到地上的人间。有时人们会从精神医学的角度谈论耶稣病态的心理，这种理性主义的看法简直荒谬可笑，因为他们实在无法理解人类的历史会出现这种心理过程。耶稣在传教上的成果也已证明自己绝不是妄想症患者。

基督徒接受了耶稣基督把他的无意识内容呈现给这个世界的方式，而且认定它具有普遍的约束力。这样一来，信徒所有的个人幻想不仅因此失去了有效性与价值性，甚至还被视为邪说而受到基督教会的迫害，诺斯底运动和后来的异端分子的遭遇都是显著的例证。在《圣经·旧约》中，先知耶利米就曾说道：

万军之耶和华如此说，这些先知向你们说预言，你们不要听他们的话。他们以虚空教训你们，所说的异象，是出于自己的心，不是出于耶和华的口。[1]

我已听见那些先知所说的，就是托我名说的假预言，他们说，我作了梦，我作了梦。说假预言的先知，就是预言本心诡诈的先知，他们这样存心要到几时呢？他们个人

---

[1] 《旧约·耶利米书》23：16。——原注

将所作的梦对邻舍述说,想要使我的百姓忘记我的名,正如他们列祖因巴力忘记我的名一样。得梦的先知可以述说那梦。得我话的人,可以诚实讲说我的话。糠秕怎能与麦子比较呢?这是耶和华说的。[1]

同时我们还看到,基督教早期的主教如何处心积虑地铲除僧侣的个人无意识所产生的种种效应。4世纪的亚历山大城大主教亚他那修(Athanasius of Alexandria)曾为基督教隐修运动之父——埃及的"沙漠教父"——圣安东尼(St. Antonius)立传,而且他所撰写的这部传记[2]还为我们的无意识研究提供了相当有价值的资料。大主教亚他那修当时为了训诫他所带领的修士们,曾在这部传记里描述一些现象与幻觉,也就是孤独的祷告者和斋戒者的灵魂所面临的危险。此外,他还叮嘱他们,魔鬼为了让圣徒坠入堕落的深渊,会多么狡猾地伪装自己。其实,所谓的魔鬼就是隐修者本身的无意识所发出的声音,就是无意识对于宗教强

---

[1] 《旧约·耶利米书》23:25—28。——原注

[2] *Life of St. Antony in The Book of Paradise* by PALLADIUS, HIERONYMUS etc. Herausgegeben von E. A. Wallis BUDGE. ——原注

行压制个体天性的反抗。以下是我从这本不容易取得的古代传记中所摘录的几个段落。它们非常清楚地反映出,当时过隐修生活的基督徒的无意识如何遭到系统性的压抑与贬损:

有时我们一个人也没看见,却听见魔鬼活动的声音,它听起来就像有人在放声高歌;有时我们还听到不断反复地朗读《圣经》某段经文的声音,就像我们平常听到有人出声念诵《圣经》一般;有时他们(魔鬼)还会在半夜把我们从床上拉起来祷告,并怂恿我们起床。此外,他们也会在我们面前伪装成僧侣和忧伤者(即隐修者)的模样,让我们无法分辨真伪。他们接近我们时,宛如从远方跋涉前来,而且会发表一些足以削弱胆怯者的理解力的言论:"我们(魔鬼)喜欢踩躏和破坏,现在这条定律已经凌驾于上帝对于万物的创造。不过,我们接近你们时,却无法通过上帝的意志进入你们的寓所,来行使这项权利。"他们这些魔鬼如果无法用这种方法贯彻自己的意志,就会放弃这种骗人的伎俩,并对人们说:"你怎么还能生活下去呢?你自己想想,你对于不少事情的做法并不正当,而且已经犯下罪恶。你以为,圣灵没有跟我透露你干的这一切?你以为，我不知道你做过哪些事？"试想，如果一个心思单纯的弟兄听到这些魔鬼的话语，却无法了解这是恶者的诡诈，那么，他的灵魂就会立刻陷入迷惑。他会感到绝望，而且会出现信仰的倒退。

我亲爱的弟兄们，我们并不需要受到这些事情的惊吓，不过，如果魔鬼们要进一步指教我们什么是真理和真相，我们就必须感到恐惧，严厉地呵斥他们……因此，我们一定要好好保护自己，不要倾听他们的话语，即使他们声称，自己所说的都是真理。如果让那群背叛上帝的恶势力成为我们的教导者，这将是我们的一大耻辱。我的弟兄们，让我们武装自己，穿上正义的盔甲，戴上救赎的头盔，在奋战的时刻，基于我们的信仰，把心灵的箭矢从张满的弓中射出。因为，他们（魔鬼）什么都不是，即使他们算是个什么，他们的力量也无法抵挡十字架的威力。[1]

圣安东尼还说道：

有一次，一个举止非常傲慢无耻的魔鬼出现在我的面

---

[1] *Life of St. Antony in The Book of Paradise*, p. 24f. ——原注

前，他说话的嗓音就好像一大群人聚集时的喧哗声，而且他居然敢对我说："我，就是我，拥有上帝的权柄；我，就是我，是世界的主宰。"他还继续对我说："你希望我给你什么？你只要开口要求，就会得到。"当时我便对他厉声斥责，并以基督之名回绝他……还有一次，我在禁食斋戒时，那个狡猾的魔鬼化身为一个弟兄。他拿着面包出现在我的面前，并建议我："起来吧，这里有面包和水可以让你不再饥渴，你已经过度劳累，需要休息一下。毕竟你是人，即使你将来可能成为了不起的人物，你终究还是血肉之躯，所以，你应该担忧自己的疾病和苦痛。"我把他的话考虑了一下，便继续保持镇静，矜持地不做任何回答。然后我安静地弯下身子，在祷告中忏悔地祈求："我的主啊！请你赶走他，就如同你一直以来所做的。"我的祷告一结束，这个魔鬼便立刻消失。他化成了一道尘埃，像一缕轻烟似的从屋门飘散出去。

有一天晚上，撒旦还来我家敲门。我当时便走出门外，看看到底是谁在敲门，抬头一瞧，赫然发现一位体型高大而强壮的男人出现在我的面前。于是我问他："你是谁？"他回答："我是撒旦。"然后我又问他："你在找什么？"他便反问我："为什么基督教的信徒、隐士和僧侣要辱骂我？

为什么他们总是在诅咒我?"他这番愚蠢的质问让我感到相当莫名其妙,于是我也反问他:"为什么你要折磨他们?"然而,他却这么回答:"不是我在折磨他们,而是他们自己在折磨自己。如果我不对他们宣告,我就是敌人,他们之间的杀戮就不会停止,这就是我经历过的事。不过,这么一来,我就失去了容身之地,不仅身边没有一把闪闪发亮的利剑,连那些曾经真正臣服于我、为我效劳的人也都很鄙视我。他们认为不该拥护我,便不肯再追随我。他们随时都准备逃开,所以,我不得不用锁链捆住他们。基督徒已经遍布这个世界,甚至在沙漠里,也可以到处看到他们的修道院和住所。如果他们继续咒骂我,他们自己就得小心了!"在赞扬上主的怜悯和恩典之余,我这么告诉他:"为什么你在其他的场合都在说谎,现在却要说实话?怎么会这样?你现在虽然说了实话,但你已经习惯说谎,这该怎么解释?当基督降世为人,来到这个世界时,你已被丢入深渊中的深渊,你的罪恶已被连根拔除,已从这个世界消失,这是千真万确的事实。"撒旦一听到基督这个名字,他的形体便立刻消失,而且缄默无声,不再言语。[1]

---

[1] *Life of St. Antony in The Book of Paradise*, p. 33ff. ——原注

以上这些引文显示，个体的无意识虽然能以透彻的方式呈现出真相，却受到一般宗教信仰的摒弃。无意识被人们刻意冷落应该可以归因于思想史上的一些特殊原因。我们在这里并不打算进一步地探究这些原因，我们只需要知道无意识受到压抑的事实，这样就够了！从心理学的角度来说，无意识的压抑来自力比多的抽离（Entziehung der Libido），也就是心理能量的抽离。从无意识抽离出来的力比多会转入意识层面，而促进意识态度（bewußte Einstellung）的发展，并逐渐形成新的世界观（Weltanschauung），而且经由这个过程所形成的确凿无疑的优势又自然而然地强化了意识态度。因此，我们无须讶异，为什么特别排拒无意识的态度正是我们的心理学的特征。

所有的学科都排除了情感观点和幻想观点，这种做法不只是可以理解的，还是必要的，而且这也是学术成为学术的原因。然而，这种做法会给心理学带来什么效应呢？心理学以这种做法处理研究材料是否恰当呢？每个学科都试图以抽象的方式来论述和表达所取得的研究材料，心理学只要还把本身当作一门学科，就必须遵循学术研究的游戏规则。心理学会通过智识的抽象化来掌握情感、感知与幻想的过程，这种处理方式虽然能确保智识和抽象的观点，却无法顾及其他可能的心理学观点。因此，后者在强调学术性的心理学里只会被提及，却无法作为独立的心理学原理。无论如何，学术都无法脱离智识的属性，因此，情感、感官和直觉这些心理功能都只不过是屈从于智识的客体。

智识的确主宰了学术领域，不过，学术如果进入了实际应用的范畴，那可就另当别论了！智识会从一位高高在上的君王变成一个纯粹的辅助工具，虽然它是被学术精致化的工具，但它已经成为工匠师傅所使用的工具。在这里，智识不再是目的本身（Selbstzweck），而纯粹只是达成目的的条件。智识和学术都转而效力于人们创造性的力量和意向（Absicht）。心理学在这种情况下已成为一门广义的心理学，虽然它还是心理学，但已不再具有学术性质。它的研究对象是具有创造性的心理活动，其中以创造性的幻想最为重要。人们在这里如果不想提到"创造性的幻想"，也可以换成另一种说法：在这种实用的心理学里，生命本身扮演了主要的角色。因为，生命一方面虽是作为学术研究的辅助工具的建设性和创造性幻想，但从另一方面来看，生命也代表着外在现实的各种不同的要求，而且这些要求还会激起创造性幻想的活动。

以学术研究作为目的本身，肯定是一种崇高的典范，但如果要坚定地实现这种典范，就会衍生出与学术研究和艺术创作相同数量的目的本身。这么一来，一些受到关注的心理功能的研究就会出现高度的分工化和专门化，而致使研究远离了现实的世界和生活。此外，不断增加的专业领域也会让各领域之间逐渐失去整体的关联性，而且这种学术现象还会引发心理学各领域以及心理学家的心理的贫乏化和封闭化。这些心理学家不仅已经被区分为，甚至还会堕落为各种不同的心理学领域的专家。其实学术不只可以扮演主人的角色，也可以扮演仆人的角色，而且只有通过仆人的角色，学术才能证明本身的存在价值，学术也绝不会因此而失去体面！

心理学的研究让我们认识到心理失衡和心理障碍，因此，我们应该向学术的智识属性致以最高的敬意。不过，如果我们因此而认为学术就是目的本身，那就大错特错了！因为目的本身会使学术无法成为纯粹的辅助工具。倘若我们带着智识及其所主导的学术进入真实的生活领域，我们就会立刻发现，自己已经受到限制，而且被隔离在真实的生活领域之外。所以，我们必须把学术典范的普遍性当成一种限制性，而且应该为自己寻觅一位精神导师。精神导师会考量一个完整的生命的诸多要求，因此，他们比智识——学术的主宰——更有能力向我们担保心理的普遍性。

当浮士德这位歌德剧作的主人翁宣称"情感就是一切"时，他同时也表达了自己对于智识的不以为然，因此，他也受限于另一种片面性，并未获得生命和自身心理的完整性，也就是一种能让对立的思考和情感统合于更超然的第三者的完整性。正如我在前面提过的，这里所谓的更超然的第三者既可以被视为实际的目标，也可以被当作设定目标的幻想。我们既无法从作为目的本身的学术，也无法从缺乏思考洞察力的情感发现这种完整性的目标。此二者都需要借助对方作为辅助工具，才可能让自己变得更完整，不过，它们之间的矛盾过于强烈，因此，需要在它们当中架设一座可以沟通彼此的桥梁。这座桥梁就存在于我们的创造性的幻想中，并不属于这两者的任何一方。这座桥梁其实就是它们的培植者，同时还为它们孕育出一个完整性的目标，成功化解了它们之间的冲突。

如果心理学对我们而言只是一门学科，我们就只能为心理学——作为学术研究的目的本身——服务，却无法借由心理学触及生命。虽然学术研究可以让我们认识事情的具体状况，但它除了自己的目的以外总是一味地排拒其他所有的目的。智识如果不愿意认可其他目的的价值而牺牲本身的权威性，就会处于故步自封的状态。它畏于跨出离开自身的那一步，也对于否定自身普遍的有效性感到恐惧，毕竟其他的一切对它来说都只是幻想，因此，僵化的、存在于学术的目的本身的智识便自绝于能带来活力的生命泉源之外。然而，一些曾经存在的伟大事物起先不也只是出自人们的幻想？对智识来说，幻想不过只是表露愿望的梦（Wunschtraum），因此，学术的一切在表露愿望的梦里受到低估，不仅是人们所乐见的，也是必要的。只要涉及学术的发展，学术作为目的本身就是不可避免的事，不过，当学术涉及应该获得发展的生命本身时，却会令人感到厌恶。在基督教的文化过程中，压抑人们自由的幻想确实有历史的必要性，同样，我们这个科学挂帅的时代也有必要从其他方面遏阻人们的幻想。我们不该忘记，创造性的幻想如果没有受到合理的限制，就会恣意蔓延，而堕落成最具破坏性的东西。然而，这些限制却不是人们用智识和理性的情感所设下的束缚，它们的存在是基于必要性和无可争辩的真实性。

每个时代都负有不同的使命，人们只有在回顾历史时才能确知，从前有什么必须是如此，又有什么不该是如此。每个时代总是充斥着人们对于信念的争执，毕竟"战争是万物之父"。[1]然而，只有历史是最终的裁判者。所谓的真理并不是永恒，而只是纲领。真理越显得永恒不朽，就越缺乏生机与价值，因为它们的存在如此理所当然，所以已经无法再告诉我们什么了！

只要心理学还是纯粹的学术研究，我们就能从精神分析学家弗洛伊德（Sigmund Freud）和个体心理学家阿德勒（Alfred Adler）那些著名的观点中得知心理学如何评断人类的幻想。弗洛伊德的解析是把幻想归结为基本的、前后具有因果关系的驱力过程（Triebprozeß），而阿德勒的观点则是把幻想归结为自我最终的基本意向。由此可知，前者是一种驱力心理学，而后者则是一种自我心理学。驱力是一种无关个体的生物现象。以驱力为基础的心理学当然会忽略自我，因为自我是依凭个体化原则而存在的，也就是个体的分化。因为这种分化就是个体的个别化，所以不是普遍的生物现象。尽管普遍存在的驱力动力（Triebkräfte）也

---

[1] HERAKLIT. Zit. aus HERMANN DIELS, *Die Fragmente der Vorsokratiker* I, p. 88, Spruch 53. ——原注

能促成个体人格的形成，不过，单独的个体与普遍的驱力之间却不只是本质的差异，甚至还是截然的对立。毕竟作为人格的个体总是与群体的集体性有所区别，更何况个体的本质正好就存在于这种区别当中。由此可知，所有自我心理学的研究都必须忽略和排除驱力心理学所强调的集体性，因为自我心理学是在探索不同于集体驱力的自我过程（Ich-Prozeß）。这两种观点的代表人物互相仇视对方，这场激烈的冲突源自一个事实：一个观点的成立就意味着对另一个观点的鄙夷与贬损。只要驱力心理学与自我心理学之间的根本差异还未获得认可，双方就不会罢休，必然会理所当然地认为自己的理论才具有普遍的效力。但这种冲突绝不表示，驱力心理学无法提出关于自我过程的理论。驱力心理学当然可以完全做到这一点，只不过自我心理学会认为它的处理方式是在否定自己的理论。其实弗洛伊德也受到自我心理学的影响，所以偶尔会在论著中使用"自我驱力"（Ichtrieb）这个概念，但从整体来说，这样的影响是相当微不足道的。同样，阿德勒也只把弗洛伊德所强调的性欲当成一种通过某个方式而纯粹为基本的权力意向（Machtabsicht）效劳的工具。阿德勒所提出的心理学原则就是确认超越于生物驱力的个人权力，弗洛伊德的心理学原则在于利用自我为自己服务的驱力，因此，自我在弗洛伊德的理论里仅仅是一种驱力的功能。

弗洛伊德和阿德勒的心理学都倾向于把所有的心理现象归结为自己所主张的原理原则，然后据此展开演绎与推论。这种处理方式特别容易出现在对幻想的研究上，因为幻想对于现实的适应并不像意识的功能具有定向于客体的特性，不过，它却能同时与驱力和自我协调一致：谁如果接受弗洛伊德的驱力观点，就不难发现"愿望的达成""婴儿期的愿望""被压抑的性欲"这些精神分析学的概念；谁如果接受阿德勒的自我观点，要发现那些关于自我保护与自我分化的基本意向也并不困难。幻想就是调和个别的自我与普遍的驱力的产物，因此含有这两者的基本要素。由此看来，任何一方的片面性解释都带有些许的牵强和武断，因为另一方的特性总是会因此而受到压制。但从整体上来说，一种可被证明的真理还是出现了，只不过它仅仅是部分的真理，并不具备普遍的有效性。换句话说，它的有效性只限于本身原则的范围，至于在其他原则的领域里，就失去了作用。

弗洛伊德心理学的特征在于"潜抑"（Verdrängung）彼此矛盾的愿望倾向（Wunschtendenzen）这个核心概念。在他看来，人就是愿望的集合体，而其中只有部分的愿望能适应于客体。环境的影响、教育以及种种客观条件会局部阻碍驱力的自由发展，这也是精神官能症的起因。除此之外，父母的影响还会让个体陷入道德的冲突，而且婴儿期的亲子关系也会让个体往后的人生蒙上阴影。人类原初的驱力本质是不容改变的、既有的存在，但在生活中却往往因为客体的影响而受到妨害，因此，让主体的驱力尽量不受干预地自由发展，并选择适合面对的客体，显然是一种必要的治疗方法。相反，阿德勒心理学的特征则在于"自我优越性"（Ichsuperioritat）这个核心概念。对他来说，个人主要是一个自我基点（Ichpunkt），无论在任何情况下都不该屈从于客体。弗洛伊德认为，个人对于客体的渴望、与客体的联系以及某些对于客体的欲求的不可能性非常重要，而阿德勒则以主体的优越性作为一切的依归。阿德勒把主体在面对客体时所出现的驱力压抑这个弗洛伊德的主张改成了主体的自我保护，因此，他所采用的治疗方法就是消除使主体孤立的自我保护。但弗洛伊德却坚持，解除足以妨碍主体亲近客体的压抑，才是治疗之道。

由此可知，性是弗洛伊德心理学的基本模式，它显示了主体与客体之间最强烈的联结；至于阿德勒心理学的基本模式则是主体的权力，它不仅最能对抗客体，同时还可以让主体处于不受攻击的、与外界断绝所有联系的孤立状态。弗洛伊德希望确保驱力可以不受阻碍地采取行动，以满足主体的需求；但阿德勒却想破除客体所散发的恶意的魅惑力，而让自我得以离开本身的保护壳，从窒息中解脱出来。由此可见，弗洛伊德的观点基本上是外倾的，而阿德勒的观点则是内倾的。外倾的理论的效力仅止于外倾类型，而内倾的理论的效力也仅止于内倾类型。既然纯粹的类型就是片面化发展的产物，那么，它也必然是失衡的。此外，对某一种功能的过度强调，也就意味着对其他功能的压抑。

如果弗洛伊德的精神分析学所使用的方法是根据患者所属类型的理论，那么它就无法解决患者的压抑问题。换句话说，依照精神分析学的相关理论，外倾型会把从无意识浮现出的幻想归结为驱力的内容，而内倾型则把幻想归结为权力意向，但精神分析学所得出的这些结果却只会让原本的状况失去平衡。由此可见，这种分析方法只会强化既有的类型，扩大类型——无论是内在的还是外在的——之间的隔阂，却无法促使它们相互理解和调和，而且会贬斥，并再度压抑出现在无意识幻想里（例如，梦境等）的一些其他功能的片段，从而导致个体的内在分裂。这也难怪有一位批评者曾经声称，弗洛伊德的理论就是一种精神官能症的理论。即使他的说法可能带有恶意，或是为了逃避严肃处理相关问题的责任，但在某种程度上，他确实言之有理。总的来说，弗洛伊德和阿德勒的观点都是片面的，它们都只能反映某一类型的特征。

这两位心理学家的理论都排斥想象原则（Prinzip der Imagination），也都贬抑幻想的重要性，充其量只是把幻想当作一种符号学（Semiotik）[1]的表达。实际上，幻想的意义远不止于此，因为幻想还体现了其他的心理机制，也就是说，幻想会在内倾型身上显露出被压抑的外倾，而在外倾型身上显露出被压抑的内倾。被压抑的功能会停留在无意识里，而得不到充分的发展，所以仍不成熟，仍处于古老而原始的状态，无法与更高层次的意识功能协调一致。不过，人们无法接受幻想主要还是因为无法认可这种无意识功能的特性。基于这些理由，所有把适应外在现实当作主

---

1 我在这里使用"符号学"，是为了和"象征性"做对比。弗洛伊德所谓的"象征"就是基本的驱力作用（Triebvorgange）的符号（Zeichen）。象征是一种或多或少通过近似类推（nahe Analogie）的思考所能达到的最贴切的表达方式。——原注

要原则的人也会认为,想象(Imagination)是无用的、可以丢弃的东西。尽管我们都知道,任何出色的想法和创造性的行为都来自人们的想象,都在人们所惯称的"婴儿期幻想"(infantile Phantasie)里酝酿成型。其实不单是艺术家,所有富有创造力的人都把生命中最了不得的东西归功于他们的想象。幻想的动力原则属于轻松的游戏性质,它也是孩童的特点,因此会显得与工作的郑重原则格格不入,不过,人们如果不玩幻想的游戏,就不会产生任何创作性质的作品。我们当然很感谢想象的游戏带给我们无法预见的东西,如果我们只是因为幻想的荒诞性与不被接受性而藐视它,那就太过短视了!此外,我们还应该切记,人们最有价值的东西也许就存在于他们的想象中。我在这里会说"也许",是因为从另一方面来看,幻想如果只是原始材料,便不具有可利用性,因此也毫无价值可言。人们倘若想从幻想中发掘出富有价值的东西,就应该先让它们获得充分的发展。

唯名论和唯实论这两种观点的矛盾是否曾在智识上获得令人满意的解决?这个问题至今依然无解。虽然在某种意义上中世纪经院哲学家阿伯拉尔的尝试应该获得高度的重视,但实际上他的努力却没有取得任何值得一提的成果,因为他无法在他的概念论或立言论（Sermonismus）之外成功地建立能够调解双方矛盾的心理功能。他的论证似乎只是以片面的智识性重复基督教传统教义中关于"上帝的道"的思想。"上帝的道"作为调解争执的折中观点，显然比论述的"遣词措句"更具有优势，因为道成肉身（即上帝之子降世为人）的上帝已经融合了神性与人性，所以也会恰当地看待人们的非智识性的期待。

然而，我始终无法摆脱这样的印象：阿伯拉尔虽曾以卓越的才智撰写《是与否》（Sic et Non）这本辩证法的名著，以证明基督教仍有许多尚未解决的神学问题，不过，他却对自己在放弃创造性行为后所提出的那个内容互有矛盾的概念论从未感到满意，虽然他大抵未因本身悲剧性的命运而丧失热情的动力。人们如果要评断我所保留的这个印象，其实并不难，只要把阿伯拉尔的概念论和老子及庄子这两位伟大的中国哲人或德国大文豪席勒（Friedrich Schiller）对于同一问题的解决方式进行比较就可以了！

第五节　路德和茨温利对于圣餐礼的争辩

如果我们要探讨中世纪以后欧洲在思想观念上的类型对立，就应该谈到新教和宗教改革运动。由于这个现象相当复杂,若要以它作为心理分析的研究对象,就必须先把它拆解成许多个别的心理过程。然而,这却不是我的能力所能达成的,在权宜之下,我只能从这场基督教思想的论辩中选出一个例子来讨论,也就是马丁·路德(Martin Luther)和乌尔利希·茨温利(Ulrich Zwingli)这两位宗教改革家对于圣餐礼的争辩。

我们在前面提到的化体说,已经于1215年的拉特兰宫宗教会议(Laterankonzil)获得正式的认可而成为基督教固定的教义,16世纪的新教神学家路德就是在这样的信仰背景下成长的。实际上,新教并不主张仪式及其具体的施行具有客观的救赎意义,因为新教的教义原本就是在反对天主教体制的意义,不过,路德却还是无法摆脱在圣餐礼中取用饼和酒时所直接产生的感官印象。直接体验饼和酒,对他来说绝对是必要的宗教需求,因为饼和酒就是感官所能知觉的事实性,而不是纯粹的符号。因此,他宣称,信徒在圣餐中所取用的饼和酒就是耶稣基督的圣体和宝血的真实临在(wirkliche Gegenwart)。因为他认为在圣餐礼中直接体验这两项客体具有无上的宗教意义,所以便完全沉迷于基督圣体的物质临在的具体化之中。由此看来,他所有诠释的尝试都是在这种感官所知觉的事实下进行的,尽管基督的圣体在圣餐礼中只是"非空间性的"临在。根据路德的同质说（Konsubstantiationslehre），饼和酒的实质并没有转化成基督的身体和血，而是与基督圣体的实质同时存在。为了支持基督真实临在于圣餐中的说法，路德后来还发展出基督圣体普遍存在（Ubiquität）的概念，以说明在各地举行的圣餐都有基督圣体的同在。虽然这样的主张后来被上帝随时且多处临在（Volipräsenz）的神学概念——上帝想临在于何处，就能临在于何处——取代，但它当时却令信众感到难以理解。不过，路德本人却对于这些问题毫不在意，仍坚持感官印象的直接体验，宁可用荒谬的或不充分的解释来消除人们所有在理解上的顾虑。

假如路德只是因为基督教传统的力量才固守住这个教义，这实在令人难以置信，因为他早已充分地证明自己有能力摒弃基督教传统的信仰形式。新教的信众大概不会当真认为，自己在圣餐礼中已经与基督圣体有"真实的"、物质性的接触，但是，对于路德这位日耳曼新领袖来说，与基督圣体直接接触的情感意义却已凌驾于新教的教义原则之上，也就是上帝的话语是传达上帝恩典的唯一工具，而不是教会的礼拜仪式。路德当时主张，上帝的话语具有救赎的意义，而且领受圣餐也可以获得上帝的恩典。这种看重圣餐礼仪式的主张从表面看来,是他对于天主教的教会体制和仪轨的让步——就如同我在前文所指出的——但实际上,认可这种直接建立在感官体验上的情感事实,却是出于他本人的心理需求。

瑞士的新教领袖茨温利则对圣餐礼持有纯粹的象征观点,因此和路德的见解恰恰相反。对他而言,领受圣饼与圣酒就是从"精神上"分享耶稣基督的圣体和宝血。这种观点不只具有理性和仪式概念化的特色,而且不会违背新教的教义原则,同时又可避免一切有悖于理性的假设,不过,它却无法恰当地看待路德想从圣餐礼中获得的感官印象及其特殊情感价值的实在性。茨温利虽然也参加圣餐礼,也跟路德一样领受了饼和酒,但他对于这个仪式的观点却没有包含任何能适切反映主体对于客体独特的感知价值和情感价值的公式。相反,路德在这方面虽然提供了一道公式,却与人们的理性和新教的教义原则相抵触。他那种注重感知与情感的观点并不在乎理性和教义,而这也的确是合理的,毕竟人们对于客体的感知几乎不涉及观念,即"原则"。总而言之,路德和茨温利的宗教观点是相互排斥的。

路德的论述偏重于外倾观点,而茨温利的论述则倾向于观念化的立场。后者的论述仅仅是观念性的见解，并没有扭曲主体对于客体的情感和感知，因而留给了客体发挥效应的空间。然而，路德的外倾观点似乎不满足于客体所拥有的空间，因此还进一步要求一种观念依从于感知价值的论述，就像茨温利的观念性论述会要求情感与感知的服从一样。

　　本章对于古希腊罗马与中世纪时期的类型原则的探讨已接近尾声。我很清楚，自己在这里只是提出问题，毕竟处理这么困难、庞杂且令人筋疲力尽的研究主题，绝对超出了我的能力范围。如果读者能对本章所介绍的类型观点的差异留下印象，那么，我的目的就算达成了！我很清楚，这里所涉及的材料全未经过总结性的处理，不过我并不需要在此强调这一点。总之，我应该把这方面的研究留给比我更了解这个领域的人来处理。

第二章 席勒对于类型问题的探讨

第一节 席勒的《审美教育书简》
一、优势功能与劣势功能

我个人虽然学识有限，但就我所知，19世纪德国著名文学家席勒似乎是第一位有意识地以更高的标准和更完整的细节呈现试图区分类型态度的人。席勒这项意义重大的尝试——呈现两个相互质疑的功能，并找到调解它们的可能性——就出现在《审美教育书简》(*Über die ästhetische Erziehung des Menschen*) 这本于1795年首次出版的著作中。该书的内容全是他写给荷尔斯泰因-奥古斯滕堡公爵（Herzog von Holstein-Augustenburg）的一些书信。

席勒在这本美学著作里所表现的思想深度、对于研究材料所进行的透彻的心理分析，以及运用心理学解决冲突的开阔视野，都促使我愿意更广泛地呈现并评价他的思想，而且我大概是第一个详尽地讨论他的哲学思想的人。从我们的心理学的角度来看，席勒有不少的建树，对此我将在后面进一步阐明。早在100多年前，这位大文豪便已提出一些经过深思熟虑的观点，而我们的心理学现在却才刚要开始探索它们。我在本章所进行的相关探讨当然不轻松，因为别人可能随时会批评我擅自以不符席勒本意的方式来阐释他的思想。有鉴于此，我当然会尽力在所有重要之处引用作者的原著内容，只不过要把他的思想引入我在这里所建构的论述中仍无可避免地要赋予它们某些注解与阐释。一方面，我只能尽量让我的论述符合作者的本意，但另一方面，我们也不该忽略一个事实：席勒本身就属于某一特定的心理类型，因此他会不自觉地提出某种片面性的说法。我们所进行的心理学阐述大概最能显露我们本身在观点和认知上的局限，由此可见，我们在这类说明中几乎只会描绘那些已在我们自己的心灵留下清晰的基本特征的图像。

我从席勒的许多个人特质中得出一个结论：席勒属于内倾型，而歌德比较倾向于外倾型，如果我们不把歌德本身突出的直觉力列入考虑的话。在席勒那些关于理想类型的描述里，我们可以轻易地发现他在其中所显露的自我图像。席勒的论述会因为本身所属的类型而出现一种不可避免的局限性，我们如果想更全面地掌握席勒的思想，就不该忽略这个事实。这种局限性会使内倾型的席勒更容易发挥本身某一种已达到更充分发展的心理功能，却难以表现那些发展不完全，且带有劣势特征的功能，而且这些劣势特征还因为本身发展不足而必须依附在这些功能之下。由此看来，席勒的论述实则需要我们的批判和指正，而这种局限性也促使席勒使用了一套缺乏普遍适用性的术语。因为席勒属于内倾型，所以，他和内在观念之间的联结远远强过他和外在事物的联结。至于内倾个体与内在观念之间的关系究竟是偏向情感还是思考，就视个体的类型倾向于情感型还是思考型而定。

本书的读者如果受到我从前发表的那几篇不成熟的论文的影响，而把情感型和外倾型、思考型和内倾型等同视之，我在这里就要请求他们，务必牢记本书中对这些专有名词的定义。我把人区分为两种普遍的类型，即内倾型和外倾型，而且它们都各自包含了四种功能类型，即思考型、情感型、感知型和直觉型。由此可见，内倾者和外倾者都可能是思考型或情感型，因为思考型和情感型不仅会受到内在观念的制约，也会受到外在客体的支配。

如果我依据席勒的性情——尤其是从他本身与歌德相反的性格（Charakter）来看——而把他归类为内倾者，那么，接下来就会出现这样的问题：席勒究竟属于内倾型之下的哪种类型？这个问题实在难以回答。无疑，直觉是他身上的重要特征，人们如果只把他当作诗人，往往会认为他就是直觉型。不过，《审美教育书简》中的书信内容却也让我们看到身为思考者的席勒。我们可以从席勒在该书中一再坦承的内容中知道，思维的要素在他身上有多么强大。因此，我们必须把他的直觉性往思维的那一边挪移，毕竟只有从内倾思考型心理的角度出发，我们才能更了解这位文学家。

我希望，接下来的探讨可以充分地证明，我提出的这个观点确实与事实相符，因为席勒的著作里显然已经提供了不少的例证。所以，本书的读者务必要记住，我在本章里的阐释和说明是以刚才提出的看法为基础的。对我而言，这样的提醒是必要的，因为席勒在处理他所面对的问题时总是以他自己的内在经验作为出发点。不同类型的人在处理相同的问题时可能会采取截然不同的方式，这个事实等于是在提醒我们，席勒所提出的一些极度概括性的阐述可能是带有偏见的论断或是轻率的普遍性结论。不过，我这个看法也可能是错误的，因为像席勒这样受困于充分与未充分发展的心理功能的彼此分隔的人确实为数不少。因此，如果我在接下来的讨论中指出了席勒思想的片面性和主观性，那并不表示我有意贬低席勒所提出问题的重要性和有效性，我其实只是想借此为其他的论述争取更多的空间。由此可知，我批判席勒的意义就是以另一种表达方式来"改写"他的思想，因为这样的做法可以消除席勒论述的主观局限性。其实，我对于席勒思想的阐述相当贴近席勒的原意，因此，它们甚少涉及我在第一章所单单处理的内倾与外倾的普遍性问题，而更多涉及了内倾思考型的席勒的类型冲突问题。

席勒首先探讨的是，造成充分与未充分发展的两种心理功能彼此分隔的原因及其背景，而他确信个体的分化就是导致这种现象的基本原因。"正是文化本身致使现代人承受了这种创伤。"[1] 光是这句话便足以显示，席勒对于我们的问题已有广泛的理解。在本能的生命中，种种心灵力量已经无法彼此协调地产生作用，这对于人们而言就如同身上一个始终无法愈合的伤口，一个真正的"安佛塔斯的创伤"，[2] 因为在诸多心理功能中某一种功能的分化将无可避免地导致该功能的过度发展，以及其他功能的荒废和萎缩。

---

1 SCHLLIER, *Über die ästhetische Erziehung des Menschen*, 6. Brief. ——原注
2 安佛塔斯（Amfortas）是德国作曲家瓦格纳最后一部乐剧《帕西法尔》里的圣杯骑士之王。——译注

席勒曾这么说:

> 如果我们把现代人视为一个整体,并以理性的尺度来衡量他们,我们便会发现那些让现代人可能拿来声称自己已经超越最杰出的古代人物的优势。不过,这样的比较却还必须在封闭的圈子里以竞赛的方式进行,而且整体和整体之间也必须摩拳擦掌以分出高下。试问,有哪个现代人敢站出来和雅典人一对一地单挑,比试一下自己身为人类的价值?在人类整体的优越性里,个体之间怎会出现这种有害的关系呢?[1]

席勒把现代人在这方面的劣势归咎于文化,也就是心理功能的分化。他首先指出,艺术的直觉性理解和知识学问的思辨性理解如何发生冲突,而且如何在各自的应用领域里相互排挤。

人们不只把活动局限在某个范围,而且听从某个支配者。这个支配者经常压制人们身上某些与自己不同性质的

---

[1] SCHLLIER, *Über die ästhetische Erziehung des Menschen*, 6. Brief. ——原注

能力，从而造成一种结果：不是高度发展的想象力破坏了理智所辛勤耕耘的成果，就是抽象精神扑灭了那把曾温暖我们的内心、点燃我们的幻想的热火。如果一般人把职位的高低当作衡量人的尺度，并因此而只重视某一位公民的记忆、某一位公民的规范化和准则化的理智，以及某一位公民熟练的机械操作；如果人们只是追求知识，却不在意性格，而且谅解那些遵纪守法的人在理智上最大的无知；如果人们要求某项个别能力的发展达到某种强度——就如同要求主体必须达到某种广度那般——也就是让某个可以带来荣耀的、值得关注的能力获得个体所有的照应，那么，我们就无须讶异个体其他的天赋会受到忽视。[1]

席勒的这些思想相当重要。在席勒的时代，北方的日耳曼人对于南欧的希腊文化的认识仍然不足，只能借由那些流传下来的伟大名著来评价希腊人，因此便出现了许多对于希腊文化过于夸张的溢美之词，这样的情况是可想而知的。希腊文化的独特美感实际上得归功于它本身与其所赖以发展的外在环境的鲜明对比。希腊人的优点就在于他

---

[1] SCHLLIER, *Über die ästhetische Erziehung des Menschen*, 6. Brief. ——原注

们的心理功能的分化比现代人还少——如果人们倾向于把这一点当作优点的话——不过，话说回来，较少的功能分化也会造成一些显著的缺点。

心理功能的分化就如同自然界所有的现象一样，并不是出于人们有意的谋划，而是来自人们急迫的生存困境。如果从前有一位非常欣赏希腊蔚蓝的晴空、田园牧歌般的美妙生活的日耳曼人在偶然的情况下沦落为雅典的奴隶，那么，他可能会以全然不同的目光来看待希腊的美景。早在公元前5世纪，希腊未开发的环境便已经能提供给个人较多的机会来全面发展自己的特质和能力，不过，这种环境条件的形成却是以奴隶制度为基础，也就是以成千上万的民众在恶劣的生活环境里承受着压迫和伤害作为代价。古希腊的某些地区确实已经达到高水平的个体文化，却普遍对于集体文化感到陌生，直到基督教出现之后，欧洲才有集体文化可言。由此可见，作为群众的现代人不仅可以和古代的希腊人较量，甚至在集体文化上远远超越了他们。不过，席勒却指出，我们西方的个体文化并没有跟上集体文化的发展步调。这是一个完全正确的见解，而且这种情况在席勒发表《审美教育书简》之后120年间不仅没有丝毫改善，甚至还出现了倒退的现象。如果我们没有进一步陷入不利于个体发展的集体文化中，就几乎不需要像19世纪的德国哲学家尼采和麦克斯·施蒂纳（Max Stirner）那样做出个人化的激烈反应。所以，席勒的说法依然适用于我们这个时代。

正如古希腊社会为了促进上层阶级的个体发展而压迫大多数的平民百姓（服苦役者、奴隶）一般，之后的基督教会也通过这种过程尽可能地压制内部而达到集体文化的状态，只是施行的对象已经由下层人民转向信徒个体（也就是提升到个人的主体层面，如果我们要比较讲究地表达的话）。当基督教会以灵魂不灭的教义宣告个人的价值时，大多数的下层民众虽已不必再为少数的上层阶级的自由而受到钳制，但压抑却没有消失，只是转移了目标，改由个体比较有价值的优势功能（mehrwertige Funktion）来压抑比较没有价值的劣势功能（minderwertige Funktion）。这么一来，个体价值的重心便被移往优势功能，从而妨害了其他所有的心理功能。对心理学来说，这就是古希腊文化具有压制性的外在社会形势转化为个人的主体状态。原先某种在古希腊文化中的外在状态，而今却转变成个体心理的内在状态，更确切地说，一种具有支配性的、被优先使用的优势功能为了本身的发展和分化，而妨碍了大多数的劣势功能。人类的集体文化就是经由这种心理过程而逐渐形成的。比起古希腊时期，这种集体文化虽能为个人提供更多"人权"的保障，但也不乏缺点：集体文化是以内在主观的奴隶文化为基础的，也就是把古希腊时代大多数人的奴役状态转化为个体心理的奴役状态。集体文化虽借此而获得提升，但个体文化却遭到贬低。如果说对民众的奴役是古希腊文化一道无法愈合的伤口，那么，对劣势功能的奴役就是一道仍在现代人的心灵上不断渗血的伤口。

席勒曾指出："虽然片面地训练某些能力必然会导致个体的偏差，不过它能展现出个体所属类型的真实性。"[1] 个体如果偏好使用优势功能，会有利于本身的社会性（Sozietät），却有害于个体性。这种对于个体的损害已大为蔓延，以至于我们现代社会的一些大型组织已把全面抹杀个体性当作努力的目标，因为这些组织的存在必须仰赖人们对于自己所偏重的优势功能的自动使用。在这里，人已不算数，而是人的内在的某一种已分化的心理功能。因此，个人在集体文化中所展现的并不是自己本身，而只是自己身上的某一种优势功能，甚至还会把自己完全等同于这种优势功能，而排拒其他的劣势功能。由此可知，现代社会

---

[1] SCHLLIER, *Über die ästhetische Erziehung des Menschen*, 6. Brief. ——原注

的个人已经沦为一种纯粹的优势功能，因为只有这种功能才能代表集体的价值，而且可以保障个人的生存机会。此外，优势功能只能经由一种方式而达成分化，席勒对此曾有清楚的认识：

若要发展人类许多本有的能力，唯一的方法就是让它们彼此对抗。这种能力的对立是人类文化的重要工具，不过也只是工具而已。由此看来，只要有这种对立存在，人类就会走在通往文化的道路上。

依据席勒的这个观点，我们目前的能力的对立状态只促使我们走向文化，却未使我们达到文化状态。针对这一点，人们其实有不同的意见，因为有些人会把集体文化的状态视为文化，另一些人则把集体文化的状态只当作文明（Zivilisation），而对于文化提出更严厉的个体发展的要求。在这方面，席勒却糊涂地采取了第二种观点，而把我们现代人的集体文化对比于希腊的个体文化。这种比较之所以不恰当，在于他忽视了希腊文化的缺点，而正是这种缺点才使得希腊文化的绝对有效性受到质疑。毕竟没有任何一个文化是完美的，若不是偏向一方，就是偏向另一方。换句话说，有些文化的主要价值在于客体以及客体与它们本身的关系，而有些文化则以内倾为典范，其主要价值在于个人（或主体）以及个人与其内在观念的关系。以外倾为典范的文化会采取集体的形式；以内倾为典范的文化则采取个体的形式。所以，在基督教会倡导的基督之爱（其对比概念为"侵犯个体性"）的原则下，出现了一种以吞没个体作为威胁的集体文化，因为在基督教里个体早已由于低价值原则（Prinzip einer Minderbewertung）而衰落，这是可想而知的。到了18、19世纪之交，德国古典主义文学家——以歌德和席勒为代表——之所以特别渴慕古希腊文化，是因为该文化已经成为他们一心向往的个体文化的象征，所以往往被他们赋予过高的评价，并被他们过度理想化。此外，当时还有不少人致力于模仿和传扬古希腊精神，这些尝试在今天看来虽然显得有些愚蠢，却仍可被视为欧洲当时追求个体文化的前兆。

自席勒撰写《审美教育书简》至今这120年当中，与个体文化有关的状况不仅没有好转，反而还变得更糟。如今个人的关注远比从前受到更多集体活动的渗透，个人发展个体文化的空闲时间也因而减少许多。我们如今已经拥有高度发展的、远远超越一切组织的集体文化，而个体文化却也因此而受到越来越多的危害。在"个人是什么"与"个人表现出什么"之间，也就是在"个人作为个体"和"个人作为集体的一分子"之间，存在着一条幽深的鸿沟，这就是当前的情况。尽管个人的心理功能已获得发展，但他的个体性却仍在原地踏步。如果他有杰出的表现而受到社会的认可，那么，他和他的集体功能便是协调一致的；如果他表现平庸，尽管本身所发挥的社会性功能会受到重视，但他的个体性却已完全处于未开发的劣势功能这一边，所以，他看起来就像个野蛮人，而前者（表现杰出者）却能幸运地掩饰本身实际存在的野蛮性。当然，个体对某个功能的片面倚重对于他的社会性来说确实具有不可低估，且无法通过其他方式而达成的优势。对此，席勒曾贴切地表示：

唯有将我们精神的全部能量汇聚在一个焦点上，将我们全部的本质集中到一股单一的力量里，同时为它装上翅膀，并借由我们的施力，才能让它远远地飞越自然界为它设下的界限。[1]

---

1 SCHLLIER, *Über die ästhetische Erziehung des Menschen*, 6. Brief. ——原注

然而，个体对优势功能的这种片面性发展，必然会使一些备受压抑的劣势功能有所反应，因为劣势功能不可能完全不发展，也不可能彻底被排除在个体的生命历程之外。个体为了给予劣势功能生存的机会，总有一天必定会"再度终结其内在的分裂"。

我已在前文中提过，文化发展所出现的分化终究会导致人们的基本心理功能的分裂，它不只超越了个体能力的分化，甚至还影响了人们掌控能力运用方式的普遍心理态度。在这种情况下，文化会致使个体所拥有的某种优质学习天赋的心理功能产生分化，比方说，有些人的思考能力会取得进一步的发展，另一些人则在情感方面获得加强。这些个体在文化要求的催促下会特别发展资质中特别有利于生存的、可被造就的功能。在这里，所谓的可造就性当然不表示，该功能与生俱来便拥有表现出色的潜力。或许我们可以这么说，可造就性其实只预设了该功能的灵敏性、易变性和可塑性。在这种功能里，我们或许只能寻找到最高的集体价值——如果该功能已经发展出集体价值的话——而不是最高的个人价值。除此之外，那些被忽略的劣势功能——正如我曾指出的——其实往往藏有许多较高的个人价值，它们对于集体生活而言虽然意义不大，但对于个人生活来说却具有最重要的意义，而且能展现生命的价值。这些生命价值能为个体带来生命的丰富与美好，不过它们并不存在于个体的集体功能里。已分化的心理功能虽然能使个体获得集体存在的机会，却无法为个体创造生命的满足与喜悦，毕竟能赋予个体这些的只有个体价值的发展。个体价值的缺乏经常使人们陷入深刻的失落感，因为人们只要远离了个体价值就会出现内在的分裂。对席勒来说，这种分裂就好比身上一处疼痛的伤口：

不论我们或全世界可能从这种人类能力的专门训练中得到多大的收获，始终无法否认的是，接受这种训练的个人仍受到现世目的（Weltzweck）的诅咒而感到痛苦。体操的训练虽然能打造运动员强健的体格，但身形的美感却只能借由四肢自由而协调的活动才能获得。同样，虽然个体精神能力的砥砺磨炼可以造就杰出的人才，但只有这些精神能力受到协调的锻炼时，个体才能获得幸福与圆满。倘若人类秉性的培育必须以某种牺牲作为代价，那么，我们与过去和未来的时代将处于何种关系？我们从前曾当过奴隶，曾被役使数千年之久，这种顺服所留下的耻辱早已烙印在我们饱受残害的天性上，尽管这些牺牲已经让后世得到幸福的悠闲、良好的道德以及人性的自由发展。那么，人类是否注定会因为某个目标而让自己有所错失？难道大自然会为了本身的目的而剥夺了理性曾对我们所要求的完整性？如果个体能力的培育必须牺牲个体本身的完整性，那肯定是错误的做法。当自然的规律也力求如此时，我们就应该以一种更高超的技艺（艺术）来重建我们在本质上已遭技艺破坏的完整性。[1]

席勒显然已在他的个人生活中相当深刻地感受到这种冲突，而且正是这种内在的冲突让他对于统一性和协调性满怀渴望，因为它们不仅可以解放那些被压抑的、因奴役而受损的功能，还可以恢复生命本有的和谐性。这个想法后来还成为作曲家瓦格纳创作他的宗教乐剧《帕西法尔》的动机。借由圣杯骑士之王的圣矛的失而复得和伤口的痊愈，瓦格纳赋予了该剧一种象征性的表达。他尝试在这种象征性的艺术表达中所诉说的，正是作家席勒力图在哲学思考里所阐明的东西。他虽然音量不大，但表达的内容却够清晰。由于席勒的问题主要围绕着古希腊生活方式和人

---

[1] SCHLLIER, *Über die ästhetische Erziehung des Menschen*, 6. Brief. ——原注

生观点的复兴，人们便从中直接得出了这样的结论：席勒在解决这个问题时，不是忽视就是刻意罔顾了基督教的解决方式。无论在任何情况下，他的思维总是比较关注古希腊文化的美感，而不是基督教救赎的教义，尽管他也为上帝救赎的目的而努力，也就是把世人从罪恶中拯救出来。

"叛教者朱利安"（Julian der Apostat）是4世纪的罗马帝国皇帝，他在谈论古埃及托勒密王朝的赫利俄斯国王（Konig Helios）[1]时曾提到，人们的内心已经"充满了激愤的斗争"。这句话不仅贴切地反映了朱利安皇帝本身的特征，还凸显了他那个时代的问题所在，也就是古罗马帝国在解体之前内部的四分五裂。这种撕裂的状态就表现在当时人们的心灵与思维所陷入的史无前例的混乱中，而基督教的教义则承诺，要把人们从这个动荡纷乱的局势中拯救出来。然而，基督教带给信众的救赎，并不是解决他们所遭遇的问题，而是在心理层面上让一种优势功能脱离其他所有的功能，也就是一些当时专横地要求共同控制权的心理功能。基督教只允许一种特定的发展方向，而排除了其他所有可能的发展方向。这种情况必然会让席勒绝口不谈基督教所

---

[1] Oratio IV, *In regem Solem*. ——原注

提供的救赎的可能性，因为古希腊文化与自然界的密切关系似乎已对人们承诺了某种基督教所无法提供的可能性。席勒曾写道：

自然在它既有的造物中，为我们指出了一条大家应该在道德状态下行走的道路。原始自然力的斗争必须先在较低组织性的团体中缓和下来，自然才会提升为自然人（der physische Mensch）的高贵形式。同样，伦理人（der ethische Mensch）本身一些盲目的驱力冲突必须先被化解，粗暴的对抗必须终止，人们才能发展本身的多样性。另一方面，只有人们性格的独立性先获得保障，对于他人专横的屈从先转为有尊严的自由，人们才能让内在的多样性归服于某种典范的统一性。[1]

其实，人们不仅不该让优势功能脱离其他的劣势功能，或把它从中救赎出来，反而还应该顾及劣势功能，也就是以自然的方式和劣势功能对话，并整合这两种对立的功能，而使其达到和谐统一的状态。不过，席勒却认为，接受劣

---

[1] SCHLLIER, *Über die ästhetische Erziehung des Menschen*, 7. Brief. ——原注

势功能可能会导致"一些盲目的驱力冲突",而"典范的统一性"却会让优势功能再度取得支配地位,而重新回到原本和劣势功能的对峙状况。劣势功能和优势功能彼此对立,其原因并非在于它们最根本的性质,而是在于它们当时的形成过程。劣势功能起初总是受到忽略和压抑,因为它们已经被文化人(Kulturmensch)视为达成目标的阻碍。然而,这些目标充其量只是文化人片面的关注,并不能等同于个体性的完成。实际上,未获认可的劣势功能对于人们完成本身的个体性来说是不可或缺的,而且就本质而言它们也没有与人们所设定的目标相抵触。不过,只要文化的目标和完成人性(个体性)的理想尚未取得一致,这些劣势功能就不会受到重视,甚至还会因此而陷入相对的压抑状态。接纳劣势功能就意味着展开一场内战以及解除从前由于劣势功能受到抑制而形成的对立状态,这么一来,个体"性格的独立性"就会消失,只有等到这场内在的争斗平息之后,"性格的独立性"才能再度达成。由于这场纷争的摆平只能借助于足以掌控这些矛盾势力的专制力量,这便使得个体的自由因此而受到危害。个体如果失去自由,端正的自由人格就不可能形成;不过,个体如果获得自由,却会因此而陷入一些驱力的冲突当中。关于这方面,席勒曾表示：

> 一方面，由于曾被自由惊吓（人们最初几次在尝试自由时往往视自由为敌人），于是人们便愿意接受束缚，过着安适的生活；另一方面，人们却因为受到彻底的保护而失去自由，在绝望之余，便逃回了原始自然状态的无拘无束中。篡夺起因于人性的弱点，反抗则是基于人性的尊严。这种争执会一直持续下去，直到人间一切事物（盲目的力量）的伟大掌控者出现。他在裁决这种因为不同的原则而发生的无谓的冲突时，就像在裁判一场普通的拳击赛一样。[1]

当时发生的法国大革命为席勒的这段叙述提供了一个生动却血腥的历史背景。虽然这场惊天动地的革命一开始是以哲学和理性的象征作为号召，并受到那个时代蔚为风潮的理想主义的推波助澜，不过它最后却演变成一场杀伐不休的混乱，而拿破仑这位专制独裁的政治天才便在这样的动荡中趁势崛起。当时的暴民有如挣脱锁链的野兽，他们所发动的攻击连理性女神也不知该如何是好。席勒有感

---

[1] SCHLLIER, *Über die ästhetische Erziehung des Menschen*, 7. Brief. ——原注

于理性与真理的渺小和薄弱，于是便假设，真理本身将变成一股力量：

真理至今仍很少展现制胜的力量，其原因并不在于不知如何揭示真理的理智，而在于抗拒真理的心灵和不为真理付诸行动的驱力。哲学和经验既已为世人带来了亮光，为何偏见和思想的蒙昧仍掌控人心？这个时代已受到启蒙，已经过启蒙运动所揭示的理性主义的洗礼，换句话说，人们已通过理性取得知识，并已公开地将知识揭示出来，而且这些知识至少还可以修正我们的实践原则。自由探索的精神已驱散了那些虚妄的观念——也是长期阻拦人们亲近真理的观念——并冲毁了狂热与欺骗的声势基础。理性已去除了感官的错觉以及欺骗性的诡辩。哲学曾促使我们背弃大自然，现在却大声地呼唤我们，并急切地要把我们召回到大自然的怀抱里。为什么我们总还是野蛮人？[1]

这段出自席勒的《审美教育书简》的引文让我们切身感受到法国启蒙运动和法国大革命所崇奉的唯智主义有多

---

1 SCHLLIER, *Über die ästhetische Erziehung des Menschen*, 8. Brief. ——原注

精彩。"这个时代已受到启蒙",这句话对于人类的智识是何等高估!"自由探索的精神已驱散了那些虚妄的观念",这句话所展现的理性主义是何等强烈!我们应该还记得,在歌德的剧作《浮士德》第1部第21场"瓦尔普吉斯之夜"出场的那位肛门幻视者(Proktophantasmist)[1]对着一群美丽的魔女高声喊道:"快给我滚!我们已经启蒙了!"高估理性的意义与效力的确是当时的时代精神,不过,人们是否已经忘记,理性如果真的具有这样的力量,那么它早就获得最充分的机会来证明这一点了!此外,我们不该忽视一个事实:当时并不是所有的权威人士都有这种想法。因此,这种曾经喧腾一时、带有强烈理性主义色彩的唯智主义,大概可以归因于席勒本身的理性要素获得了特别强烈的主观发展。我们可以说,理智在席勒的身上所占有的地位虽未高于他的诗性直觉,但可能胜过了他的情感能力。席勒似乎觉得,他的内在世界存在着想象与抽象的冲突,

---

[1] 与歌德同时代的柏林启蒙主义作家弗里德里希·尼可莱(Friedrich Nicolai)曾公开宣称,自己得过幻视症,所以看到过一些幽灵鬼怪。他当时认为这个病症是由脑部瘀血所引起的,于是便把水蛭放在肛门上吸血,后来据说他终于借由这种放血的方法而痊愈。歌德为了讽刺尼可莱,便在他的剧作《浮士德》里塑造了"肛门幻视者"这个角色。——译注

也就是直觉与智识的冲突。1794年8月31日,他在一封写给挚友歌德的书信中曾谈道:

尤其是早年,不论在思考推论还是在从事文学创作时,我总是一副笨拙的模样。通常,应该进行哲学思考时,我却往往被我的诗人性情所纠缠;而我想写诗时,却又被我的哲学思维俘虏。在我的内在世界里,想象力会搅乱抽象化思维,冷静的理智会干扰文学的创作,直到现在还是经常如此。

席勒由衷地佩服歌德的才智。他在写给歌德的信件中,时常对这位好友的直觉力表露出近乎女性化的感受与赞赏。席勒对歌德的这些反应恰恰是因为他已经透彻地察觉本身内在的直觉与智识的冲突。相较于歌德近乎完美的综合性本质,席勒必然会比这位知心密友加倍地感受到这种内在的矛盾,而这些矛盾就来自这样的心理状态:情感的能量为了顾及个体心理的平衡,便以等量的方式同时流向智识与创造性的想象。席勒似乎已经认识到这种情况,因为在刚才提到的那封写给歌德的书信里他曾谈道:当他开始"认识并运用"本身的道德力量后,他的身体便出现某种疾病，并以此威胁要冲垮那些由道德力量为想象及智识所设下的"正当"的限制。

就像我们在前面经常提到的，一个发展不足的功能会有以下的特征：它会脱离意识的支配，而在无意识里自愿地——出于某种程度的自主性——和其他的功能混杂在一起。这些无意识的功能由于没有机会分化，于是便显示为一种纯粹的原动力（Impetus）或一种纯粹的强化作用，而让意识的分化功能受到压迫或失去自主性。所以，在某一种情况下，意识功能会被带离本身的意向与决定所设下的限制；在另一种情况下，意识功能会在达到目标之前停顿下来，并被带到岔路上；还有，在第三种情况下，意识功能最终会被引入与其他意识功能的争执之中，而且只要混杂于无意识里的、制造干扰的驱力动力没有为了本身而自行分化，且未受到意识的支配，这种争执就得不到解决。"为什么我们总还是野蛮人？"这样的呐喊不仅受到法国大革命时期的影响，而且反映了席勒的主观心理。席勒和他那个时代的人一样，都没有在正确的地方找到罪恶的根源，因为人类的野蛮性从未存在于，将来也不会存在于理性或真理的效应不足之处，而是因为人们对理性或真理的效应过度期待，或因为迷信"真理"而高估"真理"，进而夸大了理性的效应。总之，野蛮性存在于片面、极端以及不良的失衡当中。

席勒就在法国大革命——当时的屠戮肃杀已经达到恐怖的巅峰——这个令人印象深刻的例子里发现，一筹莫展的理性女神所能发挥的威力竟如此有限，相较之下，人们身上那些非理性的野兽却因为战斗胜利而显得如此得意扬扬！此外，这起历史大事件还让席勒特别注意到，一个基本上是个人的，且似乎是主观的问题，却往往在突然间爆发成一个涵盖整个社会的普遍问题；也就是说，当一个关乎个人的、主观的问题碰到外在事件的冲击时，这些外在事件也会因此而含有跟个人内在冲突相同的心理要素。个人的问题因为受到外在事件的认可而获得了前所未有的尊严，而在此之前，内在的不协调总会造成一些令个体感到羞愧和自卑的状况。不论对内还是对外，个体都会因此而感到屈辱，就如同一个国家因为发生内战而失去威望一般。

由此可见，人们如果没有受到大胆且过度自我高估的驱使，就会畏于把纯粹个人内在的冲突摊开在大庭广众面前。不过，如果人们成功地找到并认清个人问题和时代的大事件之间的关联性，这样的交集就可以把个体从纯粹个人的孤独寂寞中解放出来，而且这个主观的个人问题还会进一步扩展为涉及社会性的普遍问题。从解决问题的可能性来看，这个收获可不小。因为，个人问题的解决从前只能运用个体在意识层面关注自身的微弱能量，现在则不仅获得了集体的驱力，还能与自我的关注相结合。因此，一种新的形势便随之出现，而且提供了一些新的解决问题的可能性。个人的意志力或勇气从未达成的东西，集体的驱力却可以达成。它们带着人们穿越种种阻碍，而这却是人们单凭自己个人的能量从来都无法实现的。所以，我们也可以推测，时代的重大事件的冲击让席勒获得了十足的勇气，愿意大胆地试图解决个体与社会功能之间的冲突问题。18世纪启蒙思想家卢梭（Jean-Jacques Rousseau）也曾深刻地感受到这种对立，这甚至促使他在日后提笔撰写他的教育小说《爱弥儿》(*Emile ou de l'Education*)。在这本名著里，有几段文字对于我们所探讨的问题相当重要：

> 文明人只不过是一个分数单位，必须倚赖社会这个分母，而他的价值也是通过他和整体的关系——和整个社会的关系——来界定的。一个社会组织的成功在于懂得把人去自然化，并以相对存在来取代他的绝对存在，而后再将那个"我"整合入团体里。

一个人如果想在文明秩序中保有原初的自然情感，就会不知道自己究竟想要什么。他会一直陷于自我冲突的状态，会在本身的喜好和应尽的责任义务之间挣扎徘徊。所以，他既不再是一个人，也不再是一个社会人；不论对他人还是自己，他都将一无是处。[1]

卢梭首先用他的一句名言为这本书开场："一切事物在造物者手中都好端端的，一到了人类手上，就变糟了。"这句话不只表明了卢梭的个人特质，也体现了他那个时代的特色。

席勒同样回顾了人类的过去，不过，他关注的焦点并不是卢梭的自然人，而是那些曾在"希腊的天空下"生活的人。尽管这两种人截然不同，但讨论他们的方式却共同以时间的回溯为导向，更确切地说，就是将人类古老的过往理想化，而且给予过高的评价。席勒一味地追捧希腊文化之美，却忘记了那些真实的日常生活中的希腊人；卢梭则大胆地说："自然人为自己而活，他是完整的统一体，是绝对的整体。"然而，他却忽略了自然人的个体的确具有集

---

[1] ROUSSEAU, *Emile*, Livre I, p. 9. ——原注

体性这个事实,也就是说,这种集体性不只存在于自己身上,也存在于别人身上,而且别人身上所有的集体性还超越了本身的统一体。卢梭还在该书中提到:

我们仰赖整体,靠向整体。所有的时代、地方、人群、事物、现有的一切以及将来会发生的一切,都与我们息息相关。个体不过是整体的一个微小的部分。如此一来,在这个世界上的每个人都能体察到这个巨大的表象……难道是自然使人远离了自己的本性?[1]

卢梭相信,这种状态是不久前才出现的。其实他搞错了!事实并非如此!这种状态一直都存在,而且越往人类发展的起源回溯,它就越明显,我们只不过是最近才意识到它的存在。卢梭所叙述的就是原始人的集体思维方式,法国当代社会学家暨人类学家吕西安·列维-布留尔(Lucien Lévy-Bruhl)则贴切地把它称为"神秘参与"。压迫个体性绝非晚近才出现,而是从还没有个体性存在的远古时代遗留下来的。换句话说,这种现象并不是最近才

---

[1] ROUSSEAU, *Emile,* Livre II, p. 9. ——原注

出现的，而是人们最近才意识并感受到集体这种强大的势力。人们当然会把这种势力投射在国家和教会的体制上，不过，不是每个人都能找到可以让自己逃离道德戒律的方法和途径。这些体制并未拥有世人所高估的、强大无比的势力——正因为这个缘故，它们才会受到各种不同的改革者的攻击——而是具有压迫性的势力。这种势力就存在于我们的无意识里，也就是存在于野蛮人流传给现代人的集体思维方式里。这种集体心理在某种程度上会排斥一切个体的发展，如果个体没有直接效力于集体目标的话。由此可见，一个功能的分化——正如我们在前文所讨论的——虽然是一种个体价值的发展，但由于仍受制于集体的观点，个体本身终究会因此而受到危害。

卢梭和列维-布留尔都不了解早期人类的心理状态，因而误判了古代的价值。这种误判还使他们深信，早期人类就是人类的完美类型这个幻象，以及人类会随着时间的流逝而逐渐从这种巅峰状态倒退。这种回顾的思维取向其实就是古希腊思维的残留，因为大家都知道，所有古希腊人和野蛮人都认为，在现在这个堕落的时代之前，人类曾有过乐园般的黄金时代，这是他们在思维方式上的共同特色。基督教在社会与思想史方面的伟大成就便是让人们对于未来怀有希望，并承诺人们有机会在未来实现自己的理想。[1]在近代思想史的发展里，欧洲人曾特别强调这种回顾的思维取向，这其实跟他们当时普遍希望回归基督教化以前的古希腊罗马时代有关，而且这种现象还随着中世纪末期文艺复兴时代的来临而越来越显著。

我隐约觉得，这种回顾的思维取向势必已经在教育方式的选择上对人类产生了一定的影响，因为这种思维取向就是在人们对于过往时代的幻象里寻求立论的依据。不过，如果这种思维取向只让我们看到不同的类型和类型机制之间的冲突，却无法进一步促使我们找到如何让它们协调一致的方法，或许我们就不必理会这种思维取向。我们可以在以下的引文中发现，席勒也很关心这一点。他在这些文字中所表达的基本思想正是以上论述的总结：

某个仁慈的神祇及时把一名婴儿从他母亲的怀里带走，让一位比他的生母更好的年长妇人为他哺乳，并让他在高远清朗的希腊天空下生活，直到长大成人。当他成为男人后，他便以陌生人的形貌重返他原本所属的时代，但他的

---

[1] 早在古希腊的秘密宗教里，便已出现这种思想的雏形。——原注

回归并不是要让那个时代雀跃欢乐,而是要净化那个时代,就像回国为父报仇的阿伽门农(Agamemnon)[1]的儿子一样。[2]

再也没有其他的叙述能像这段文字这般清晰地呈现,席勒是何等尊崇古希腊的典范!不过,这寥寥几行的内容也让我们看到席勒思想的局限性,因此,他接下来还需要做一些关键性的扩充,于是他继续说道:

他所取得的材料虽然来自现代,但形式却源于一个更高贵的时代,一个超越了所有时代的时代。正是这样的时代孕育了他的本质的绝对永恒的统一体。

席勒清楚地感觉到,自己应该继续往远古时代回溯,也就是古希腊神话的英雄时代。因为他认为那个时代的人类还具有一半的神性,所以他接着表示:

---

[1] 阿伽门农是希腊迈锡尼城邦的国王。他在打赢特洛伊战争并凯旋归国后,却惨遭不忠的妻子与她的情夫联手谋害。——译注
[2] SCHLLIER, *Über die ästhetische Erziehung des Menschen*, 9. Brief. ——原注

在这里，美的泉源从他那具有魔力的本质的精气（Äther）里流淌而出。这道水源并未因为世人与时代的堕落而受到污染，因为一切的败坏都在它下方深处的那些混浊的涡流中翻滚。

席勒对于美好的黄金时代的幻象在这里出现了！那个时代的人类还是神，而且因为观赏永恒之美而感到心旷神怡。在这里，席勒的诗人特质已经强过他的思考者特质；不过，在接下来这几页的讨论里，他的思考者特质却比较强势。席勒说：

实际上，这个现象必然会引发我们的深思：在所有令人沉醉于艺术的蓬勃与品位的讲究的历史时代里，我们几乎举不出哪一个拥有政治自由和公民品德（即端正的习俗和善良的社会风气、行为的荣光和真理所取得的共同发展）的民族，还兼具美学文化的高度发展和普及性。[1]

以我们的认知来说，那些古代的英雄应该不会喜欢特

---

[1] SCHLLIER, *Über die ästhetische Erziehung des Menschen*, 10. Brief. ——原注

别讲求道德的生活作风，这是无法否认的个别现象和普遍现象。所以，不论是古希腊还是其他民族的神话，没有一则神话是在描述英雄过着严谨的生活。在古代，所有的美都会因本身的此在而喜悦，因为那是一个没有刑法，也没有风纪警察的时代，而且只有当具有生命力的美超越了充满晦暗、折磨和丑陋的现实时，它才会闪现金色的光芒。席勒因为承认了这个心理事实而让自己原先的想法失去了依据。他原本想表示，已经处于分裂状态的个体心理会因对于美的审视、享受和创造而重新达到统一性，换句话说，美应该调解人类内在的冲突和矛盾，从而让人类本质得以恢复原有的统一性。然而，和这个想法有所出入的是，他本身所有的经验都在告诉他，美的此在必然需要一个反面的对应物（Gegenstück）。

在前文里，席勒的诗人特质胜过了他的思考者特质，不过，在这里，他的思考者特质却占了上风。他不仅不信任美，甚至依据自己的经验认为，美可能会对人们造成不利的影响：

不论我们把目光聚焦于过往的世界的哪一处，我们都会看到，品位和自由是相互排斥的，美只有在英雄们沦丧道德（即反面的对应物）之后，才会成为盛行的风气。[1]

这种经验所带来的洞察，已经让席勒几乎无法再坚持原先对美的主张。在深入探索美这个研究对象之后，他甚至能以一种难能可贵的清晰度，阐明美比较不为人知晓的另一面：

> 如果人们对于美的效应的观点只凭借本身至今所取得的相关经验的教诲，就不会受到鼓舞而去发展这种足以危及人类的真实文化的情感。人们宁可冒着性情可能变得粗鲁和严厉的风险，也不愿享有美感所带来的温暖人心的感染力，而且也不想为了得到文化精致化的好处而让自己劳累不堪。[2]

如果席勒内在的那位思考者能以象征的方式解读他的对手——内在的那位诗人——的创作，也就是以诗人期待他的语言被理解的方式，而不是完全按照字面的意义，那

---

[1] SCHLLIER, *Über die ästhetische Erziehung des Menschen*, 10. Brief. ——原注
[2] SCHLLIER, *Über die ästhetische Erziehung des Menschen*, 10. Brief. ——原注

么，这两者的矛盾和冲突就会平息下来。席勒是不是对自己有所误解？情况似乎是这样，不然他后来就不会写下一些论述来反驳他自己。身为诗人的席勒曾颂扬美的泉源，这种泉源不停歇地在每个时代和每个族群的底层流淌着，所以会从每个人的心灵中涌现而出。诗人身份的席勒其实不关心古希腊人，他真正在乎的是我们内在的那个未被基督教化的、本土古老宗教的信仰者，以及其永远纯真的本质和自然之美。这些美好的特性虽然潜藏在我们的无意识里，却富有活泼的生命力。在它们的余光的映照下，古代的人物已经蒙上一层美妙的色彩，因此，我们会误以为，这些人物已经获得了我们所要寻求的东西。潜藏在我们身上的那位未被基督教化的、被我们集体倾向的意识摒弃的、远古的未开化者，虽然让我们觉得如此丑陋，如此难以接受，但同时也承载着一种我们无处寻觅的美。作为诗人的席勒所讨论的这位远古的未开化者，却被作为思考者的席勒误以为是具有典范意义的古希腊人。思考者因为无法从他的证据材料中以逻辑推理的方式得出结论而白忙一场，而诗人却已在他的象征语言里对思考者预示了一条脱困的途径。

　　以上的阐述已经足以表明，所有试图平衡我们现代人片面分化的本质的努力，都必须慎重地接纳那些被压抑的劣势功能，毕竟人们本来就应该把这些未充分分化的劣势功能纳入整体的考虑之内。如果我们想调解优势功能和劣势功能的冲突，却不知道要先让劣势功能释放本身所蓄积的能量，并运用这些释放出来的能量来进行本身的分化，那么，任何调解的尝试终究都会徒劳无功。这个调解冲突的过程必须遵循能量学（Energetik）的原理原则，更确切地说，必须先建立一个位能的落差（Gefälle），以便让潜藏于高处的能量有机会产生作用。

人们总是想把劣势功能直接转化为优势功能，但皆以失败收场，因为这就跟打造一台永久转动的机器一样根本是个不可能的任务。较低能量的形式不可能转变成较高能量的形式，除非它当时能获得更高能量值的来源，换句话说，这种转换的完成必须牺牲优势功能。这种高值的能量形式如果把它原初的能量给予劣势功能，便无法再达到原初的能量值，不过，在优势功能和劣势功能之间却能形成一种能量的平衡。对于那些认同本身已分化的优势功能的个体来说，这种能量的向下流失虽然意味着整体能量的平衡，但从优势功能的原初能量值来看，它却也让个体处于较低能量值的状态。总之，这样的结果是无可避免的，而且人类所有以追求本质的统一性与和谐性为目标的教育都必须面对这个事实。虽然席勒以他的方式得出了这个结论，但另一方面，他的内心却抗拒这个结论，因为他不想因此而承担必须放弃美的风险。身为思考者的席勒在提出他那不容挑战的结论后，身为诗人的席勒便再次跳出来表示：

倘若我们要通过评断来解决关于美的问题，那么在赋予论证重要性之前就必须先确认，它是否就是我们所谈论的且能举出反例的那种美。不过，经验或许不是裁决此问题的法官。[1]

我们可以看到，席勒在这里尝试让自己超越经验。换句话说，席勒力图赋予美一种无法从经验层次获得的质量。他相信，"美必须展现为一种人性的必要条件"，也就是说，美必须显示为一种必然的、无可否认的范畴，所以，他还谈到关于美的纯粹理性概念与一条能让我们脱离"现象界域和事物的活泼的当下"的"先验的途径"（transzendentaler Weg）。"谁如果不敢跳脱出现实的界限，就不可能获得真

---

[1] SCHLLIER, *Über die ästhetische Erziehung des Menschen*, 10. Brief. ——原注

理。"[1]由于席勒主观地抗拒那条与经验相符且不可避免的下行道路，于是他便强迫逻辑性的智识必须为情感服务，而且必须建构出一个最终可以达到他原本的目标的公式，即使关于它可能遭遇的失败已经有不少的讨论。

卢梭也用他的假设对智识做了类似的逼迫：人类对于自然的依赖并不会导致恶习，但是对于人的依赖却可能会。所以，他便得出以下的结论：

如果国家的法律像自然的法则一样恒定不变，而且任何人的力量都无法歪曲它，那么，人与人的相互依赖就会成为物与物之间的依赖。在共和国里，人们便能以此而集结自然状态的所有益处，并使这些益处能为文明状态所用；如此一来人们便有可能达到自由，而免于落入弊端，并达到已提升为美德的精神水平。[2]

基于上述的考量，卢梭还提出这样的建议：

---

[1] SCHLLIER, *Über die ästhetische Erziehung des Menschen*, 10. Brief. ——原注
[2] ROUSSEAU, *Emile*, Livre II, p. 68f. ——原注

把孩子放在只仰赖实物的环境里，这么一来，你在教育孩子的进程中，就可以依循自然的法则。

当孩子想往前时，绝对不能局限他，但当他留在原地时，也不能催促他迈步。当孩子的意志不再沾染我们本身的错误时，他的心愿就不再是一无是处。[1]

然而，不幸之处却在于，"国家的法律"无论在任何情况下都未曾与自然的法则协调一致，换句话说，文明的状态从来都不是自然的状态。如果人们认为有可能让这两者达成一致，那么，这种一致也只能被视为一种双方的妥协。在这种妥协之下，任何一方都无法实现自己的理想，都与理想有一大段的落差。人们如果想要达成文明状态或自然状态的理想，就必须遵循卢梭说的这句话："在成为自然人和社会人之间，我们必须两者择一，因为我们无法两者兼得。"

自然和文化必然存在于我们身上。实际上，我们不只是我们自己，我们还必须与他人联系，因此还必须有一条途径存在：它不只是一种理性的妥协，也是一种绝对合乎

---

1 ROUSSEAU, *Emile,* Livre II, p. 69. ——原注

生命的状态或过程。就如同《旧约·以赛亚书》的那位先知所说的："在那里必有一条大道，称为圣路……行路的人虽愚昧，也不至失迷。"[1] 在这里，我倾向于应该合理地看待身为诗人的席勒（虽然在这种情况下他会强烈地干扰身为思考者的席勒），因为最终存在的并不只是理性的真理，还有非理性的真理。那些不可能出现在人类事物的智识道路上的东西，却经常出现在非理性的道路上。一切冲击人类社会的最剧烈的变迁并未发生在智识算计的道路上，而是在那些被同时代的人所忽视或视为荒唐愚蠢而不列入考虑，但在经历一段很长的时间后才在它的内在必然性里明白它的重要性的道路上。然而，这些饱受漠视的道路在大多数时候并未获得应有的认可，毕竟人类心理发展最重要的法则就像天书一般实在难以解读。

我不想赋予诗人席勒的哲学任何特殊的价值，毕竟为诗人效劳的智识不是可靠的工具。在这个情况下，智识其实已经达成了它所能达成的，也就是揭露愿望与经验之间的矛盾，不过，我们如果想在哲学思考里寻找这个矛盾的解决之道，终究会白忙一场。就算终于想出解决的办法，

---

[1] 《旧约·以赛亚书》35：8。——原注

我们也还是会碰到阻碍，因为解决之道并不在如何思考或寻得理性的真理，而在于发现一条能接受真实生活的道路。我们并不缺乏建言和睿智的学说。如果只借由建言和学说就能解决问题，那么，生活在古希腊先哲毕达哥拉斯（Pythagoras）时代的人们就拥有了最好的机会，可以在各个方面达到智慧的高峰。因此，人们不该完全按照字面的意义解读席勒所提出的建议，而应该把它当作象征，而且依据席勒的哲学倾向，这种象征会以哲学概念的形式出现。

由此可见，席勒打算走上的那条"先验的途径"不宜被理解为具有知识批判性且合乎理智的判断。这条途径其实比人们在无法以理性来克服困难，从而无法完成任务时所普遍采用的方法更具有象征性。为了找到并走上这条"先验的途径"，席勒首先一定花许多时间停留在一些从他原先的道路分岔开来而形成的相互对峙里。他的生命之河只要受到拦阻，河水就会蓄积，换句话说，如果他身上的力比多的流动因受阻而出现能量滞积的现象，那么，连先前那些存在于不停流动的生命之河里的和谐的对立面也会随之崩解，而转变为两个充满战斗欲、相互敌视的阵营。由于这两个阵营在经历一场无法预见将在何时、将以何种方式结束的漫长战斗后已精疲力尽，他们身上所流失的能量便形成了新兴的第三势力,这股势力正是一条新路径的起点。

当我们不断碰到阻碍时——如果恰恰是一个很困难的阻碍——主体本身的意向与违抗主体的客体所发生的争执,会很快地变成我们内在的矛盾。这是因为,如果我努力使不顺服的客体臣服在我的意志之下,我的整个本质就会逐渐与该客体建立关联性,也就是说,我的本质的某一部分会因为本身高涨的力比多而被拉向该客体。通过这个过程,我的人格的某些类似该客体的部分会对于该客体的本质产生局部的认同。只要主体认同于客体,原本属于主体和客体的冲突就会变成我内在的心灵冲突。与客体的冲突所出现的"内向投射"(Introjektion)会让我无法和自己本身协调一致,因而让我不知道该如何面对客体,进而使我产生一些表露内在矛盾的情绪(Affect)[1]。如果我不是迟钝麻木的人,这种情绪会让我转而察觉自己,并关注自己和内在的种种冲突的发生。

---

[1] Affekt这个德语词汇可被中译为"情绪"或"感情"。由于"感情"在中文里易与"情感"发生混淆,而且荣格已经清楚地表示,他把Affekt和Emotion(情绪)这两个词语当成同义词使用,因此,译者认为,应该将Affekt译为"情绪"。——译注

席勒便是根据这条心理律则而深入地探索一些能产生效应的矛盾的。席勒曾在《审美教育书简》第十一封书信的开头谈到，他所发现的冲突并不是国家和个体之间的分裂，而是"个人与状态"（Person und Zustand）之间，也就是自我及其变化不定的易感性（Affiziertsein）的二元性（Zweiheit）。自我具有相对的稳定性，而自我与他者的关系状态（即易感性）则是变化不定的。因此，席勒便想探究这种不一致性的根源。事实上，其中的一方是意识的自我功能（Ichfunktion），而另一方则是自我与集体的关系。这两个基本的事实都属于人类的心理，但不同的心理类型却会以不同的眼光看待它们。

对于内倾型而言，自我的观念无疑是意识的连续性与支配性，自我的易感性或与他者的关系状态则是一种心理状态。与此相反的是，外倾型更重视本身与客体关系的连续性，而比较忽视自我的观念，因此，他所面对的冲突问题与内倾型并不相同。我们假如还想继续探索席勒的思维，就必须切记并盯住这一点。比方说，他谈到个人在"永恒稳定的自我中，而且独独在此之中"揭示自己时，就是采取了内倾者的观点。如果从外倾者的观点来看，个人只会在与他者的关系中，在与客体的关系的功能里展现自己。内倾者认为，"个人"完全等同于自我，但外倾者却认为，个人存在于自我受到外在刺激的易感性里，而非存在于受到外在刺激的自我当中。也就是说，外倾者的自我在某种程度上不如他的易感性——他与外在的关系——那么重要。外倾者处于变动之中，而内倾者则处于稳定的状态。就外倾者而言，自我绝不是"永恒稳定的"，因此外倾者极少关注自我。反之，内倾者则过度关注自我，因而畏惧任何干扰他的自我的外在变动。易感性对于内倾者来说可能直接意味着为难和不快，而外倾者却无论如何都不想失去它。以下的这段引文可以让我们清楚地看到席勒的内倾型人格：

在一切变化中，维持个体本身始终不变，是个体的理性本质为自己所设下的准绳。因此，个体会把所有的察觉转为经验，也就是转为统一的知识，而且把他在时间里的各种表现方式转为适用于各个时代的法则。[1]

内倾者的这种抽象化的、固守自身的态度显而易见，

---

1 SCHLLIER, *Über die ästhetische Erziehung des Menschen*, 11. Brief. ——原注

甚至还被尊为最高准则。所以，内倾者必须立刻把每个经历提升为普遍的经验，并尽快从所有的经验当中归结出一条适用于恒久未来的法则；然而，人们却还有另一种状态：外倾者并不会把个别的经历转化为普遍的经验，以免进一步总结出阻碍人们未来的法则。

席勒把上帝看成永恒的存在（ewig seiend），而不是正在形成的存在（werdend），这样的宗教观点完全符合他的内倾型人格；而且他还凭借准确的直觉认识到，内倾者的理想状态已经"类似于上帝"：

被设想为完美无缺的人，应该是在变化的潮流中保持本身永恒不变的统一体……人们某些近乎神性的性情并不会与他本身的人格产生矛盾。

席勒对于上帝本质的观点，其实不同于基督道成肉身的教义和新柏拉图主义者那些类似的看法。比方说，席勒对于圣母与圣子——以造物主的身份降临世间——的观点已经透露出，他把最高的价值（神性）赋予了自我观点的稳定性。对他来说，最重要的东西莫过于从易感性抽象而出的自我，因此，他也跟所有的内倾者一样，极力发展自我的观念。他的上帝——他的最高价值——就是自我的抽象化与存续。然而，外倾者却完全相反，上帝对他们来说，就是对于客体的体验，就是完全投身于现实当中，所以，道成肉身的上帝就显得比永恒不变、颁赐律法的上帝更具有同理心。在这里，我有必要预先指出，这种观点的有效性其实仅限于某些类型的意识心理，在他们的无意识里，与上帝的关系就会完全颠倒过来！席勒似乎也知道这一点：他的意识虽然相信一个以永恒不变的方式存在的上帝，但他却认为，通往神性的道路是在感官、易感性、变动以及活跃的心理过程里被开辟出来的。不过，对他来说，通往神性的道路只是次要的功能。在某种程度上，他已经把他自己和自我画上等号，并把自我从诸多变化之中抽象出来，他的意识态度也因此具有完全抽象化的能力。至于他的易感性以及与外在客体的关系状态，则无可避免地越趋陷入无意识里。

这种情况造成了一些值得注意的后果：内倾者具有抽象力的意识态度会导致本身某种特有的局限和贫乏。这种意识态度就是遵从既有的典范而把经历转化为经验，然后从经验当中总结出法则。席勒在他自己与歌德的关系里明显地感觉到自己的局限和贫乏，因为歌德较为外倾的天性在客观上正好和他本人形成一种显著的对比。[1]我们可以从歌德的一些自述中看到这位大文豪的人格特质：

> 偏好观察的我，就是一个彻底的现实主义者。所以，我不会想从一切呈现在我面前的事物中获得什么，也不会想强加给它们什么。对我来说，外在客体的差别只有合不合乎我的兴趣，此外没有其他的不同。[2]

歌德还曾在一封信件里告诉席勒，自己如何受到他的影响：

> 如果我在您看来，就是某些外在客体的代表，那么，您对我的意义，就是让我摆脱自己对于外在事物过于认真的观察，摆脱自己与它们之间的关系，而得以回归自己本身。您教我学会了如何经由更恰当的方式观察人们内在丰富的多样性。[3]

---

1 Brief an GOETHE, 5. Januar 1798. ——原注
2 Brief an SCHILLER, 27. April 1798. ——原注
3 Brief an SCHILLER, 6. Januar 1798. ——原注

其实，席勒也受益于歌德的人格特质。他在歌德身上发现了一种显然可以补充或完善他的本质的东西，而且感受到他们之间的差异。对此，他曾做如下的表示：

请您不要期待我会拥有什么丰富的思想内容，在您身上，我反而可以发现这些东西。把少变为多是我的需要，也是我的追求。如果您进一步看到，我其实缺乏人们所熟悉的知识，那么，或许您还会发现，我可能已经因此而在某些方面取得了成果。因为我的思想范围比较狭小，所以我能更快速、更频繁地穿梭其中，也因此能更充分地利用有限的资源，并经由形式的创造而让内容贫乏的思想获得了多样性。您致力于简化您那渊博的思想世界，我则一心追求本身单薄思想的多样化；您拥有一个可以执掌的思想王国，而我所拥有的只是一个枝繁叶茂的观念家族，因此，我衷心希望自己能把它扩充成一个思维的小天地。[1]

席勒这段话已经在某种程度上显露出内倾者典型的自卑感。如果略此不谈，我们在这里更希望指出席勒的一个

1　Brief an SCHILLER, 31. August 1794. ——原注

误解：外倾者（歌德）其实比较可能成为"渊博的思想世界"的臣仆，而不是统治者。由此看来，席勒的这段话已经贴切地反映出他本身在思想方面的贫乏，而且这种匮乏还因为本身那种具有抽象力的意识态度而恶化。

除了思想的贫乏之外，具有抽象力的意识态度——我们会在往后的讨论里发现它的重要性——还导致了另一个结果：无意识会因此而发展出一种补偿的态度。意识的抽象化越限制主体与客体的关系（由于从经历里得出过多的"经验"和"法则"），主体在无意识里就会越来越强烈地渴求客体，这种渴求最终会让主体在意识里不得不与客体建立感官性联系，主体对于客体的感官性联系便因此取代了薄弱的、被意识的抽象化压制的情感性联系。由于这个缘故，席勒便把感官，而不是把情感视为人类迈向神性的道路。他的自我会运用思维，但他的易感性和情感却是在运用感官知觉。对他来说，这就是自己的才智（以思维的形式）和感官知觉（以易感性或情感的形式）之间的矛盾。至于外倾者的情况则刚好完全相反：他与客体的联系虽然获得了发展，但他的观念世界却属于个人的、具体的和感官的范畴。

感官性情感（das sinnliche Fühlen）——或更确切地

说，存在于感官知觉状态里的情感——具有集体性。它为个体带来某种易感性或某种与他者的关系状态，这种状态往往同时让个体处于"神秘参与"的状态，也就是一种与被感知的客体产生局部认同的状态。主体和客体的同一性（Identität）会让主体不得不依赖客体，而这种强迫性依赖又会通过恶性循环促使内倾者再度强化意识的抽象作用，这是因为抽象作用可以为他消除麻烦的外在关系，以及由此而来的强迫性依赖。席勒也认识到这种感官性情感的特色：

> 如果人们只会感受，只会欲求，而且只依凭欲望而行动，那么人们就只能以世俗的形式存在着。[1]

但是，内倾者意识的抽象作用毕竟不可能无止境地持续下去，为了逃避本身的易感性，他最终不得不让自己着手塑造外在的形式。席勒继续说道：

> 人们如果不希望自己只是以世俗的形式存在着，就必须赋予内容某些形式。人们应该把所有内在的东西外显出

---

[1] SCHLLIER, *Über die ästhetische Erziehung des Menschen*, 11. Brief. ——原注

来，并为外显的一切塑造形式。人如果可以彻底达成这两项任务，就可以回到我所依据的神性的概念。[1]

这一点相当重要。如果我们假设主体的感官性情感的对象是一个人，那么，他是否会接受这种情况？如果与他有关系的人就是他的创造者，他是否愿意被塑造？模仿上帝的造物主角色是人类的天职，但是，没有生命的东西本身也有自行存在的神圣权利。当第一个猿人开始制造石器时，这个世界便已脱离了混沌状态。然而，如果所有的内倾者都想把自己有限的观念世界外显出来，并着手塑造这些外显之物，那就会令人担忧不已。这种事情每天都在上演，个体虽然受到本身这种类神性（Gottähnlichkeit）的折磨，却也是咎由自取的。

有这么一道适用于外倾者的公式："内化所有外显的一切，并为内在的一切塑造形式。"席勒在歌德身上所激发的——诚如我们在前面的引文所看到的——就是这种反应，而且歌德在写给席勒的信件上也曾做过类似的描述："我几乎可以这么说，我所有的行动全都符合唯心论的精神：我

---

[1] SCHLLIER, *Über die ästhetische Erziehung des Menschen*, 11. Brief. ——原注

并不关心外在的东西,我只要求一切都能切合我的想法。"[1]歌德这番话等于是在告诉我们,外倾者在进行内在思考时,就跟内倾者在采取外部动作时同样专断。[2]适用于外倾者和内倾者的公式只有在个体达到某种近乎完美的状态时才具有效力:也就是在内倾者已经拥有一个丰富的、灵活的、具有表现力的观念世界,而不再强求客体符合本身的思维时,或是在外倾者已经掌握了关于客体的完整知识,并能充分尊重客体,而不再用本身的思维来扭曲它们时。我们在席勒的身上可以看到,他曾以最高度的可能性建立起他的内倾者的公式,并以超高的标准要求个体的心理发展。在这里我们假设,身为内倾者的席勒已经对于他的公式了如指掌。

无论如何,有一点是很清楚的:"外显所有内在的一切,并为外显的一切塑造形式"这道公式就是典型的内倾者的意识态度。这道内倾者的公式建立在两个假设上,即个体内在观念世界与形式原则的理想范围,以及感官原则

---

[1] Brief an SCHILLER, 27. April 1798. ——原注
[2] 在这里我要指出,我在本章里对于外倾者和内倾者的所有论述只适用于本章所探讨的类型,即歌德所代表的直觉的外倾情感型,以及席勒所呈现的直觉的内倾思考型。——原注

被理想地运用的可能性。感官原则在这种情况下已经不再显示为易感性,而是一种积极的潜力。人们只要具有"感官性","就只能以世俗的形式存在着"。人们如果不想让自己"只是以世俗的形式存在着,就必须赋予内容某些形式"。这里存在着一种与消极的、充满忍耐的感官原则完全背离的现象。这种现象究竟是怎么发生的?这就是问题的关键所在。我们几乎难以接受这样的情况:人们让自己的观念世界拥有非常宽广的领域,但这样的领域却需要赋予它的实质内容适合的形式,同时还需要把本身的易感性和感官性从消极转为积极状态,借此让它们可以达到观念世界的高度。除非人们具有类神性,否则人们无论在哪里都必须与他人联结,也就是受制于他人。曾经有人指出,席勒一定是个敢于扭曲外在客体的人,而且以粗暴的方式让原始的劣势功能获得毫无限制的存在权利。就像我们所知道的,哲学家尼采在100年后也这么做过——至少在理论上。不过,这样的说法在席勒身上根本行不通,因为就我所知,他从未在任何地方刻意表达过这一点。他的内倾者的公式其实带有更多天真的、唯心论的本质。这种本质大致符合当时的时代精神,毕竟那个时代还未受到人们高度怀疑人性本质和人性真相的不良影响,不像后来的尼采所开启的那个充斥心理批判癖的时代。

人们如果持有冷酷的权力观点，就不会顾及客体是否获得合理且适当的对待，或认真考虑本身实际的能力范围。不过，也只有运用冷酷的权力观点，人们才能实践席勒的公式，也只有在这种情况下——席勒肯定从来不知道——劣势功能才有可能在个体的生命中占有一定的重要性。这么一来，个体古老而原始的本质虽然被伟大的话语和动人的手势所散发的光芒掩盖，却可以朴实地在无意识里不断有所发挥，并帮助我们塑造当前的"文化"，尽管人们至今对于文化的本质仍众说纷纭。人类古老而原始的权力驱力（Machttrieb）总是隐藏在文化的包装下，现在却露出了真面目，并以令人无法反驳的方式证明：我们"总还是野蛮人"。所以，我们不该忘记：正如意识的态度可以因为持有崇高而绝对的观点而夸耀本身在某种程度上的类神性一样，无意识的态度在发展时也拥有类神性，只不过这种类神性会往下趋近某个具有感官和暴力性质的、古老而原始的神祇。古希腊哲学家赫拉克利特（Heraklit）所指出的反向转化（Enantiodromie）已经为我们预告了一个时代的到来：我们所不解的那位隐藏的上帝会浮现出来，并把我们心目中理想的上帝逼到角落里。这种情形就如同在18世纪末期的法国大革命期间,人们不但没有确实发现当时巴黎所发生的一切,还让自己维持一种爱好文艺的、热情的或嬉游的态度,似乎只要这么做就可以让自己不用面对人性黑暗的深渊。席勒在他的诗作《潜水者》(*Der Taucher*)里曾写道:

> 下面那里却是恐怖的,
> 人们不会去试探诸神,
> 也绝不会渴望看到
> 诸神仁慈地用黑夜和恐怖所掩盖的东西。

席勒在世时,那个探究人性黑暗面的时代尚未到来,而19世纪后期的尼采的内在世界已经相当接近那个时代,因此,这位存在主义哲学家很清楚,人们当时正走向一个史上最激烈的杀伐时期。身为叔本华唯一真正的门徒,他掀开了穿戴在人类身上的那层天真单纯的面纱,并在自己所塑造的主人翁查拉图斯特拉(Zarathustra)身上挖掘出某些东西,而且让这些东西成为即将到来的时代的生动内容。

二、关于基本驱力

席勒在《审美教育书简》的第十二封书信中,探讨了人类的两个基本驱力，并对它们做了相当详尽的描述。其中之一便是"感官的"驱力，这种基本驱力就是把人"置于时间的限制之内，并使人转变为物质素材"，而且要求"变化，要求时间具有内容。个体在纯粹为内容所充满的时间里的状态，被称为感知……在这种状态下，人根本就是一个量的统一体（Grose-Einheit），就是时间洪流中的一个被内容充满的片刻——甚至可以说，他已经不存在，因为，只要他受制于感知而被时间之流带着走，他的人格就会消失……他用无法扯断的纽带，把积极向上的精神紧紧地系在感官世界中，并把抽象化思维从漫无边际的自由遨游中拉回到当前的界域内"。[1]

席勒把这种感官驱力的表现理解为"感知"，而不是蠢蠢欲动的、感官的渴望（Begehren），这样的阐述也非常符合席勒本身的心理特征。这无异于显示，感官性对他而言，具有易感性和反应性，而且这种观点正是内倾者的特征，倘若是外倾者，就会首先把感官性视为一种渴望。除此之外，感官驱力还要求变化，然而，观念却盼望不变与永恒。谁如果受到观念的支配，就会追求恒久性，如此一来，所

---

[1] SCHLLIER, *Über die ästhetische Erziehung des Menschen*, 12. Brief. ——原注

有会变化的一切必然存在于观念的对立面。在这里，我还要指出，席勒的情感和感知因为处于未发展的状态，所以在心理法则的效应下会相互错杂在一起。下面这段引文便可以证明，席勒无法清楚地区辨"情感"和"感知"：

情感只意味着：对于这个主体和这个片刻，它是真实的；倘若主体和时间发生改变，那么，对于当前感知的说辞就必须收回。

这段话已经清楚地显示席勒在用语上混淆了情感和感知这两个词语的概念，而且让我们看到，他并未充分评断和精确界定情感，以至于无法把它和感知区分开来。已分化的情感也能产生普遍的有效性，所以，不只具有个案的有效性。不过，因为内倾思考型的情感感知（Gefühlsempfindung）带有消极性和反应性，所以其有效性确实仅止于个案，换句话说，内倾思考型的情感感知从来都无法超越个案——情感感知唯一的刺激来源——而达到可以和所有的案例进行抽象比较的层面，因为抽象的比较在内倾思考型的人身上，是由思考功能，而不是由情感功能来执行的。不过，这种情况在内倾情感型的人身上却恰恰相反，因为内倾情感型的情感已具有抽象性和普遍性，所以已经形成了普遍而长久的价值。

此外，我们还可以从席勒的描述中得知，情感感知（我用这个词表示内倾思考型的情感和感知相互交杂的特征）是一种不被自我认同的心理功能，它具有抗拒性和异质性，能支配个体，"消蚀"个体的人格，并把个体带往自身之外，而让个体与自身疏离。为了和情感感知做对照，席勒还提到一种能把个体带往自身之外[1]的"情绪"。如果个体再度转为谨慎时，就可以把这种转变称为"个体回到了自身[2]，也就是返回他的自我（Ich），而重新塑造他的个人（Person）"。这里已经清楚地指出，情感感知对于内倾者的席勒来说根本不属于个人，它或多或少是一种棘手的伴随现象，有时"坚定的意志还会以胜利者的姿态来与它对抗"。但是，对于外倾者来说，情感感知似乎构成了他的真正本质，而且只有在受到客体的影响时外倾者似乎才真正回到了自身。当我们考虑到，对于外倾者而言，与客体的关系就是已分化的优势功能，而其对立面就是对于内倾

---

1 即外倾。——原注
2 即内倾。——原注

者而言不可缺少的抽象思考和抽象情感，这一点大概是我们可以理解的。感官性的偏见不仅对于外倾情感型的思考，而且对于内倾思考型的情感造成了不良的影响。对这两种类型来说，感官性的偏见就相当于受到物质素材和个案的极端"限制"。实际上，不只是席勒的抽象化思维，主体对于客体经历的也可以是"漫无边际的自由遨游"。

因为席勒已经从个人的概念和范畴里排除了感官性，所以他才能宣称，个人是"绝对的、不可分割的统一体，而且从来不会自相矛盾"。这种个人的统一体对于智识而言是不可或缺的，因为智识希望它的主体能维持在最理想的整合状态，所以，作为优势功能的智识会把对它而言属于劣势功能的感官性排除在外。然而，这却导致人类的本质变得支离破碎，而这一点正好是席勒进行探究的动机和出发点。

既然在席勒看来情感和情感感知拥有共同的性质，那么，情感便只具备个案的特殊性。因此，具有塑造力的思想——席勒所谓的形式驱力（Formtrieb）[1]——便自然而然地

---

[1] 对席勒来说，"形式驱力"就等同于"思考力"（Denkkraft）。参见 SCHLLIER, *Über die ästhetische Erziehung des Menschen*, 13. Brief. ——原注

被赋予最高的价值，即真正永恒的价值。对此，席勒曾说道：

然而，当思想表示"这就是这样"时，它便已做了一个永久的裁决。它的说辞的有效性已借由人格本身而取得稳固性，因为人格会抗拒一切的变化。[1]

但是，人们却不得不问：难道只有固定不变的东西才是真正的人格意义和价值？比起纯粹"抗拒"变化，难道改变、形成和发展没有体现更高的价值？[2] 席勒则表示：

当形式驱力握有支配力，而且纯粹的客体在我们内在产生作用时，就是个体存在的极致扩张，所有的限制都会消失，我们会从受限于贫乏的感官的量的统一体跃升为足以囊括整个现象界的观念的统一体（Ideen-Einheit）……我们不再是个体，而是种类。我们自己就可以判断所有的精神，我们的行动就可以表现人们一切内心的选择。[3]

---

[1] SCHLLIER, *Über die ästhetische Erziehung des Menschen*, 12. Brief. ——原注

[2] 后来席勒自己也批判了这一点。——原注

[3] SCHLLIER, *Über die ästhetische Erziehung des Menschen*, 12. Brief. ——原注

毋庸置疑，内倾者的思想非常尊崇古希腊神话的光之神许珀里翁（Hyperion），但可惜的是，观念的统一体只是某一群少数人的理想。思考只不过是一种功能，不过，当它得到了充分的发展而且只依循自己的法则时，当然会想进一步取得普遍的有效性。由此看来，人们通过思考只能认识世界的某一部分，而另一部分的了解就只能通过情感，至于第三部分的掌握则只能借由感知。人类具有各种不同的心理功能，从生物学的角度来看，心理系统只能被视为一种适应系统，就如同眼睛的存在大概是因为光存在的缘故。就心理系统的整体意义而言，思考功能在任何情况下都只占其中的三分之一或四分之一，尽管它在自己的领域里具有绝对有效性。各种心理功能就像视力和听力分别是个体接收光波和声波唯一有效的功能一样，因此，人们如果把"观念的统一体"捧到最高处，却认为情感感知与个体的人格相对立，这就好比一个人虽拥有不错的视力，但耳朵却聋了，而且完全处于感觉麻木的状态。

"我们不再是个体，而是种类。"确实是如此！当我们单单认同思考这个功能时，我们虽然成为普遍被接受的集体存在，却也和自己彻底地疏离了。除了这四分之一的心理之外，其余的四分之三却处于被压抑、被蔑视的黑暗中。在这里我们可否提出一个卢梭曾问过的问题："难道是自然使人远离了自己的本性？"其实，问题的关键不在于大自然，而在于我们自己的心理如何以粗暴的方式过度偏重某一种心理功能，并任其支配自己。滞留在无意识里的原动力——未被驯服的驱力能量（Triebenergie）——当然也是自然的一部分。一旦这种驱力能量"偶然"显现在某种未分化的劣势功能里，而未能出现在以神圣的热情而受到赞美和崇拜的、理想的优势功能里，就会让那些已分化的类型感到畏惧。关于这一点，席勒曾清楚地表示：

不过，你的个体和你现在的需求将会出现变化。你现在所热切渴望的，有一天会成为你所厌恶的。[1]

未被驯服的、放肆的、失衡的能量不论出现在感官性里——在受到压抑的地方——还是出现在被神圣化的、最高度发展的优势功能里，基本上都是一样的：都是野蛮。人们只要仍旧惑于行动的目标，而忽略了如何行动，就无

---

[1] SCHLLIER, *Über die ästhetische Erziehung des Menschen*, 12. Brief. ——原注

法洞察这个事实。

个体如果认同某一种已分化的优势功能,便已获得了集体性,不过,这种集体性已不再是对于集体的认同——如同原始人那般——而是对于集体的适应。如果我们的所思所言确实适应了集体,那么,"我们自己就可以判断所有的思想",就像一些思考功能已分化且已适应集体的人所普遍期待的那样。还有,只要我们的思维和行动可以符合大家的期待,那么,"我们的行动就可以表现出人们所有内心的选择"。因为尽可能地认同一种已分化的优势功能可以让自己达到最明显的社会优势,所以,所有的人都相信而且都希望获得这种最好的,也最值得追求的价值;不过,人类的一些没有发展的方面却是个体性的主要构成部分,而且会为个体带来最大的劣势。席勒曾提到:

人们只要确定,感官驱力和理性驱力之间存在着必然的对立,那么,使感官驱力无条件地服从于理性驱力,当然就是唯一可以达到内在统一性的方法。然而,这种做法却只会导致内在的单一性,而非和谐性,因此,人们至今仍处于分裂的状态……人们在情感的高度活跃下难以忠于自己的基本原则,因此会采取一种简便的权宜之计,也就是通过情感的钝化来稳定自身的性格；毕竟在卸除武装的敌人面前保持镇定，总比制服勇猛且战斗力旺盛的敌人要容易许多。这种压抑情感的做法绝大部分就是对于人的塑造，也就是确实地改造人的外在和内在这两个部分。如此所形塑出来的人就不再具有，也不再表现出粗野的本性；同时他还会通过原则的坚守而强硬地抗拒所有本性的感知，所以，不论是外在世界还是内在世界都难以影响他本身。[1]

席勒也知道，思考和易感性（情感感知）这两种功能会相互转移（正如我们所看到的，当其中一种功能取得优势时，这种情况就会出现）。

他会把主动作为的功能所需要的强度给予被动承受的功能（易感性），让物质驱力（Stofftrieb）优先于形式驱力，并把感受性能力变成决定性能力。他会把被动承受的功能所应有的广度分配给主动作为的功能（积极的思考），让形式驱力优先于物质驱力，并让决定性能力取代感受性能力。在前一种情况下，他绝不会做他自己；在后一种情况下，

---

[1] SCHLLIER, *Über die ästhetische Erziehung des Menschen*, 13. Brief. ——原注

他绝不会出现什么改变。[1]

以上这段相当值得注意的引文包含了许多我们在前面已经讨论过的东西。当积极思考的动能流向情感感知时——内倾型出现翻转时——未分化的、古老而原始的情感感知便占有主导的地位，个体便因此而陷入了一种极端的关系状态，也就是认同本身所感知的客体。这种状态符合所谓的劣势的外倾，换句话说，这种外倾会让个体完全脱离自我，而完全消融于古老而原始的集体关系和集体认同之中。然后，他便不再是"他自己"，而是一种纯粹的关系状态，因为他认同了外在的客体，所以失去了自己的立足点。内倾者本能地感觉到，必须全力抵制这种状态，但他却还经常不自觉地陷入这种状态。无论如何，这种状态都不该和外倾者的外倾相混淆，虽然内倾者总是犯这种错误，并轻蔑这种外倾，其实他向来就是这么看待自己本身所维系的关系。[2] 上述的后一种情况纯粹呈现出内倾思考型，而与认同外在的客体相反。内倾思考型排除了劣势的

---

1 SCHLLIER, *Über die ästhetische Erziehung des Menschen*, 13. Brief. ——原注
2 为了避免误解，我想在此说明：这种轻蔑至少在原则上与客体无关，它只涉及主体对于客体的关系。——原注

情感感知，这无异于宣告了自己的匮乏，等于是让自己处于"不论是外在世界还是内在世界都难以影响他本身"的状态。

在这里我们也可以很清楚地看到，席勒的论述仍是从内倾者的观点出发。相较之下，外倾者的自我并不存在于思维之中，而是存在于和客体的情感联系里，所以，外倾者是借由客体而找到自己，而内倾者却反倒因为客体而迷失自己。当外倾者内倾时，他和集体思维的联系会弱化，他对于古老而原始的、具体化的集体思维所形成的认同，则被称为感知的设想（Empfindungsvorstellen）。总之，外倾者会在内倾时（在思考的劣势功能中）迷失自己，就如同内倾者会在外倾时迷失自己一般。所以，外倾者会排斥、畏惧或沉默地蔑视内倾，而内倾者对于外倾也是如此。对于席勒来说，外倾与内倾这两种机制的对立就是感知与思考之间的对立——或诚如他所说的——也是"物质与形式"或"被动的承受与主动的作为"（即易感性和积极的思考[1]）之间的对立。他已经感受到这种矛盾无法被消除，因为"感知和思考之间的距离无限遥远，人们根本无法调和这两

---

1 这里的"积极的思考"与前面提到的"反应的思考"是相对的概念。——原注

者的矛盾",而且这两种"状态还相互对抗,从来都无法达到和谐一致"。[1]

此外,这两种驱力必须以"能量"——席勒曾以非常现代的观点对此进行思考——的形式存在,而能量则要求且需要"释放"。[2]

物质驱力和形式驱力的要求都是真切的,因为就人们的认知而言,前者关系到事物的真实性,而后者则关系到事物的必然性。[3]

感官驱力的能量释放绝不是肉体的无能为力和感知的钝化所产生的结果,因为这种情况无论发生在哪里都只会受到鄙视;感官驱力的能量释放必须是一种自由的行动、一种个人的作为,这种作为可以通过道德的强度来缓和感官的强度……因为感官只会迁就精神。[4]

由此我们还可以推论:精神也只会迁就感官。虽然席

---

[1] SCHLLIER, *Über die ästhetische Erziehung des Menschen*, 18. Brief. ——原注
[2] SCHLLIER, *Über die ästhetische Erziehung des Menschen*, 13. Brief. ——原注
[3] SCHLLIER, *Über die ästhetische Erziehung des Menschen*, 15. Brief. ——原注
[4] SCHLLIER, *Über die ästhetische Erziehung des Menschen*, 13. Brief. ——原注

勒从未直接这么说过，但他曾意有所指地提到：

> 同样，形式驱力的能量释放也不该起因于精神的无能为力，以及思考力或意志力的薄弱，因为这是对人性的贬低。感知的丰富性必然是它荣耀的泉源。感官性本身必定会用制胜的力量来维护自己的领域，并抗拒精神借由率先的行动而强加给它的暴力。[1]

席勒在上述的文字中不仅赞同人类的"感官性"可以和思维性平起平坐，具有同等的权利，而且赋予感知本身存在的权利。同时我们也看到，席勒这段话还涉及了一个更深刻的思想，即感官驱力和思考驱力彼此"交互作用"的概念，如果用比较现代的表达方式来说，就是"利益共同体"或"共生"的概念。在这种概念下，某种活动所产生的废料就是另一种活动所需要的养料。席勒曾谈道："这两种驱力的交互作用存在于，一种驱力的作用的建立和限制会同时影响到另一种驱力的作用……双方都只能凭借对方的活动而达到本身最高的表现。"[2]

---

[1] SCHLLIER, *Über die ästhetische Erziehung des Menschen*, 13. Brief. ——原注
[2] SCHLLIER, *Über die ästhetische Erziehung des Menschen*, 13. Brief. ——原注

依据席勒的这个思想，人们不仅不该把感官驱力和思考驱力的对立视为某种有待解决的问题，反而应该把这样的对立当作有益的、能促进生命的东西，而且应该维护并支持它。不过，这样的要求却直接与已分化的、具有社会价值的优势功能所占有的支配地位相抵触，毕竟优势功能主要是通过压制和剥削劣势功能才得以存在。这样的要求就相当于奴隶群起反抗某种英雄的典范，也就是反抗某种强迫人们为了某项东西而牺牲一切的原则。这种原则在西方首先是通过基督教致力于人们的精神化而获得了长足的发展，后来在促成人们的物质化时也做了最有力的贡献。但是，如果这个权力原则可以被打破，劣势功能自然就可以获得解放，而且可以要求——不论是合理还是不合理——和已分化的功能获得相同的认可。经由这种方式，内倾思考型的感官性和思维性之间、情感感知和思考之间的彻底对立会公开地显现出来。就如席勒曾说过的，这种彻底的对立会引发双方相互牵制，表现在心理方面就是优势功能压制劣势功能的权力原则的废除，也就是放弃某种已分化的、普遍适应良好的集体功能所带来的普遍的有效性。

这种权力原则的废除便直接导致个人主义的产生。换句话说，人们必须认可个体性的存在，必须认可个体的真实样态。在这里，我们不妨听听席勒如何试图解决这两种驱力的矛盾：

> 处理这两种驱力的相互关系完全是理性的任务，尽管理性只有在人的生存的完善状态下才有能力彻底解决这个问题。人的观念确实是无限的，所以，人只能随着时间的推移而不断接近它，却从未能掌握它。[1]

这里已经显示，席勒受到了他所属类型的片面性的限制，不然他绝不会把这两种驱力的交互作用视为"理性的任务"，毕竟对立的双方在"排除第三方"（tertium non datur）的情况下，不可能以理性的方式统合起来，换句话说，排除第三方正是它们彼此对立的原因。席勒所认为的理性并不是拉丁文的 ratio（理性），而是一种层次更高的、近乎神秘的能力。实际上，对立的双方只有通过妥协或非理性的方式才能达成统一，在这种情况下，双方之间会出现某种新的事物，即第三方。它虽然不同于双方，却可通

1　SCHLLIER, *Über die ästhetische Erziehung des Menschen*, 14. Brief. ——原注

过从双方获取相等的能量来同时表达它们，而不是只表达其中的一方。这种表达无须通过策划，只能经由生命来完成。正如我们在以下这段节录的文字里所看到的，席勒事实上也意识到这种可能性：

> 不过，倘若出现这样的情况：人们同时拥有这种双重的经验，也就是说，人们不仅意识到自己的自由，也感受到本身的存在，认识到自己不仅是物质的存在，也是精神的存在，那么，在这种情况下，而且只有在这种情况下，人们才能对本身的人性具有完整的观点，而且那个赋予人们完整的人性观点的对象还会变成人们某项已达成的使命的象征。[1]

如果人们可以让思考和感官这两种驱力或力量同时活跃地存在，也就是以思考的方式进行感知，并以感知的方式进行思考，人们的内在就会出现某种象征。这种象征是从人们本身的经历（席勒所谓的"对象"）衍生而来的，而且表达了人们已达成的使命，也就是一条已经统合肯定面和否定面的道路。

---

[1] SCHLLIER, *Über die ästhetische Erziehung des Menschen*, 15. Brief. ——原注

在进一步探究这个思想的心理内涵之前,我们希望更清楚地掌握席勒如何理解象征的本质与形成。

感官驱力的对象……从最广义来说,就是生命(Leben);这个概念是指一切物质的存在和感官里的每个直接的当下。形式驱力的对象……则是构形(Gestalt)……这个概念是指事物所有形式的性质以及事物与思考力的所有关系。

根据席勒的看法,"有生命的构形"(lebende Gestalt)就是调解对立的功能的对象,也就是让对立协调一致的象征,而且是"一种描述现象的所有美学特性的概念,换句话说,就是人们所认为最广义的美的概念"。[1] 然而,象征的存在却是以创造象征和理解象征这两种功能为前提。因为后一种功能并未参与象征的创造,所以,它反而是一种为本身而存在的功能,人们可以把这种功能称为象征的思维或象征的理解。象征的本质就存在于它本身所呈现的一些人们无法完全理解的实质内容,且仅以直觉的方式暗示这

---

[1] SCHLLIER, *Über die ästhetische Erziehung des Menschen*, 15. Brief. ——原注

些实质内容可能具有的意义。至于象征的创造并不是理性的过程，因为理性的过程只会产生一些在内容上可被人们理解的意象（Bild）。象征的理解还需要一些直觉，因为直觉可以察知被创造的象征所包含的意义，并把这种意义传递给意识。席勒把这种直觉功能称为"第三驱力"，即"游戏驱力"（Spieltrieb）。游戏驱力和相互对立的感官驱力及思考驱力之间并没有相似之处，但它却存在于这两者之间，而且只要这两者都是严肃的功能（席勒并没有觉察到这一点），游戏驱力就可以正确地评断它们的性质。然而，却有不少人认为，感官驱力和思考驱力并不完全是严肃的功能，所以，严肃性应该可以取代游戏性而存在于这两者之间。

虽然席勒在其他地方否认了可以调解矛盾的第三驱力的存在，[1]但我们还是认为，他在这方面所做的结论比较贫乏，相形之下，他的直觉就显得比较准确。因为在彼此对抗的双方之间确实存在某种东西，只不过在纯粹已分化的类型身上它的存在已经无法被发觉，如果在内倾型身上，它就是我所谓的"情感感知"。劣势功能由于本身受到相对的压抑，只有一部分依附于意识，而其他部分则

---

1 SCHLLIER, *Über die ästhetische Erziehung des Menschen*, 13. Brief. ——原注

依附于无意识。已分化的功能会尽量适应外在的现实，所以根本就是一种具有真实性的功能，因此，它会尽可能排除本身的幻想要素，致使幻想要素和同样受压抑的劣势功能联结在一起，因此，内倾者通常带有感伤色彩的感知会强烈影响本身的无意识幻想。在这里，调和对立双方的第三方一方面是创造性的幻想活动（schöpferische Phantasietätigkeit），另一方面则是感受性的幻想活动（rezeptive Phantasietätigkeit），它们都是席勒所谓的游戏驱力。关于这方面，席勒心里所想的已经多过他实际所说的。席勒曾大声疾呼："终于可以这么说：只有当人确确实实是人的时候，他才会游戏；只有当人在游戏时，他才是一个完整的人。"对他来说，游戏驱力的对象就是美。"人们应该只用游戏的态度来对待美，应该只和美游戏。"[1]

席勒已经意识到，把"游戏驱力"置于首要地位可能意味着什么。其实我们也看到，解除对于劣势功能的压抑，必然会使原本已取得平衡的对立双方出现新一轮的冲突，并导致既有的最高价值的崩落。双方要等到一番角力之后才会重新趋于另一种平衡。我们现在还会认为，当

---

[1] SCHLLIER, *Über die ästhetische Erziehung des Menschen*, 15. Brief. ——原注

欧洲人野蛮的那一面想要有所表现时,就会出现文化的灾难。毕竟谁能保证,这样的人开始游戏时,会把审美的心境(Stimmung)和对真正的美的享受当作他的目的?实际上,既有的文化成就必定会贬低人们游戏的态度,所以,我们对于游戏的审美预期根本是不合理的,而且应该事先料到会有完全不同的情况出现。席勒以下的这番话说得很有道理:

在最初几次的尝试里,人们几乎还察觉不到本身审美的游戏驱力,因为感官驱力会不断以任意不羁的态度和粗野的欲望进行干预。所以,我们首先会看到,在人们粗劣的偏好里充斥着新鲜的、令人惊奇的、五花八门的、冒险刺激的、稀奇古怪的、强烈而狂野的东西,而彻底排拒了纯朴与平静。[1]

从以上这段引文中,我们可以得出一个结论:席勒已经意识到这种审美的发展所带来的危险。这种不利的情况也可以说明,席勒为何对于既有的解决方法不但不满意,

---

1 SCHLLIER, *Über die ästhetische Erziehung des Menschen*, 27. Brief. ——原注

反而还认识到为人性建立一个更稳固的基础才是人们迫切的需要，毕竟审美游戏的态度无法为人们带来保障。实际上也必须如此，因为人们内在的两种功能或功能群之间的矛盾是如此重大而严肃，以至于几乎无法靠游戏来缓解这种冲突的危急性和严峻性。有鉴于"同类法则"（similia similibus curantur），[1] 这时就需要第三方的存在，因为第三方兼具对立双方的某些特性，所以，至少可以让双方获得同等的严肃性。

游戏的态度必定会排除所有的严肃性，而后才有可能获得绝对的可确定性（Bestimmbarkeit）。游戏驱力有时会受到感知的吸引，有时又受到思考的引诱，所以，它便一会儿跟客体，一会儿跟思维打交道。不过，如果人们关注如何脱离野蛮状态，而独独跟美打交道，那么，人们就可能不再是野蛮人，而是已受过审美教育洗礼的人了！所以，首先必须确定的是，人们到底立足于自己最内在的本质的哪一处。人类在先验上既能思考，也能感知。人类本身处于这两种驱力的对立当中，因此必须把自己安置在这两者

---

[1] similia similibus curantur 这句拉丁文在这里中译为"同类法则"，不过，这句话原先是指欧洲顺势疗法所采用的"以同类来治疗同类"的重要原则，类似中医的"以毒攻毒"。——译注

之间的某处，并让自己作为内在最深处的一个存在体。这个存在体虽然同时涉及这两种驱力，却能让本身跟它们有所区分。如此一来，人们虽然受到这两种驱力的影响，而且有时还必须顺从它们，但有时却也可以使用它们。总之，人们并没有把自己等同于这两种驱力，虽然受制于它们，却能把自己和它们区别开来，就像区别于自然力一般。关于这一点，席勒曾做如下的说明：

只要人们能使自身和这两种基本驱力区分开来，它们就不会与人们精神的绝对统一性相抵触。这两种驱力存在于人们身上，也在人们身上产生作用，然而，人们本身既不是物质，也不是形式，既不是感官性，也不是理性。[1]

我认为，席勒在这里已经指出一些相当重要的东西，也就是个体核心的可区分性。个体的核心虽然有时是这两种对立功能的主体，有时则是它们的客体，但总是可以和它们有所区分。这种区分本身不仅是智识的判断，也是道德的判断。前者是通过思考，后者则是经由情感。如

---

1 SCHLLIER, *Über die ästhetische Erziehung des Menschen*, 19. Brief. ——原注

果个体所进行的区分没有成功或根本没有进行区分，那么，就会出现一个无可避免的后果：个体会消融于这两种对立的功能之中，而与它们完全等同。此外，还可能出现更严重的后果：个体本身会一分为二，或恣意地决定要偏向哪一种功能，而受到对立功能的强力压制。这种思维过程是一个非常古老的思考课题，就我所知，5世纪初担任北非利比亚的托勒密城（Ptolemais）主教的西内修斯（Synesius）——西方第一位女数学家希帕蒂亚（Hypatia）的门生——曾提出就心理学而言最有趣的相关论述。这位主教在《论梦》(*De somniis*)这本著作中所阐述的幻想精神（spiritus phantasticus），其实与席勒所谓的游戏驱力和我提出的创造性的幻想有相同的心理学意义，只不过他采取了形而上学的表达方式，而不是心理学。他的论述对于我们在这里的探讨来说，就像一种古老的用语，所以，不在我们的考量范围之内。西内修斯在该书中写道："我们最常通过幻想精神的活动而活着，这种精神就介于永恒现象与暂时现象之间。"依据他的看法，对立的双方在幻想精神里达成了统一，幻想精神也因而落入了驱力的性质，甚至还沦落到兽性的层面，从而转变为一种本能，并激起恶魔般的欲望：

这种精神（即幻想精神）本身具有某种特殊性，似乎就是一些来自周边领域和两个极端的要素。这些要素虽然彼此之间存在不少的分歧，却能聚集在一个客观实体（Wesenheit）里。此外，大自然还通过本身的许多领域而扩大了幻想的作用范围。幻想甚至下降到没有智力的动物身上。是的，幻想就是动物本身的理性，动物经由幻想而获得了知识。各种恶魔也因为幻想的活力而得以存在，他们不仅在本身整体的存在里具有想象性，而且在人们内在所发生的种种里被想象出来。

从心理学的角度来看，恶魔就是来自无意识的干涉，也就是无意识情结（unbewußter Komplex）自发地侵袭意识过程的连贯性。无意识情结和恶魔相似，会乖张地干扰我们的思考和行动，因此，古希腊罗马时代和中世纪时期的人们会认为，重度精神官能症患者就是被鬼魂附身。当个体坚定地站在某一方时，无意识就会站在对立的另一方来反抗个体。新柏拉图学派或基督教的经院哲学家只要支持绝对的精神化，就一定会注意到这种现象。西内修斯主教曾指出，魔鬼具有想象的本质，这个说法十分有价值。正如我在前面所探讨的，在无意识里与被压抑的劣势功能相联系的正是这种幻想的要素。个体（个体核心的简称）倘若无法与两种对立的功能区分开来，就会与它们完全等同，而导致内在的分裂，于是便成为一个痛苦的、矛盾的存在。以下是西内修斯的看法：

> 这种本能的精神——也被虔诚的人们称为生命的精神——会变成上帝以及外观多变的魔鬼和图像。在这种精神里，人们的灵魂遭受着折磨。

精神因为介入了驱力而变成"上帝以及外观多变的魔鬼"。西内修斯主教这个独特的想法其实不难理解，如果我们还记得这个心理事实的话：感知和思考本身都是集体的功能，而且个体（即席勒所谓的"精神"）如果无法和这两种对立的功能有所区隔，就会消融于其中，而成为一种集体性的存在，也就是一种类神性的存在，因为上帝就是"无所不在的存在"这个集体概念。这位托勒密城的主教还表示，"在这种状态下，人们的灵魂遭受着折磨"。人们如果要脱离这种困境，就得让自己和这两种对立的功能区分开来，也就是让精神先下降到深处，在那里与客体纠结交缠，从而变得"潮湿而粗野"；等到它被苦难净化而变得"干燥和炽热"后，它便会再度上升，还能以现在的干热状态区别于从前在地底停留时的潮湿。

接下来，便出现了一个问题：当个体无法和彼此分裂且对立的驱力有所区分而充满内在的矛盾时，个体究竟是以哪种力量来对抗这些驱力的？其实席勒后来也不再主张可以通过游戏驱力——他所谓的"第三驱力"——来解决这个问题。因为这个问题必然关乎某种严肃性，也就是涉及一种重要的、能有效地让个体与对立的驱力划分开来的力量。毕竟在这种对立当中，个体一方面会受到最高价值和最高理想的召唤，另一方面则会受到强烈的兴致的诱惑。席勒曾说道：

这两种基本驱力只要处于发展之中，就必然会依照本身的性质而追求本身的满足。因为对立的这两者必定会追求相反的对象，所以，它们便因此解除了对于彼此的压迫。在这两者之间，意志则声称本身拥有完全的自由。意志就是一股对抗这两种驱力的势力，但是，这两种驱力的任何一方都无法成为一股势力来对抗对方……在人们的身上，只有意志是唯一的势力。只有当人们死亡或失去意识时，这种内在的自由才会消失。[1]

席勒认为，这两种驱力的对立会以上述方式消失，这从逻辑上来说是正确的，但实际的情况反而是它们相互地、积极地对抗，从而出现无法解决的冲突，只有当我们可以预期自己应该达到什么状态时，意志才有能力裁决这种冲突。然而，人们至今对于如何脱离驱力的对立所导致的野蛮状态仍没有解决之道，而且人们也还没有达到那种能使意志正确了解这两种驱力，并使它们协调一致的状态。意志必须具有内容和目标，因此会片面地受制于某一种功能，这一点也正好反映了人类无法调和驱力对立的野蛮状态。意志的目标如何产生？如果不是经由前面讨论过的那种心理过程，也就是智识和情感的判断或感官的渴望赋予意志本身所需要的内容和目标的过程，情况会如何？如果我们让感官的渴望成为意志的动机，并依从它们，那么，我们的行动就会符合感官驱力而违反理性的判断。相反，我们如果凭借理性的判断来解决争端，即使个体给予这两种驱力的尊重已经是最公正的分配，却仍必须仰赖理性的判断，

---

[1] SCHLLIER, *Über die ästhetische Erziehung des Menschen*, 19. Brief. ——原注

这么一来，思考驱力就会凌驾于感官驱力之上。所以，无论如何，只要意志还依靠这两种驱力的任何一方提供本身所需要的内容，它不是偏向于感官驱力，就是偏向于思考驱力。意志在这种情况下的确可以裁决这两种驱力所发生的冲突，不过，它所根据的某种赋予本身所需内容的立场或心理过程虽然介于这两种驱力之间，却没有和它们维持等距关系，距离一方不是比较近，就是比较远。

依照席勒的定义，意志的内容必须具有象征性，因为，只有象征才能居间调解这两种驱力之间的种种矛盾，毕竟这两种对立的驱力是以截然不同的真实性为前提，一方的真实性对于另一方而言，不是假象，就是不具真实性，反之亦然。象征则拥有实在与非实在的双重性质。如果某件事物只具有实在性，那么它就是一种实在的现象，而不是象征。象征只会存在于某个东西之内，但同时又包含了其他的东西。如果某件事物是非实在的，它就是一种无关实在的、空洞的幻想，所以也不是象征。

就本质而言，理性功能并无法创造象征，因为它们只会产生内容明确的、理性的东西，而无法同时包含相互矛盾的东西。一些感官功能也同样无法创造象征，因为它们会通过对于外在客体的知觉而产生内容明确的东西，所以它们只包含本身，并不包含其他的东西。为了替意志寻找一个中立的、不偏向任何一方的存在基础，人们必须转而求助于另一股势力。这股势力虽然无法清楚地区辨对立的双方，却能让双方维持原初和谐的统一性。此外，意志显然不存在于意识的领域里，因为意识从它整体的本质来说就是对于自我和非自我、主体和客体、肯定与否定等等的辨别和区分。划分对立的双方实际上应该归功于意识的区辨力，因为只有意识才有能力察知什么是适当的东西，并把它们从不适当的或没有价值的东西当中区别开来。只有意识可以认定某种功能是否具有价值，而把意志的力量赋予有价值的功能，并抑制没有价值的功能的要求。然而，在意识领域之外，也就是在本能所主导的无意识领域里，却不存在思考，不存在赞成和反对，也不存在任何分歧和矛盾，存在的就只是事物的出现与发生、驱力方面的规律性以及生命的平衡（当然，这是本能处于本身可以适应的情况，如果它遇上本身无法适应的情况，就会出现压抑所造成的能量的滞积、情绪的激动、困惑和恐慌）。

由此可见，借助意识来裁决驱力之间的冲突，根本是行不通的。因为意识对于这种争端的裁决会流于纯粹的专断，况且它根本无法赋予意志象征性内容。象征性内容对于这种冲突的解决非常重要,因为它们能以非理性的方式调解逻辑上的对立。为了掌握象征性内容,我们必须更深入地探索,必须触及意识赖以存在的基础,也就是仍保存原初本能的无意识。人类所有的心理功能都不分彼此地混杂并交集于原初而基本的无意识心理活动中,这主要是因为人类脑部的各个部位彼此近乎直接的联系,其次则是因为能量值较低的无意识要素[1]会导致无意识里的心理功能缺乏可区分性。无意识要素的能量值较低,不过,其中的某一要素一受到看重,就不再陷于意识阈限(Bewußtseinsschwelle)之下,因为它已经获得特殊能量的灌注而立刻升入意识领域。依照19世纪德国哲学家暨心理学家约翰·赫尔巴特(Johann F. Herbart)的看法,这种进入意识里的无意识要素会变成一种"突然出现的想法"和"自由浮现的观念"。具有强大能量的意识内容在发挥作用时犹如一道强光,在它的照射下,心理功能之间的差异会清晰地显现出来,所以不会出现任何混淆。至于无意识的情况则完全相反:异质性最高的无意识要素由于本身微弱

---

[1] 参见 NUNBERG, *Über körperliche Begleiterscheinungen assoziativer Vorgänge* in JUNG, *Diagnostische Assoziationsstudien*, 2. Bd., p. 196ff.。——原注

的光亮——较少的能量——彼此之间会存在模糊的类似性，而且会产生相互替代的现象。此外，异质性的感官印象也会交杂在一起，正如当代瑞士精神病理学家尤金·布鲁勒（Eugen Bleuler）所指出的"光幻觉"（Photismen）和"色彩听觉"（audition coloriée）的现象。甚至在语言里也含有许多无意识要素的混淆，为了说明这一点，我曾提出关于声音、光线和精神状态的例证。[1]

无意识也算是重要的心理部位，因为所有在意识中彼此分裂和对立的东西都会以成群且有构形的方式停留在无意识里。它们后来有机会上升到意识领域里时，就会显露出含有来自对立双方的成分的性质，不过，它们却不属于任何一方，因此可以保有独立自主的中间立场（Mittelstellung）。这种中间立场对于意识来说，有时有价值，有时却没有价值：当意识无法清楚察觉它们之间的可区分性时，它们就不具有价值，意识也会因此陷入行动的困境中；当它们之间的不可区分性具有象征性质时，它们就具有价值，而且这种象征性质必须赋予调解冲突的意志某些内容。

---

1 JUNG, *Wandlungen und Symbole der Libido*, p. 155 ff, Neuausgabe: *Symbole der Wandlung* (GW V).——原注

除了意志（也就是完全依赖本身内容的意志）以外，人们在处理驱力之间的冲突时，还拥有无意识——孕育创造性幻想的园地——作为辅助工具：因为无意识可以随时经由基本心理活动的自然过程而塑造出象征，象征则"可以"协助意志达成调解纷争的任务。我在这里使用"可以"这个字眼是因为，象征不会为了效力于意志而自行进入意识领域，而是留在无意识里，只要意识内容的能量强于无意识象征的能量，这种情况就不会改变，而且这也是正常的情况。不过，在不正常的情况下，这两者的能量高低就会出现翻转，也就是无意识的能量会强过意识的能量。此时，象征虽能借助无意识的能量而浮现于意识的表面，却不被意识的意志和执行功能接受，因为意识的能量已经低于无意识的能量。无意识能量的高涨会让个体处于不正常的精神状态而出现精神疾病。

在正常的情况下，心理能量会被人为地导向无意识的象征，以便让无意识获得较多的能量而得以趋近于意识。倘若"本质我"（Selbst）可以和对立的两种驱力有所划分——在这里我们又再度触及席勒所提出的"个体核心的可区分性"的观点——倘若力比多可以被支配，这种划分就相当于把力比多从对立的两种驱力中拉回本质我，这么一来,心理能量就会往无意识流动。把能量投入驱力的力比多可被自由支配的范围,正是意志力的作用范围。意志力所显现的大量能量则任由自我(Ich)"自由地"支配,在这种情况下,意志会把本质我当成一个可能实现的目标。驱力之间的对抗越是阻碍进一步的发展,这个目标就越有可能实现。此时,意志并不会裁决驱力之间所发生的冲突,它只会顾及本质我,也就是让可受支配的力比多能量往本质我回流,换句话说,就是内倾。内倾只意味着,力比多被留在本质我当中,而且不被允许介入驱力之间的冲突。由于力比多通往外界的道路已被阻断,它便自然而然地往内转向思考,但这种方向的翻转却会再度使力比多陷入冲突的危险当中,因为本质我与对立驱力的划分以及力比多能量回流本质我的内倾,会致使可受支配的力比多不仅脱离外在的客体,也脱离内在的客体,即思维。这么一来,力比多便完全失去了作用的对象,不再与意识内容有任何关联,而落入无意识。它会自动攫取无意识里既有的幻想材料,之后凭借幻想的能量而往意识领域上升。

席勒曾以"有生命的构形"来表达象征,这个词语的选择很恰当,因为具有上升能量的幻想材料包含了个体随后的一些心理发展状态的意象,这些幻想材料在某种程度上能预示或呈现对于驱力冲突进一步的解决途径。虽然具有区辨力的意识活动经常难以直接理解这些意象，但直觉却具有活泼的生命力，可以对意志发挥决定性的影响。意志的支配性会对于两种对立的驱力产生作用，所以，在经过一段时间后，驱力之间的冲突会再度加强。重新出现的冲突需要重复上述的过程，而得以不断地促成进一步的发展。我把调解驱力冲突的功能称为"先验功能"（transzendente Funktion），这种功能并没有什么神秘性，它纯粹是一种意识要素和无意识要素的综合功能，就像数学中的虚数和实数的共同功能。[1]

除了重要性不容否认的意志之外，我们还拥有创造性幻想，这种幻想就是一种非理性的、本能方面的功能，而且可以单独赋予意志某种汇聚着矛盾的本质内容。席勒把创造性幻想理解为象征的泉源，不过，因为他还把它称为"游戏驱力"，所以它无法进一步从激发意志的积极性当中获益。为了让意志获得本身所需要的内容，席勒还求助于

---

[1] 我必须强调，我在这里原则上只叙述这种功能。它是一个相当复杂的问题，其中以意识接受无意识材料的方式最具有关键性意义。相关的讨论请参考本人的著作：*Die Beziehungen zwischen dem Ich und dem Unbewußten*; *Uber die Psychologie des Unbewußten* (GW VII); *Psychologie und Alchemie* (GW XII); *Die transzendente Funktion* (GW VIII)。——原注

理性，因此，他便倒向了两种对立的驱力的某一方。令人讶异的是，他以下的这番论述竟如此接近我们的问题：

> 在建立法则（即理性的意志）之前，感知的势力必须被摧毁。只是让以前不存在的东西从现在开始存在，这是不够的，我们还必须使原本存在的东西不再存在。人无法从感知直接进入思维；他还必须往回退一步，因为只有某种确定性再度消失时，与其相反的确定性才能形成。他必须……暂时摆脱一切的确定性，而让自己处于一种纯粹可以自己参与决定的状态。因此，在他的感官取得任何印象之前，他必须先经由某种方式退回到毫无确定性的负面状态中。但这种状态却没有内容可言，所以，接下来的关键就在于，如何让同等的无可确定性（Bestimmungslosigkeit）、无限的可确定性（unbegrenzte Bestimmbarkeit）与最有可能的内容取得协调一致，因为这种状态会直接产生某些正面的东西。他必须保存经由感官知觉所得到的确定性，毕竟他不能失去实在性；不过，这种实在性只要带来限制，就必须被扬弃，因为一种无限的可确定性将会出现。[1]

---

[1] SCHLLIER, *Über die ästhetische Erziehung des Menschen*, 20. Brief. ——原注

如果我们不断注意到，席勒总是倾向于在理性的意志里寻找解决之道，那么，我们就可以根据前面的讨论轻松地理解这段艰涩的文字。不过，我们即使不这么做，席勒的阐述其实也已经很清晰。他所谓的"往回退一步"就是让个体本身和对立的驱力区分开来，也就是把力比多抽回而让它脱离内在和外在的客体。当然，席勒在这里首先会关注感官所知觉的客体，正如前文的说明，他总是在打算如何跨入理性思维的那一方，因为在他看来，理性思维似乎对于意志的确定性是绝对必要的。不过，他却被迫必须除去一切的确定性，从而让本身脱离内在的客体（思维），不然，就不可能让意志彻底失去它的内容和确定性，而回到无意识的原初状态，也就是无法区辨主体和客体的意识的存在状态。我们可以明确地把席勒的这个看法称为"内倾于无意识"（Introversion ins Unbewußte）。

席勒所谓的"无限的可确定性"显然是在表示一种类似无意识的状态，也就是一切混合不分，且相互作用的状态。这种意识的空洞状态应该和"最有可能性的内容达成协调一致"，而且这种内容——作为意识空洞状态的对应物——必须是无意识内容，此外再无其他合适的内容。席勒还清楚地述说了意识与无意识的统合,而且"这种状态应该会产生一些正面的东西"。在我们看来,这些"正面的东西"就是意志的象征确定性,对于席勒来说,它们则来自可以协调感知和思考这两种对立功能的"中间状态"。席勒还把这种"中间状态"称为"中间心境"(mittlere Stimmung),此时感官性和理性会同时发挥它们的功能,相互展现本身的决定性影响力的结果,就是彼此的对抗,进而衍生出对于对方的否定。然而,这种冲突一旦消解,就会出现一种真空状态,也就是所谓的无意识。无意识状态并不受制于矛盾和对立,因此,可以容纳任何的确定性,曾被席勒称为"审美的"状态。[1]

值得注意的是,席勒忽略了一个事实:感官性和理性并不会在"中间状态"下同时"起作用"。因为,就像他自己曾指出的,这两种对立的功能终究会通过相互的否定而产生冲突。既然一定要有某些东西在发挥作用,而席勒又无法想到其他的功能,于是他便主张,这两种对立的功能必定会再度产生作用。当然,这两种功能势必会有所活动,而且是在无意识里,因为意识此时已处于"真空状

---

[1] SCHLLIER, *Über die ästhetische Erziehung des Menschen*, 20. Brief. ——原注

态"。[1] 不过，席勒当时没有无意识的概念，因此他在这方面的看法显得混淆不清，且自相矛盾。至于他所谓的"中间的审美功能"，就相当于创造象征的活动，即创造性幻想。席勒把"审美的特性"（ästhetische Beschaffenheit）定义为一件事物和"我们诸多能力整体（心灵能力）的关系，而不是其中某个能力和某个特定客体的关系"。[2] 其实，他在这里如果能重新采用从前提出的象征概念，或许会比这个模糊的定义更好一些，因为象征的性质和所有的心理功能有关，并不是任何一种心理功能的特定客体。此外，席勒还把以下的事实视为达成这种"中间心境"的成果：人们"从今以后，可以本着自己的天性，随着自己的意愿来做自己——并且可以重新获得完全的自由，让人们以应有的存在而存在"。[3]

因为席勒偏好智识和理性的处理方式，所以，他便沦为本身判断的牺牲品。他选择"审美"这个词来表达时便已反映了这一点。如果他熟悉印度文学，他就会明白，他

---

[1] 正如席勒曾正确指出的，人在美学的状态下就是"零"（Null）。SCHLLIER, *Über die ästhetische Erziehung des Menschen*, 21. Brief。——原注

[2] SCHLLIER, *Über die ästhetische Erziehung des Menschen*, 21. Brief. ——原注

[3] SCHLLIER, *Über die ästhetische Erziehung des Menschen*, 21. Brief. ——原注

内在所浮现的原初意象（urtümliches Bild）的意义根本不同于"审美"，至于他的直觉所发现的无意识模式，其实从远古以来便已存在我们的心灵当中。他把这种无意识模式解释为"审美"，虽然他自己先前曾强调无意识的象征性。我在这里谈到的原初意象是东方文明所特有的观念，这种观念曾出现在古印度的"大梵-真我"（Brahman-Atman）[1] 哲学理论、中国古代哲学家老子的道家思想中。

印度的哲学观念强调，人们可以从对立中获得解脱，而且人们一切的情绪状态、与客体的情绪联结都可以因此而获得理解。当力比多从所有的内容中撤退之后，个体便获得解脱，而且出现完全的内倾。印度先哲曾以极具特色的方式把这种心理过程称为"苦行"（Tapas）[2]，而"自身的沉思"就是这个概念最佳的解释。它贴切地描述了毫无内容可言的冥想状态，在这种状态里，力比多在某种程度上如同孵化所需要的热量一般，被导向本质我。当力比多彻底从客体中抽离后，获得力比多能量灌注的个体内在必然

---

[1] 大梵是一切万有的本质、根源及终极目的，也就是所谓的"宇宙我"。此外，它也是古印度婆罗门教的核心思想。——译注

[2] "苦行"是一种内倾机制，在印度瑜伽的用语中，意指"净化自我的刻苦修行"。——译注

会形成一种客观实在性的替代物，或是内在和外在的完全同一性，这种同一性在古印度的梵语里可被称为"那就是你"（tat twam asi）。通过本质我和客体关系的融合，便形成本质我（Atman）对于世界本质（即主体与客体的关联性）的认同，进而让人们可以认识到内在的本质我与外在的本质我的同一性。"大梵"（Brahman）这个概念与"真我"（Atman）只存在些微的差别。"大梵"所包含的本质我的概念并不明确，它只是一种普遍而无法被清楚界定的内在与外在的同一性。

在某种意义上，与"苦行"平行的概念就是"瑜伽"（Yoga）。"瑜伽"应该被视为一种达到自身的沉思状态的意识技巧，而不是一种沉思状态。按照瑜伽的方法，力比多会被"拉回"，并因此而摆脱与对立双方的牵连。自身的沉思与瑜伽的目的就是打造一种中间状态，以便由此产生具有创造性的、能解放身心的东西。对于个体而言，这方面的心理成果就是"大梵""至上之光"或"狂喜"（ananda）的实现。这也是这种解脱修行的终极目的，而且这种过程还被认为和宇宙的起源有关，因为一切的创造都源于"大梵–真我"这个世界的本源（Weltgrund）。宇宙起源的神话，就跟每个神话一样，是无意识过程的投射。这种神话的存在正好可以证明，在练习"自身的沉思"时，人们的无意识里会形成一些创造性过程，这些过程应该被当作力比多在面对客体时所出现的新的调整。席勒曾说：

> 只要人们的内心出现亮光，身外就不再是漆黑一片；只要人们的内心平静沉着，世界上的风暴就会停止，自然界抗争的力量也会在恒久存在的边界内平息下来。所以，这也难怪古老的诗歌在表达人们内心这个伟大的事件时，就像在谈论外在世界所发生的革命一般。

通过瑜伽，力比多与客体的关系会出现内倾，而且力比多会因为能量的丧失而落入无意识里，并与其他的无意识内容建立新的联结。不过，在个体完成"自身的沉思"的修行之后，无意识会出现一些创造性过程，力比多便得以借此而再度趋近于客体。当力比多对于客体的关系发生改变时，客体就会出现不同的样貌，仿佛新打造的一般，而宇宙起源的神话便贴切地象征着"自身的沉思"这种修行所产生的创造性成果。在印度宗教修行的绝对内倾取向里，力比多对于客体的新的适应方式并没有什么意义，因为它会固守于无意识所投射的宇宙起源论的神话，而不会有实际的创造。就这方面而言，印度的宗教态度可以说和西方基督教的态度完全相反，因为基督教的博爱原则是外倾的，所以绝对需要外在的客体。总的来说，印度宗教的原则可以使人们获得丰富的知识，而基督教的原则可以促成人们大量的行动。

"大梵"这个概念也包含了 Rita（正确的途径）这个概念，即世界秩序。在"大梵"里，也就是在创造性世界的本质和本源里，事物的运作依循正确的途径，因为它们已经永远消融于"大梵"里，并已被重新创造出来。从"大梵"所衍生出的一切发展都在有律则的道路上前进。Rita（正确的途径）这个梵语概念把我们的目光引向老子的"道"。"道"就是"正确的道路"，也是符合规律的存在。它是一条在对立双方之间的中间道路，不仅不受双方的操控，还能把它们统合起来。生命的意义就是不偏不倚地在这条中间道路上行走，绝不倒向任何一方。老子的道家思想完全没有迷狂的因素，而是哲学的超然与清明，是未被神秘之雾模糊的智慧，也是智识与直觉的智慧。老子的智慧体现了人类所能达到的精神优越性的最高层次，因为它已经远离了真实世界的失序，所以没有任何的混乱。它驯化了一切的粗野，却不会为了净化它们而有所侵犯，也不会为了让它们有所提升而改造它们。尽管把席勒的思维过程附会于古老的、看起来相当冷僻的东方思想的做法太过牵强，而且很容易遭到批驳，不过，人们却不该忽视，这类思想在席勒之后不久还获得了哲学天才叔本华的强力支持，从而扎根于欧洲的日耳曼精神里，并延续至今。叔本华当时已经有机会参考法国首位印度学家安克提尔·迪培隆（Anquetil du Perron）所翻译的《奥义书》（*Upanishads*）[1]——婆罗门教的经典——的拉丁文译本，相较之下，席勒在他的年代却难以取得这方面的信息。不过，在我看来，这些事实都不重要，因为我从自身的实际经验中已经清楚地看到，思想的关联性的形成并不需要双方直接的交流。比方说，我们可以发现，在中世纪后期日耳曼的基督教神秘主义者埃克哈特大师（Meister Eckhart）的基本观点和18世纪哲学家康德的部分观点里，存在某些和古印度《奥义书》的思想非常相似的东西，但它们之间却不曾有过任何直接或间接的交流。这就有如人类的神话和象征，它们在世界的各个角落自行生成，在毫无交流下所出现的同一性，实际上就是源自人类共通的、普遍存在的无

---

[1] *Oupnek'bat (id est, Secretum tegendum)*. ——原注

意识，而且这些无意识内容的差异甚至远低于种族和个体之间的差异。

我也认为，有必要把席勒的思想和东方的思想做对照，以便让席勒的思想可以从审美主义[1]的狭隘中解放出来。席勒所提倡的审美主义并不适合解决人类过于严肃和困难的美学教育问题，因为它往往预设了本身应有的教育内容，也就是热爱美的能力。这种态度会阻碍人们深入掌握相关的问题，因为它会让人们只关注那些能带来愉悦的东西——包括高贵的享受——而不是那些恶劣、丑陋、困难的东西。由此可见，这种审美主义缺乏道德的动力，从最深刻的本质来说，它只是一种精致化的享乐主义（Hedonismus）。虽然席勒曾努力为他的审美主义引入绝对的道德动机，但这却是没有说服力的做法，因为他的审美态度让他无法认识到，认可人性的另一面可以让自己获得什么样的收获。审美态度的片面性所产生的冲突会造成个体的困惑和痛苦，在最顺利的情况下，他可以借由美的审视而再度抑制这种矛盾，但他却无法回归从前的"中间状

---

[1] 我在这里所使用的"审美主义"（Ästhetismus）这个概念就是"审美的世界观"的简略表达。因此，我所提出的"审美主义"并不是所谓的"唯美主义"（Ästhetizismus），也就是人们普遍会联想到的审美行为以及种种审美的感触。——原注

态"——这毕竟是最好的方式——而让自己从中获得解脱。人们如果想帮助个体脱离这种冲突，就需要一种不同于审美的态度，而这种态度其实已经显现在某些东方思想的观点上。印度的宗教哲学对于这个问题曾有相当深刻的理解，而且已指出解决这种冲突的关键所在：个体最大的道德努力、最大的自我否定和牺牲，以及在宗教上让自己达到最大高度的虔诚并恢复本有的圣洁。

我们都知道，叔本华在肯定一切审美的同时还以最清楚的方式指出审美问题的某一方面。当然，我们不该错误地认为，"审美"和"美"等这些词汇的含义对于我们和对于席勒来说是一样的。如果我指出，"美"在席勒的心目中就是一种宗教的典范，我相信，这样的说法应该不会言过其实。美就是他的宗教。他的"审美心境"（ästhetische Stimmung）几乎就是一种"宗教的虔诚"。席勒的审美直觉已经成为宗教问题，也就是原始人的宗教问题，尽管席勒不曾如此表示，也不曾明确地把审美的核心问题称为宗教问题。他虽然曾在著作中相当仔细地探讨这个问题，后来却没有沿着这条思路继续探索下去。

值得注意的是，"游戏驱力"的问题后来由于席勒着重讨论显然已经取得某种神秘价值的审美心境，而在论述中退居次要地位。我相信，这不是偶然，而是有明确的原因。一部著作最精华、最深刻的思想经常会以最强硬的方式反对某种清晰的理解和阐述，即使这些理解和阐述已经散见于书中，而且已经能明确地提出综合性的表达。在我看来，这里似乎也出现了这样的困境。一方面，当席勒把自己的思想引入"审美心境"这个作为创造性的中间状态的概念时，我们就不难发现这个概念所具有的深刻性和严肃性。但另一方面，他也同样明确地把"游戏驱力"视为广受欢迎的中间状态的活动。席勒的这两个概念在某种程度上互有冲突，毕竟游戏和严肃彼此互不兼容，难以协调一致，这是无法否认的。严肃来自深刻的内在敦促（innere Nötigung），游戏则是这种敦促的外在表达，是这种敦促朝向意识的那个面向。这里所涉及的问题并不是想要游戏，而是必须游戏，是幻想受到内在敦促而出现的游戏活动，所以，既没有受到外在情况，也没有受到内在意志的强迫，这是可想而知的事。总之，这是一个严肃的游戏。[1] 然而，

---

[1] 席勒曾表示，"对于高度审美的人来说，想象力即使在自由的游戏里，也会依循某些规律。感官乐于获得理性的确定性，却也往往被理性要求回报。感官在反馈理性时，会在理性订立规律的严肃性里跟随想象力的关注，而且会向意志要求感官驱力的确定性"。参见 SCHILLER, *Über die notwendigen Grenzen beim Gebrauch schöner Formen*, p. 195。——原注

从外部和意识的角度，也就是从集体判断的观点来看，它却只是一个游戏，一个源自内在敦促的游戏。它的特质不仅模糊不清，而且依附于一切的创造性。

如果游戏发生于个体的内在，并未产生任何持久的、充满生命力的东西，那么，它只不过是游戏罢了！不过，如果出现另一种情形，游戏就会被称为创造性活动。一些因素的相互关系起初并不固定，它们的游戏性活动会产生某些组合，具有观察力与批判力的智识只能在这些组合出现之后才予以评价。因此，新的事物的创造并不是由智识，而是由源自内在敦促的游戏驱力所完成的。创造性精神会和它所钟爱的客体一起游戏。

一切创造性活动虽然蕴藏着许许多多的可能性，却很容易被人们视为游戏，因此，具有创造性的人几乎都受到沉溺于游戏的指责。对于席勒这种天才型人物，人们似乎倾向于持有这种观点。不过，席勒却希望自己从特殊型人物和他们特有的方式当中跳脱出来，而成为比较普通的人，如此一来，一般人也可以在审美上有所精进，并因为审美而让身心获得解脱，毕竟具有创造性的人本来就会因为极其强烈的内在敦促而拥有这些东西。以审美来教育人类的观点是否具有扩展的可能性？这一点从来没有获得任何保证，至少表面上看来，并没有这样的可能性。

我们如果要回答这个问题——就像所有这类情形——就必须援引人类思想史上的一些见证。所以，我们有必要回想一下，自己在处理这个问题时是从什么样的基础出发的。我们已经看到，席勒在要求人们脱离矛盾时，甚至连意识都必须达到彻底清空的程度，但在这种意识状态下，不论是感知、情感、思考还是意向，都起不了作用。席勒所追求的状态就是未分化的意识状态，或是通过降低内容的能量值而让所有的内容失去差别性的意识状态，也就是所谓的"无意识"。只有在具有足够的能量而形成差别性的内容存在的地方，才有真正的意识；只要内容无法被区分开来，就不存在真正的意识，即使意识的可能性无时不在。无意识关系到人为性质的"精神水平的低落"（此语出自法国心理学家暨哲学家皮埃尔·雅内），所以近似于瑜伽和"麻木、无感觉的"催眠状态。就我所知，席勒从未表示过自己如何看待营造审美心境的技巧。在《审美教育书简》里，他曾附带地提到[1]《朱诺女神》(*Juno Ludovisi*)这尊古希腊雕像向我们展现的"审美的虔诚"。这种虔诚的特性就在于人们全然沉浸于，并

---

[1] SCHLLIER, *Über die ästhetische Erziehung des Menschen*, 15. Brief. ——原注

移情于自己所观察的客体，但这种虔诚的状态却不是毫无内容和确定性的清空状态。这尊雕像的例子——与其他的出处一致——还显示出，"虔诚"这个观念曾浮现在席勒的脑海里。[1] 我们因为这种虔诚而再度进入宗教现象的领域里，同时我们也看到，席勒的审美观点确实有可能广及一般民众。因为，信仰虔诚的状态是一种集体现象，这种现象无关乎个人的才能。

然而，这里还存在一些其他的可能性。我们在前面看到，意识的空洞状态或无意识状态是由力比多降入无意识所造成的。在无意识里，那些比较被强调的内容是为了随时可供个体使用而存在的。这些无意识内容就是和个人过往有关的回忆情结（Reminiszenzkomplex），尤其是父母情结（Elternkomplex）——它几乎等同于童年情结（Kindheitskomplex）。通过个体的虔诚，也就是通过力比多落入无意识的过程，个体的童年情结会再度活跃起来，而后童年的回忆——尤其是与父母的关系——就会重新被唤起。人们那些因为再度活跃而出现的幻想会促使父神与母神的出现，同时也唤醒了孩童在信仰方面与上帝的关系以

---

[1] SCHLLIER, *Über die ästhetische Erziehung des Menschen*, 15. Brief. ——原注

及相应的孩童情感。其中最典型的就是个体所意识到的父母象征，不过，这种象征却不一定是父母真正的意象。弗洛伊德把这个事实解释为，个体基于抗拒近亲相奸而压抑了无意识中父母的影像（Elternimago）。我虽然同意弗洛伊德的解释，不过，我却认为他的解释还不够详尽，因为他忽略了象征性替代（symbolische Ersetzung）的重大意义：上帝意象（Gottesbild）的象征化就是表示，个体已经超越了回忆的感官性和具体性而往前迈出了一大步。个体如果接受这个"象征"是真正的象征，他对于过往的父母情结的回归就会立即转化为一种向前的发展。如果这个象征最终只被个体当作一种代表父母的"符号"，它独立的特性就会因此而消解，个体回归过往的父母情结就不会出现向前发展的逆转。[1]

接受象征的真实性可以让人类亲近他们的神祇，也就是让人类更相信自己已经成为世间主宰的思想。虔诚——正如席勒所正确理解的那样——是力比多往原初状态的回流，也就是潜入原初的本源。这么一来，反映所有无意识

---

[1] 我曾在以下的著作中，详细探讨过这一点：*Wandlungen und Symbole der Libido*, Neuausgabe: *Symbole der Wandlung* (GW V)。——原注

因素的综合性结果的象征，就会显现为一种开始往前发展的意象。象征被席勒称为"有生命的构形"，在人类的历史上，它往往体现为神的意象。由此可见，席勒在《审美教育书简》里，选择朱诺女神这个神祇意象作为范型（Paradigma），应该不是偶然。席勒的文友歌德曾在他的代表作《浮士德》的第二部中，让美男子帕里斯（Paris）和绝世美女海伦（Helen）的神祇意象出现在一群母亲的三脚宝鼎所飘散出的香烟雾气中。[1] 这对男女一方面是年轻化的父母，另一方面则是内在统合过程的象征。歌德在后来的场景和第二部接下来的发展里都清楚地呈现出，主人翁浮士德曾如此热烈地渴望这个被他视为至高无上的内在和解的过程。正如我们在浮士德这个主角身上所看到的，象征的灵视等于是在指引生命往后的发展方向，而且吸引力比多往更远的目标迈进。浮士德在获得象征的灵视后便无法忘怀这个目标，他的生命仿佛是被点燃的火焰，由于充满热情而持续不懈地向远处的目标前进。这就是象征对于促进生命发展的特殊意义，同时也是宗教象征的意义和价值。我在这里所谈论的象征当然不是那些教条式的、僵化且没

---

[1] 请参照《浮士德》第二部第一幕第二场"骑士大厅"（Rittersaal）。——译注

有生命的象征，而是从充满生命力的人们的创造性无意识里所形成的象征。

只有那些认为世界历史是从今天才开始的人，才会否认这类象征的非凡意义。谈论象征的意义似乎显得多此一举，但令人遗憾的是，我们还是得对此费一番唇舌，因为我们的时代精神甚至还认为，它本身已经超越了我们时代的心理学。我们的时代在道德和心理卫生方面所采取的观点往往只关注一件事物究竟是有利还是有害、正确还是不正确。但真正的心理学却不关心这些问题，对它来说，只要认识到事物本身，就已经足够了！

由"虔诚"状态衍生而出的象征的创造与个人才能无关，而是一种宗教的集体现象。在这方面我们也可以看到席勒的审美观点扩展到一般人身上的可能性。因此，我相信，席勒的观点应该可以适用于人类普遍的心理，至少其理论的可能性已经获得充分的阐明。为了论述的完整性和清晰性，我想在此补充说明一点：我本人长期以来一直在思考象征与意识之间、象征与意识的生活方式（bewußte Lebensführung）之间究竟存在什么样的关系。有鉴于象征的重要性，我已经从中得出一个结论：我们不宜小看象征作为无意识的表征所具有的价值。从平日治疗易于激动焦躁的病人的经验当中，我清楚地知道，无意识的干扰具有重要的实质意义。意识的态度与无意识的内容——不论是个体的还是集体的内容——差距越大，个体就会以越不健康的方式抑制或强化意识的内容。因此，基于实际的考量，我们必须赋予象征高度的价值。当我们认可象征的价值时——不论价值的高低——象征就获得了意识的诱因动力，也就是说，象征会被我们察觉，而且它在无意识里的所有力比多也可以在意识的生活方式里获得发展的机会。在我看来，象征会因为和无意识的合作而占有一种根本的、实质的优势。由于无意识也可以和意识的心理能力融合在一起，无意识原本对于意识的干扰便随之消失了。

我把这种与象征有关的共同功能称为"先验功能"，不过，我在这里还是无法彻底阐明这个问题。因此，我认为，取得与无意识活动的结果有关的材料是绝对必要的。直到如今，心理学专业文献所阐述的幻想并没有为我们在这里所探讨的象征性创造提供任何意象。至于在纯文学里，与幻想有关的例子应该不少，不过，作者对于它们的观察和呈现并不"纯粹"，因为它们已经过密集的"审美"处理。在这些例证当中，我特别看重奥地利当代文学家古斯塔夫·梅林克（Gustav Meyrink）于20世纪初期所发表的《泥人哥连》(*Der Golem*)和《绿色的脸孔》(*Das grüne Gesicht*)这两部长篇小说。关于这方面的问题，我将在后面再做进一步的探讨。

席勒提出的"中间状态"虽曾激发我们相关的思考，但我们在这方面的论述，其实已远远超越了他的观点。尽管席勒能精准而深刻地掌握人类本性的对立与冲突，不过，他试图解决问题的方式却仍停留在初级阶段。在我看来，他提出"审美心境"这个专有名词，就是导致他无法解决人类本性矛盾的原因之一。席勒实际上把"审美心境"和"美"混为一谈，而且他还认为，"美"把心性（Gemüt）置入了"审美心境"里。[1] 他不仅自行地建构因果关系，而且通过"审美心境"和"美"的等同而赋予"毫无确定性的"的审美心境一种清楚的确定性，因此完全违背了自己的定义。如此一来，这种审美心境所具有的调解对立的功能便失去了有效性，因为作为美的审美心境会不加考虑地让丑屈居劣势，而无法维持不偏不倚的立场。与"我们诸多不同的能力所构成的整体"有关的事物被席勒定义为"审美的特性"，既然如此，"美"和"审美"就不能画上等号，

---

[1] SCHLLIER, *Über die ästhetische Erziehung des Menschen*, 21. Brief. ——原注

因为个体拥有各自不同的能力，而这些能力在审美方面表现不一，有些被认为是美，有些则被认为是丑，只有那些无可救药的理想主义者和乐观主义者才会把人性的"整体"臆想为"美"。其实，更正确的看法应该是：人性的整体同时具有黑暗面和光明面。把它们所有的颜色综合在一起，就是灰色，也就是暗色的背景上有亮色，亮色的背景上有暗色。

这些概念的不充分和不完善也可以解释，为何调解矛盾的状态可以在一片黑暗混沌当中形成。席勒在《审美教育书简》的许多段落里，曾明确地谈到，"享有真正的美"可以促成中间状态的产生。例如，他曾说道：

> 在直接的感知里，能迎合我们感官的东西虽然能让我们柔软活泼的心性向所有的感官印象敞开，但同样也会弱化我们奋斗的能力。至于那些消耗我们的思考力，并使我们关注抽象概念的东西，虽然能帮助我们达到更高的主动性，但同样也会把我们的精神推向各种各样的反抗，而让我们变得冷酷无情，失去易感性（Empfanglichkeit）。所以，这两者必然会造成我们的耗竭……相反，如果我们全然沉浸在对于真正的美的享受中，那么，在这样的片刻里，我

们在被动承受的能力和主动作为的能力方面，都已成为大师，可以毫不费劲地让自己转向严肃或游戏、休息或运动、顺从或反抗、抽象的思考或具象的直观（Anschauung）。[1]

这段引文和前面讨论的"审美的状态"的定义截然对立。依据席勒在前文提到的见解，人在审美的状态下应该是"零"，也就是一种清空的状态，但在这段论述里，人却在最高程度上受到美的制约（"全然沉浸"于其中）。我认为，席勒美学理论的这个自相矛盾的问题并不值得我们继续探讨，毕竟他在这方面已经达到了他自己和他的时代的极限，一个他所无法跨越的极限。不论在哪里，他都会碰到那种隐形的"最丑陋的人"，而揭露这种人的任务就留给了后来的哲学家尼采和我们这个时代。就像席勒自己曾说过的，他希望感官的人被转化为理性的人之前应该先成为审美的人。他表示，感官的人的性情必须被改变，肉体的生命必须"屈从于形式"，而且人必须"依照美的法则来实现肉体生命的使命"，"必须在肉体生命漠不关心的领域里，展开他的道德生活"，必须"在感官的限制里，开始他的理

---

[1] SCHLLIER, *Über die ästhetische Erziehung des Menschen*, 22. Brief. ——原注

性自由，必须用意志的律则约束本身的爱好……而且必须学习追求更高贵的东西"。[1]

席勒所谓的"必须"，其实就是我们口中的"应该"，人们在无路可走时，往往会以加强的语气说"必须"。此外，我们在这里还碰到了一个无可避免的限制：期待个人——即使是如此伟大的个人——解决这个只有时代和民族才能解决的大问题，其实是不合理的。更何况时代和民族虽然曾解决这种问题，却往往不是有意为之，而是听凭命运的安排。席勒思想的伟大之处在于他的心理观察和对于观察对象的直觉性理解。在这里，我还想举出他的某种值得我们高度重视的思维过程：我们已经在前面看到，中间状态是以创造某些"正面性"的东西——象征——为特色的。象征统合了它本质里的矛盾，因此也统合了实在与非实在的对立。它虽然一方面是心理的实在性或真实性（基于它的有效性），但另一方面却不符合物质的实在性。也就是说，它既是事实，也是表象（Schein）。席勒为了替象征的表象辩解，曾清楚地强调这个情况，[2] 更何况这样的辩

---

[1] SCHLLIER, *Über die ästhetische Erziehung des Menschen*, 23. Brief. ——原注

[2] SCHLLIER, *Über die ästhetische Erziehung des Menschen*, 22. Brief. ——原注

解从各方面来说都很重要。

在极度的愚蠢和极度的理智之间，存在某种相似性，因为这两者都只寻求可靠性，而且完全不在乎纯粹的表象。只有当感官所知觉的客体直接在场，愚蠢的人才会心慌意乱；只有让概念回归事实和经验，理智的人才会心平气和。简言之，愚蠢无法超越真实性，而理智并不会止于真实性。因此，对于实在性的需求和对于真实事物的依附仅仅是人性弱点所衍生出的结果，对于实在性的冷漠和对于表象的关注就是人性真正的扩展，也是人类迈向文化的关键性的一步。[1]

我在前面谈到把价值赋予象征时便已指出，这种做法对于评断无意识具有实际的优势。倘若我们一开始就通过对于象征的关注来考察无意识，就可以把无意识的干扰排除在意识的功能之外。正如大家所知道的，未实现的无意识会持续地运作，会通过所有的渠道散布虚假的表象：我们会看到，这种虚假的表象总是出现在客体上，这是所有

---

1 SCHLLIER, *Über die ästhetische Erziehung des Menschen*, 26. Brief. ——原注

的无意识内容被投射于客体的缘故。所以，我们如果可以意识到这一点，并以此理解无意识，就可以让客体脱离这种虚假的表象，从而有益于真理的显明。席勒曾说：

> 在表象的艺术里，人行使着本身的支配权。他越严格地划分我的所有物和你的所有物，就会越仔细地区分所有物的构型和本质。他越懂得给予这两者更多的独立自主性，就越能拓展美的国度，也越能自行保卫真理的地界。因为，他如果无法让真实性脱离表象，也就无法将表象从真实性当中去除。[1]

个体若要追求独立自主的表象，就需要比那些把自己局限于实在性的人拥有更多抽象的能力、内心的自由以及意志的能量。总之，个体如果想达成这个目标，就必须先具备这些东西。[2]

第二节 席勒的《论素朴的诗与感伤的诗》

从前有一段时间，我总是觉得，席勒把诗人区分为

---

[1] SCHLLIER, *Über die ästhetische Erziehung des Menschen*, 26. Brief. ——原注

[2] SCHLLIER, *Über die ästhetische Erziehung des Menschen*, 27. Brief. ——原注

"素朴的"和"感伤的"诗人[1]所依据的观点，似乎和我在此所阐述的心理类型的观点是一样的。不过，在经过一番仔细而深入的思考后，我却发现，事实并非如此。席勒对于这两种诗人类型的定义很简单：素朴的诗人就是自然，而感伤的诗人则探索自然。当这句简单的陈述呈现了两种与客体不同的关系时，便散发着某种诱惑力，因此人们往往会出现这样的说法：把自然当成客体来探索或渴求，却不占有自然的人，就是内倾者；相反，自己本身就是自然，且与客体处于最亲密的关系的人，就是外倾者。然而，这种略微牵强的解释却难以触及席勒的观点。席勒把诗人划分为素朴型和感伤型，但这样的区分却迥异于我们的心理类型的分类，因为它实际上无关于诗人的个体思维方式（Mentalität），而是关乎其创造性活动的性质，或更确切地说，其作品的性质。所以，一位诗人往往在某一首诗里是感伤的，而在另一首诗里却是素朴的。虽然古希腊诗人荷马终其一生都是素朴型的诗人，不过，后世究竟有几个诗人像荷马这样一生绝大部分的创作都是素朴的？席勒显然察觉到自己对于诗人的分类所出现的问题，因此，他曾表

---

[1] SCHILLER, *Über naive und sentimentalische Dichtung*, p. 205.——原注

示：诗人在作为诗人而非作为个体时，会受制于他们的时代。他还写道：

> 所有真正的诗人不是属于素朴型，就是属于感伤型。他们究竟属于哪一种类型，就取决于他们所身处的时代的特色，或取决于一些偶发状况对他们整体的学识教养和暂时的心情所造成的影响。[1]

因此，席勒对于诗人的分类其实无关于他们本身的基本类型，反而和他们的个别作品的某些特征和特质较为相关。所以，很显然，内倾型诗人有时可能既是素朴的，同时又是感伤的。总之，只要涉及类型，就不可以把素朴型和感伤型分别等同于外倾型和内倾型。不过，如果关系到类型的机制，那就另当别论了！

一、素朴诗人的态度

首先，我将讨论席勒对于这种创作态度所下的定义。诚如前面所提过的，素朴的诗人就是"自然"，他"遵循简朴的自然天性和感知，并把自己独独限制在对于真实的模

---

[1] SCHILLER, *Über naive und sentimentalische Dichtung*, p. 236.——原注

仿中"。[1]我们"在素朴的作品里,乐于感受客体在我们的想象力里所表现的生动活泼的当下"。[2]"素朴的诗作是自然的恩赐,是幸运的创作之举;如果它是成功之作,就不需要改善,如果它是失败之作,创作者也无法改善。""素朴的诗人天才难以通过他的自由,而必须通过他的自然天性来从事一切的创作;只要他的自然天性依照一种内在的必然性而有所发挥,创作就可以让他实现自己的理念。"素朴的诗作"是生活的结晶,而且回归于生命之中"。素朴的诗人天才完全依赖"经验",依赖这个他所"直接接触"的世界,换句话说,他"需要外在的支援"。[3]"平庸的周遭环境可能会让素朴的诗人受到危害",因为"他的易感性总是或多或少取决于外界所留给他的印象,所以,只有保持创造力——我们不该期待人类与生俱来就拥有这种能力——的活泼性,才不会让易感性受到外在信息盲目的扭曲。如果这种不利的情况经常发生,诗人充满诗性的情感就会变得平庸"。[4]"素朴的诗人天才会彻底受制于他的自然天性。"[5]这

---

[1] SCHILLER, *Über naive und sentimentalische Dichtung*, p. 248. ——原注

[2] SCHILLER, *Über naive und sentimentalische Dichtung*, p. 250. ——原注

[3] SCHILLER, *Über naive und sentimentalische Dichtung*, p. 303ff. ——原注

[4] SCHILLER, *Über naive und sentimentalische Dichtung*, p. 307f. ——原注

[5] SCHILLER, *Über naive und sentimentalische Dichtung*, p. 314. ——原注

些概念的厘清尤其彰显出素朴的诗人对于客体的依赖。他对于客体的内向投射，也就是在无意识里——或者也可以说先验地——对于客体的认同，会导致他与客体的关系出现一种强制性。法国当代社会学家暨人类学家列维-布留尔把这种对于客体的认同称为"神秘参与"。这种主体和客体的同一性的形成往往来自客体和无意识内容的相似性。我们也可以这么说：这种同一性是经由无意识的类比联想（Analogieassoziation）对于客体的投射而产生的。这样的同一性往往具有强制性质，因为它在某种程度上涉及了力比多的总量。力比多的总量，就跟任何一股在无意识里发挥作用的力比多一样，与意识的强制性有关，虽然能使主体对于客体的认同产生强制性，不过，这种对于客体的认同并不受制于意识。由此可见，持有素朴态度的诗人高度受制于客体，因为客体会通过诗人对它的认同而独立地在他的内在世界里发挥影响力，诗人也借此在某种程度上把他那富有表现力的功能赋予了客体。诗人呈现客体的方式，既不积极也不刻意，而是让客体在他身上自行表现。诗人本身就是自然，自然也在他身上有所创造。他毫不设限地任凭自己受自然的支配，并把最高的权力交给客体。因此，素朴诗人的态度是外倾的。

二、感伤诗人的态度

前面还提到,席勒认为,感伤的诗人是在探索自然。

他沉思着客体留给他的印象,而且只有让他自己和我们都处于沉思当中,他的内心才会受到感动。在这里,客体和观念相联系,他那洋溢着诗性的创造力便建立在这种联系上。[1]

他总是在处理两元对立的观念和感知。他的处理方式是把真实视为有限,而把自己的观念视为无限。他的内心所出现的交杂的情感便源自这种双重的根源。[2]

感伤诗人的心境也包括他在沉思的状况下努力地对于素朴诗作的内容再现本身感知的结果。[3]

感伤的诗作促成了抽象的思维。[4]

---

[1] SCHILLER, *Über naive und sentimentalische Dichtung*, p. 249. ——原注
[2] SCHILLER, *Über naive und sentimentalische Dichtung*, p. 250. ——原注
[3] SCHILLER, *Über naive und sentimentalische Dichtung*, p. 301. ——原注
[4] SCHILLER, *Über naive und sentimentalische Dichtung*, p. 303. ——原注

感伤的诗人天才会因为努力排除人类天性的一切限制、追求人类天性的彻底提升而处于险境。他不只因为试图超越一切有限的、已界定的现实而达到某种绝对的可能性（即理想化），甚至还因为努力超越这种可能性本身（即沉迷于追求）而让自己暴露在危险当中……为了升入观念界，为了自由而独立地支配创作的材料，感伤的诗人天才于是脱离了现实。[1]

我们可以轻易发现，感伤的诗人相较于素朴的诗人，其特征就是对于客体持有沉思的、抽象化的态度。他在"脱离"客体的状态下，对客体进行"沉思"。当他展开创作时，他与客体已经处于先验的分离状态，因此，在他身上发挥作用的并不是客体，而是他自己。至于他的作用力并非往内朝向自己，而是往外超越客体。他没有认同客体，而是与客体有所区隔，不过，他会努力建立自己与客体的关系，以便"掌握他的材料"。诗人和客体的区隔便形成了席勒所强调的双重印象，因为感伤诗人的创作来自两处泉源，即客体——

---

[1] SCHILLER, *Über naive und sentimentalische Dichtung*, p. 314. ——原注

或更确切地说,诗人对于客体的察觉——和诗人本身。客体留给他的外在印象并不是绝对的存在,而是让他按照本身的心理内容进行处理的材料。所以,他既位于客体之上,又与客体维持联系,不过,这不是一种易受客体影响的关系,而是可以任意地把价值或特性赋予客体的关系。由此可见,感伤诗人的态度是内倾的。这两种诗人态度(内倾与外倾)的特征,其实无法让我们详尽了解席勒在这方面的思想。毕竟我们所拥有的内倾和外倾的机制,只是人类极普遍的本性的基本现象,只能模糊地显示出某些特殊性。如果我们想进一步了解素朴型和感伤型的诗人,就还必须求助于另外两种原则,即"感知"和"直觉"这两种要素。我将在后面的讨论中,更详细地论述这两种基本心理功能,而在这里,我只想指出一点:感知功能在素朴诗人的身上占有优势地位,而直觉功能则在感伤诗人的身上占有优势地位。感知联结于客体,甚至还将主体引入客体,因此,素朴的诗人所遭遇的"危险"就是沉溺于客体之中。直觉——作为主体本身的无意识过程的察觉——则从客体中抽离而凌驾于客体之上,因此会不断在客体里寻求可掌握的材料,并依照主体的观点来塑造这些材料,甚至扭曲它们,尽管主体没有意识到这些事情的进行。所以,感伤的诗人天才所面临的"危险"就在于完全脱离外在现实，而沉沦于无意识所产生的幻想中（即"沉迷"）。

三、唯心论者与唯实论者

在《论素朴的诗与感伤的诗》这篇论文里，席勒的一些思考还促使他提出人类的两种心理类型。他表示：

这让我从一群生活在文明时代的人身上，看到了一种相当值得注意的心理敌对：因为这种心理敌对是激烈的，而且各自依据内在不同的心性形式（Gemütsform），所以，它所导致的人与人之间的分裂更甚于偶发的利益冲突所造成的分裂。这种心理敌对已经使得艺术家和诗人完全不再期待可以通过本身的创作来普遍地愉悦并感动人心，尽管这是他们应当肩负的任务；这种心理敌对让哲学家即使竭尽全力也无法普遍地说服人们接受哲学概念的意涵；此外，这种心理敌对也让现实生活里的人们无法看到，自己的行动方式获得了普遍的赞同。总之，这种敌对会使得任何源于心灵的成果或出自内心的行动只要在某个群体里取得决定性的成功，就必定会招惹另一个群体的咒骂。无疑，这种冲突就跟人类文化的起源那般古老，而且在人类文化结束之前，恐怕只有寥寥几个主体有能力解决这种由来已久的心理对抗。但愿这种人过去一直存在，将来也仍会存在，虽然尝试调解这种冲突的挫败也算是他们所发挥的效应的一部分。这种调解之所以无法成功，其原因就在于人们不论如何努力，都无法承认己方的不足和对方的实在性。如果人们能找到造成如此重大的分裂的真正起因，并借此把双方争执的焦点至少归结为一个更为简要的公式，那么，人们力图解决这种心理敌对时，就会无往不利了！[1]

我们可以从这段引文清晰地看到，席勒通过审视这两种对立的机制，而提出两种心理类型，而且它们在他的观念里所代表的意义，就跟我赋予内倾型和外倾型的意义是一样的。关于我所提出的内倾型与外倾型的相互关系，我也可以在席勒对于人类的两种心理类型的论述里，逐字逐句地找到相同的内容。还有，席勒从机制出发进一步触及类型的探讨，也和我在前面的主张完全吻合，因为他所提出的类型"不只脱离了素朴的诗人，也脱离了感伤的诗人"[2]。我们如果仍紧抱着"素朴的诗人"和"感伤的诗人"

---

1 SCHILLER, *Über naive und sentimentalische Dichtung*, p. 329f. ——原注
2 SCHILLER, *Über naive und sentimentalische Dichtung*, p. 331. ——原注

的分类，就会削减这两种诗人的卓越性和创造性，那么，素朴的诗人所剩下的，就是受制于客体的束缚和客体在主体中的自主性；至于感伤的诗人所仅存的，则是凌驾于客体之上的优越性，而且这种优越性或多或少会表现在他对于客体的一些恣意的判断或处理当中。对此，席勒曾表示：

前者（素朴的诗人）从理论层面来说，仅存有冷静的观察精神、坚定的对于相同的感官见证的仰赖，而从实际层面来说，则只剩下对于自然的必然性的屈从……伤感的诗人从理论层面来说，仅存有躁动不定的、坚决要求一切知识绝对性的沉思精神，而从实际层面来说，则只会严格地遵守道德，并坚持一切意志行动的绝对性。谁如果属于前者，就会被当作唯实论者；谁如果属于后者，就会被视为唯心论者。[1]

席勒接下来在这篇论文里，对于他所提出的两种类型的阐述，仅局限于一些提及唯实论者和唯心论者的态度，且为大家所熟悉的现象。因为这样的内容已经和本书的研究旨趣无关，所以就不再多作讨论。

---

[1] SCHILLER, *Über naive und sentimentalische Dichtung*, p. 331. ——原注

第三章　太阳神精神与酒神精神

哲学家尼采在他那本于1871年发表的处女作《悲剧的诞生》(*Die Geburt der Tragödie*)里，曾以崭新而独特的方式探讨席勒所发掘并已经做部分处理的类型对立的问题。他这部早期的哲学论著与叔本华及歌德的关系，远比与席勒的关系更为密切，不过跟这三位前辈大师的理论都有一些共通之处，比如席勒的审美主义和对于古希腊文化的推崇、叔本华的悲观主义和救赎主题，还有歌德的《浮士德》的许多内容。在这些相关性里，与席勒思想的关系对于本书的研究目的来说当然是最重要的。但我们却不该忽视叔本华的贡献：这位悲观主义哲学家曾经在某种程度上把席勒仅能模糊地掌握概略架构的东方思想引入了西方世界的现实。叔本华以他的悲观主义否定了基督教所宣扬的信仰的喜乐和救赎的确信。如果我们撇开回应基督教的悲观主义不谈，叔本华的救赎理论从整体来说其实就是佛教的思想。他走进了东方的思想世界,而且毋庸置疑,这样的跨越就是在反抗当时西方世界的精神氛围,就是对于他所身处的大环境的一种对比式的回应。大家都知道,我们西方人对于自身文明的反抗延续至今,而且广泛出现在各种一面倒向印度文化的运动里。后来,这列开往东方的火车还为了深受叔本华影响的尼采而在途中停靠了希腊。在尼采看来,希腊就处于东方和西方的交会点。单就这个看法来说,他和席勒所见略同,不过,他对于希腊文化的本质所持有的观点却与席勒大异其趣。他看到了一幅以阴暗底色衬托出光辉明亮的奥林匹斯山的绘画,那里正是希腊诸神所在的世界。

为了能够活下去,希腊人迫于内在最深切的催促而不得不创造他们的神祇……希腊人知道也感受到生存的恐怖和可怕:为了能够活下去,希腊人必须在面对种种生存险恶的情况下,虚构出一个光辉耀眼的、属于众神的奥林匹斯世界。那位极度疑惧强大的自然力,且无情地端坐在一切知识之上的命运女神茉伊拉(Moira),那只不断啄食一心想帮助人类的普罗米修斯(Prometheus)的恶鹰,那位睿智而无所畏惧但最后难逃弑父娶母命运的俄狄浦斯王，那个迫使奥雷斯特（Orest）杀害母亲的阿特柔斯家族（Atriden）的诅咒……这一切都被希腊人通过那个虚构的、位于奥林匹斯山的诸神世界而重新征服，无论如何，这些生存的不堪都已被遮掩，而消失在人们的视野中。[1]

希腊人的"开朗"和希腊阳光灿烂的蓝天，其实不过是在昏暗的背景下闪闪发亮的幻觉。尼采的这个洞见就等着后来的人前来探求，它也是人们反对道德的审美主义的一个有力的论据。因此，尼采提出了一个显然与席勒不同的观点。从席勒的著作中，我们可以知道，他在《审美教育书简》中所撰写的那些书信，其实是他处理自身事物的一种尝试，同样，我们也可以从《悲剧的诞生》这本论著的内容里完全确信，它对于尼采而言是一本"极其私人的"书。当席勒在画面上犹豫地使用灰白黯淡的颜色来描绘光与影，把内心所感受到的二元对立理解为"素朴"与"感伤"之间的角力，并排除人性里隐秘的、深奥莫测的一切时，尼采对于这种对立则采取更深刻的观点，且进一步强化了光与影的明暗对比。在尼采所绘制的图画里，有一部

---

[1] NIETZSCHE, *Die Geburt der Tragödie*, p. 31. ——原注

分的表现丝毫不逊于席勒的灵视所绽放的辉煌美感，然而，另一部分却是无边无际的暗沉色调。如果提高画面中某些色彩的明度，反而会凸显出它的背景竟是一个更深沉的暗夜。尼采把他的基本二元对立称为"太阳神阿波罗"与"酒神狄奥尼索斯"的类型对立。首先，我觉得，我们应该回溯一下这个对立组的本质，因此，我从《悲剧的诞生》里节录了几段引文，以便读者——包括那些尚未阅读这本著作的读者——能形成自己的判断，同时对我的观点提出批判。

如果我们不只达成了逻辑的洞察，而且直接掌握了具象的直观，也就是让艺术的发展与太阳神精神和酒神精神的二元性相联结，那么，我们的美学便可以收获丰硕的成果。这就类似动物的代代繁衍是依赖两种性别——在通常的争斗状态之外，还穿插着周期性的和解——的结合而形成的。

我们的知识与阿波罗和狄奥尼索斯这两位艺术之神脱不了干系。在希腊的世界里——就创作的来源和目标来说——视觉的造型艺术（阿波罗式艺术）与非视觉的音乐艺术（狄奥尼索斯式艺术）之间存在着激烈的对立。这两种如此不同的驱力呈现着平行的发展，它们通常处于公开的对抗状态，相互的冲击还不断促成对方更强大的新生，而让彼此之间的战斗没完没了地持续下去。它们似乎都会使用"艺术"来试图调解彼此的对立，不过，还是要等到它们通过希腊人"意志"的形而上的神奇行动而形成配对时，兼具阿波罗和狄奥尼索斯精神的希腊悲剧的艺术创作才会在这样的结合下产生。[1]

为了更仔细地描述这两种"驱力"，尼采便对它们所分别造成的梦和恍惚迷醉（Rausch）的特殊心理状态进行了比较。太阳神的驱力会产生一种类似梦的状态，酒神的驱力则造成一种类似恍惚迷醉的状态。尼采认为，所谓的"梦"基本上就是"内在的灵视"，就是"梦境世界的美好假象"。太阳神阿波罗"掌控内在幻想世界的美好的假象"，他是"一切造型能力的神"，他是尺度与数量，而且限制并控制着狂野的、未被驯服的一切。"人们希望……把太阳神阿波罗刻画成体现个体化原则（principii individuationis）的、崇高的神祇意象。"[2]

---

[1] NIETZSCHE, *Die Geburt der Tragödie*, p. 19f. ——原注
[2] NIETZSCHE, *Die Geburt der Tragödie*, p. 22f. ——原注

相反，酒神精神则是驱力的放纵，是人类的兽性和神性里不受约束的生命动力的释放。因此，在古希腊神话的酒神合唱歌舞队中，人类往往以上半身为神、下半身为公羊的森林之神萨蒂尔（Satyr）的造型登场。[1] 酒神精神既是对于破坏个体化原则的恐惧，同时也是"狂欢的陶醉"。因此，酒神精神可以被比作恍惚迷醉，这种状态可以让个体消融在集体驱力和集体内容当中，而且可以通过这个世界而将封闭的自我彻底裂解开来。所以，在酒神的精神里，人们会凑在一起，"就连疏离的、带有敌意的或受到奴役的大自然也再度庆祝与他那回头浪子（人类）的和解"。[2] 每个人都觉得和身边的人"合而为一"（"不只是和解、融洽和团结"），在这种情况下，个体性必须完全被扬弃。

"人们已不再是艺术家，而是艺术品：整个自然的艺术力量就显露在这种对于恍惚迷醉的恐惧之中。"[3] 换句话说，创造性动力——以驱力为形式的力比多——已经把个体当作客体而占据了它，或利用它作为一种工具或表达。如果

---

1 NIETZSCHE, *Die Geburt der Tragödie*, p. 57ff. ——原注
2 NIETZSCHE, *Die Geburt der Tragödie*, p. 24. ——原注
3 NIETZSCHE, *Die Geburt der Tragödie*, p. 24f. ——原注

人们可以把与生俱来的本性视为一种"艺术品",那么,处于狄奥尼索斯式状态的人们就自然而然地成了艺术品。不过,人类与生俱来的本性毕竟无关于"艺术品"这个词汇所指涉的意义,而是纯粹的自然。所以,它从来就不是一只受制于本身与本质的动物,而是一条不受约束的、水流湍急的野溪。为了论述的清晰度和后续的讨论,我在这里必须强调这一点,因为尼采曾基于某些原因而忽略了这一点,所以这个问题披上了一层虚假的审美面纱,但在某些地方,他却又不由自主地揭开了这层面纱。举例来说,他在提到狄奥尼索斯式狂欢时,曾表示:

> 几乎在所有的地方,这种庆祝活动的重心都是极度的性放纵。它的浪潮冲垮了所有的家庭及其令人尊敬的家规;自然界最凶猛的野兽也会挣开束缚而参与其中,直到残暴与性欲的快感以令人作呕的方式交混在一起。[1]

尼采把古希腊圣地德尔菲(Delphi)的阿波罗和狄奥尼索斯的和解视为这种对立已经在文明的希腊人心中消弭

---

[1] NIETZSCHE, *Die Geburt der Tragödie*, p. 27. ——原注

的象征。不过，他却忘记了自己提出的那道能起补偿作用的公式。按照这道公式，奥林匹斯山的诸神会因为他们的光亮而感谢希腊人的黑暗灵魂的衬托。所以，阿波罗和狄奥尼索斯的和解是一种美好的现象、一种不可或缺的东西，它的产生可以归因于希腊人在面对自身的文明面和野蛮面的对抗时所感受到的迫切性。希腊人的野蛮面也就在狄奥尼索斯式的状态下获得了毫无阻碍的发展。

一个民族的宗教和真正的生活风气之间总是存在着一种平衡关系，不然宗教就会完全失去实际的意义。不论是信仰追求崇高道德的宗教的古代波斯人、生活习惯已经出现道德争议的古希腊罗马时期的波斯人，还是后来信奉"基督教"——虽然高举博爱精神，却是人类历史上一些最惨烈的战争的帮凶——的欧洲人，我们始终可以从中看到这种平衡关系的存在。因此，我们也可以从太阳神和酒神和解的象征中推断，希腊人的本质存在着一种特别激烈的矛盾。这种现象不啻意味着希腊人对于救赎的渴望，这种渴望让希腊神话在希腊人民的生活中产生了重大的意义，不过，欧洲从前那些仰慕希腊文化的人士（例如歌德和席勒等）却完全忽视了这一点。他们对希腊人的观察实在过于天真，因为他们只想在希腊人身上看到自己所缺乏的一切。

在狄奥尼索斯式状态下,希腊人不但不可能变成艺术品,反而还会被本身强势的野蛮性所控制而丧失个体性,仅存的集体成分——经由放弃个人的目标——最终会跟集体无意识(kollektive Unbewuste)和"人类与生俱来的能力"融为一体。从阿波罗式的节制来说,酒神式的恍惚迷醉的状态是可鄙的,因为这种状态会使人全然忘却自己和自身的人性,会使人变成一个纯粹的驱力体(Triebwesen)。因此,这两种驱力彼此开始磨合时,必定会爆发激烈的斗争,这是可想而知的。希腊的文明人的驱力当然有释放的渠道,但那些仰慕希腊文化的人士却仍一厢情愿地臆想,希腊人所展现的就是纯粹的美。这个错误的认知可以归咎于当时的人们极度缺乏心理学的知识。实际上,文明人身上由于压抑而被阻滞的驱力往往具有可怕的破坏力,而且远比原始人的驱力更具危险性,因为后者在生活中愿意让负面的驱力持续以合理的方式进行宣泄。这也是为什么原始人所发动的战争的破坏性根本无法和文明国家之间的战争相提并论。

希腊人在这方面其实与原始人相去无几。由于他们已经感受到两相争斗的恐怖,因此,他们便通过"形而上的神奇行动"——诚如尼采在《悲剧的诞生》中所表示的——而让酒神精神逐渐与太阳神精神达成和解。就像其他的看法必须被记录一样，我们在这里也必须把这样的看法保留下来：太阳神和酒神的对立会造成一些问题，即使"通过'艺术'这个共同的词汇来调和双方，顶多也只能达到表面上的和解"。我们必须记住以上这几句话，因为尼采也跟席勒一样，显然倾向于赋予艺术斡旋争执和救赎的角色，而且他们都一致认为，艺术家的本质会要求回归自我，他们特殊的创造与表达的可能性一概具有救赎的意义。因此，这个二元对立的问题便落入了审美里。然而，丑其实也是"美"；在审美之美（Ästhetisch-Schön）的虚假的闪光中，卑鄙和邪恶甚至显得如此诱人。

尼采已经完全忘记，太阳神和酒神的争斗及其最终的和解，对于希腊人而言，根本不是审美的问题，而是宗教的问题。依照类比法（Analogie）的原则，洋溢着酒神精神的萨蒂尔庆典，就是一种借由返回古代而认同神话中的先祖，或直接认同图腾动物的图腾庆典。酒神的狂热崇拜在许多地方都具有神秘的、冥想的特质，无论如何都已经对希腊人造成相当强烈的宗教影响。希腊悲剧起源于宗教仪式，这个事实就跟我们现代的戏剧和中世纪的耶稣受难剧及其纯粹的宗教基础之间的关联性一样重要，因此，我们不能只从审美的角度来评判这些戏剧。审美主义是一种现代的观点，它虽然可以揭露希腊人狂热崇拜酒神的心理秘密，却绝对无法看到或体验到它的古老的起源。在这方面，尼采也跟席勒一样，不仅完全忽略了宗教的观点，而且以审美的观点取而代之。

当然，这些与宗教有关的戏剧或神话都具有极度明显的审美面向，这是人们所不该忽视的。[1] 不过，人们如果不以宗教的角度，而只以审美的角度来理解中世纪的基督教，那么，它真正的特质就会遭到扭曲和肤浅化，就如同人们单单以历史的角度来理解它一样。由此可见，要达到真正的了解只能在相同的基础上，毕竟没有人会因为已经对铁桥有审美的感受而声称，自己已充分掌握铁桥的本质。所以，人们如果认为，阿波罗和狄奥尼索斯的斗争只是一个关于两种对立的艺术驱力（Kunsttriebe）的问题，这个问

---

[1] 审美主义当然可以取代宗教的功能，但又有多少东西无法取代宗教的功能？有什么东西是我们还未彻底认识，却可以作为贫乏的宗教的替代品？当审美主义也成为一种非常高贵的替代品时，它充其量就只能取代贫乏的真实事物。除此之外，尼采后来改变对于酒神的看法一事最能表明，审美的替代物其实经不起时间的考验。——原注

题就会以没有历史和实质根据的方式被转移到审美的领域，这么一来，人们就会依照某种片面的观点，而无法正确理解它的内容。

当然，太阳神和酒神之间的矛盾后来被转移到审美的领域，必定有它的起因和目的。要掌握这个过程并不困难，因为人们对于这种矛盾的审美观察与思考会立即形成一幅图像，鉴赏者悠闲安适地观看这幅图像时，会和随之而起的感受及体验保持安全的距离，只是感受着该画面的激情，评定它的美与丑。审美的态度和历史学的思考方法都可以让个体不至于以宗教的角度来理解这种矛盾，而且尼采还曾针对后者在一系列极为重要的论著里提出他的批判。[1] 只以审美的态度处理如此棘手的矛盾——尼采所谓的"带角的问题"（ein Problem mit Hornern）——的可能性当然很诱人。以宗教观点来理解这种矛盾——即使在这种情况下，是唯一恰当的观点——就等于预设了某种令现代人难以引以为傲的体验，不论是将会获得的，还是已经获得的体验。但是，希腊酒神狄奥尼索斯后来似乎在尼采身上占了上风。我们在这里不妨一窥尼采于1886年所完成的《自我批判的

---

[1] NIETZSCHE, *Vom Nutzen und Nachteil der Historie für das Leben*. ——原注

尝试》这篇文章，它也是尼采当时为再版的《悲剧的诞生》所写下的序言：

什么是酒神精神？答案已经在这本书里。一位"智者"说，它就是上帝的追随者和门徒。[1]

尼采在撰写《悲剧的诞生》时，其实仍醉心于审美，一直要等到撰写《查拉图斯特拉如是说》和《自我批判的尝试》中那个值得大家深思的末段时，才转而推崇酒神精神。以下是那段文字的内容：

振作起来，我的弟兄们，向上，再向上！别忘了双腿！抬起你们的双腿，你们这些优秀的舞者，如果你们能倒立，用手来跳舞，那就更美妙了！[2]

尼采虽曾以审美来确保论述的立足点，但因为他特别深刻地处理了太阳神与酒神之间的对立问题，而得以如此

1　NIETZSCHE, *Versuch einer Selbstkritik*, p. 6. ——原注
2　NIETZSCHE, *Versuch einer Selbstkritik*, p. 14. ——原注

接近真实，所以他后来对于酒神精神的体验几乎是一个无可避免的结果。尼采在《悲剧的诞生》里攻击苏格拉底，等于是在攻击那些不受酒神式恣情纵欢影响的理性主义者。尼采的情绪完全符合审美思考所犯下的类似的错误，也就是和处理的问题保持一定的距离。尼采当时虽然持有审美的观点，但已经知晓这个问题真正的解决之道，比方说，他会写到，对立的消除不能通过艺术，而是通过"希腊人意志的形而上学的神奇行动"。

尼采在做相关的论述时把"意志"这个词加上了引号，由于他当时受到叔本华强烈的影响，我们便有理由认为，他所提到的"意志"和形而上学的意志概念有关。"形而上学的"东西对我们来说，具有"无意识的"心理意涵。倘若我们用"无意识的"这个词语取代尼采论述里的"形而上学的"，那么，解决这个对立问题的答案就从"形而上学的神奇行动"变成了无意识的"神奇行动"。"神奇"是非理性的，神奇的行动就是一种无意识的、非理性的行为，它的形成并没有受到理性和目标明确的意向的支持，也不是来自人类才智的任何构想。它算是自然界生育万物的现象，而且成为人们热切的期待、信仰以及希望的结晶。

我在这里暂时不处理这个问题，因为我们在后面还有机会更详细地讨论它。现在我们需要更深入地检视"太阳神精神"和"酒神精神"这两个概念的心理性质。首先,让我们来思考酒神精神:尼采对这种精神的阐释使我们直接看到,它是一种发挥与开展——歌德所比喻的"心脏的向外舒张"——一种遍及全世界的运动,就如同席勒在他的诗作《欢乐颂》(*Ode an die Freude*)里所描述的:

拥抱吧,万民!
这一吻送给全世界!
……
一切受造之物都在大自然的胸脯里,
吸吮着欢乐;
一切的善与恶,
都寻求大自然的恩泽。
它赐予我们亲吻与美酒,
以及同生共死的好友;
蠕虫也享受着欢乐,
天使已站在上帝面前。

这是酒神精神的发扬光大,是一切感知最澎湃的流动。

它是无法遏止的喷发，犹如烈性最强的葡萄酒对于感官的麻醉。它是一种具有最高意义的醉态。

在酒神式状态里，"感知"的心理要素具有最高的参与度，不论是感官感知（Sinnesempfindung）还是情绪感知（Affektempfindung）。这种状态还关系到与感知要素密不可分的情感的外倾，也就是我们所谓的"情感感知"（Gefühlsempfindung）。此外，在这种状态下，会有更多情绪爆发出来，也就是某种具有驱力性和盲目的强制性，尤其是通过身体方面的疾病所表现出来的东西。

相对于酒神精神，太阳神精神则是一种对节制、对受制于均衡的情感的察觉，以及对美的内在意象的察觉。如果与梦境相比较，太阳神精神状态的特质就会清楚地显现出来：它是一种内省的状态，一种转向内在、转向永恒观念的梦境世界的沉思状态，也就是一种内倾状态。

以上的讨论已经显示，我们的内倾和外倾这两种机制与太阳神和酒神精神的相似性，几乎是无可置疑的。不过，如果我们满足于这种相似性，我们就无法完全正确地判断尼采所提出的一些概念。

我们将在研究的过程中看到，内倾状态如果成为个体的习惯，个体与观念世界的关系就会出现分化；同样，外倾状态如果成为个体的习惯，个体和外在客体的关系就会出现分化。然而，尼采却没有在他的太阳神精神和酒神精神的概念里谈到这些分化。酒神式情感含有情绪感知所具备的绝对古老而原始的性质，并不是纯粹从某种与驱力有关的东西分化而成为某种灵活的要素。此外，这种灵活的要素在外倾者身上会顺从理性的指示，而且乐于成为效劳于理性的工具。同样，尼采也没有在他的内倾概念里提到个体与观念的纯粹关系和分化关系；实际上，这种关系——不论是受制于感官，还是由创造性所产生——会脱离具象的直观（Anschauung），而成为抽象与纯粹的形式。内倾的太阳神精神是一种内在的察觉，是观念世界的直觉。如果把它和梦做比较，我们就可以清楚地看到，尼采一方面把这种状态视为纯粹的具象的直观，另一方面又把它当作纯粹的意象。

我们无法将以上这些特征所意味的特殊性归入我们的内倾或外倾的概念。以沉思为主要态度的人们会基于直观内在意象的太阳神精神状态，而在符合智识思考的本质里处理自己所得到的信息，观念便由此而产生；以情感为主要态度的人们也会出现类似的过程，他们的内在意象会彻底被情感渗透（Durchfühlung），从而产生能与思维所产生的观念相契合的情感观念（Gefühlsidee）。由此可见，观念可以是思维的观念，也可以是情感的观念，比如祖国、自由、上帝和永恒等。这两种倾向的人对于外在信息的处理都是根据理性和逻辑的原则。除此之外，还存在另一种完全不同的观点，也就是主张理性和逻辑的处理无效的审美观点。在内倾者身上，审美的观点会停留在观念的直观上，而且会促使直觉和内在意象的直观有所发展；在外倾者身上，审美的观点则停留在感知上，而且会促使感官、本能和易感性有所发展。思考和情感对于审美的观点来说，都不是观念的内在察觉的原则，而纯粹只是内在意象的直观或感官感知的衍生物罢了！

因此，尼采的概念便把我们引向了第三和第四种心理类型的原则，即直觉型和感知型。相对于思考型和情感型这两种理性类型，我们可以把直觉型和感知型归类为审美类型。直觉型和感知型虽然跟两种理性类型一样，都具有内倾和外倾的机制，不过，它们却不像思考型会对于内在意象的察觉和直观进行思考，也不会像情感型会让内在意象的情绪内容出现情感的分化。直觉会把无意识的察觉提升为某种已分化的功能，并通过这种功能来适应外在的世界。此外，个体对于环境的适应，也依赖本身通过特别精细而敏锐地察觉和解析模糊意识的刺激而取得的无意识的指示。当然，直觉功能的非理性和无意识的特质都让我们难以对它有所描述。我们如果把直觉功能和苏格拉底所谓的恶魔相比较，就会发现，苏格拉底非比寻常的理性态度会极力压抑直觉功能，而致使直觉功能因为缺乏通往意识的直接渠道，而只能以具体的和幻觉的方式运作。直觉型的人就处于这种情况。

感知型在各方面都与直觉型相反。感知型只以感官感知的要素为基础，他的心理定向于驱力和感知，因此完全依赖实际的刺激。

尼采不仅重视直觉的心理功能，也强调感知和驱力的心理功能，这个事实正好凸显出他个人的心理特质。这位存在主义哲学家应该算是具有内倾趋向的直觉型：早在尼采那本初试啼声的哲学论著《悲剧的诞生》里，我们就可以看到，身为直觉型的他所特有的直觉的、艺术的创造方式，不过，还是他后来出版的《查拉图斯特拉如是说》最能表现这种特征。至于尼采内倾的、智识的那一面则充分表现在他那些箴言式的著作里，这些作品虽富有强烈的情感色彩，却也体现了18世纪法国知识分子所特有的、极具批判性的唯智主义。一般说来，身为直觉型的他着实欠缺理性的节制和坚定。他在《悲剧的诞生》这本处女作里，不自觉地让个人的心理事实成为该书的焦点，这一点不仅不令人诧异，而且符合他那种主要通过内在来察觉外在，有时甚至还必须牺牲实在性的直觉态度。尼采便通过这种直觉的态度，而得以深刻地洞察出本身无意识的酒神性质。就我们所知，他那种粗野的、未经修饰的无意识形式早已透露在著作里的种种情欲的暗示中，不过，要等到他的精神疾病发作之后，才浮现在意识的表层。尼采在意大利北部大城都灵（Turin）精神崩溃后，身边的友人和亲人在整理他留下的一些未发表的手稿时，往往基于道德和审美的顾虑，删除了其中某些富有其个人心理意义的内容。从心理学的角度来看，这实在相当令人惋惜。

第四章　性格类型学的类型问题

第一节　乔丹类型学概述

在继续探究先辈们曾留下哪些与心理类型这个我们所关注的主题有关的文献时，我想在本章里讨论英国医师弗诺·乔丹（Furneaux Jordan）于19世纪末出版的著作《从躯体与家庭出身看人类的性格》(*Character as Seen in Body and Parentage*)。这本小而奇特的书是我所敬爱的伦敦心理治疗界的同仁康斯坦丝·朗博士（Dr. Constance E. Long）推荐我阅读的，谨在此向她表示谢意。

乔丹在这本仅126页的小书里，主要描述了两种性格类型，即"冷漠型"和"热情型"。尽管他对于它们所下的定义在许多方面很吸引我们，不过，我必须在此预先表明，他只触及了我们的心理类型一半的部分，即思考型和情感型。至于另外的那一半，即直觉型和感知型的观点，他虽曾提起，却与他所提出的两种类型混淆在一起。乔丹写道：

人类有两种不同的基本性格，也就是两种明显的性格类型（此外，还有第三种类型，即中间类型）：其中一种类型具有强烈的行动倾向和薄弱的沉思倾向，另一种类型则由沉思倾向占据优势地位，而其行动驱力（Tatigkeitstrieb）就比较微弱。不过在这两种极端的类型之间，尚有许多类型和次类型的存在。在这里，其实再指出第三种类型就足够了……在这种类型里，沉思和行动的力量或多或少取得了平衡。就这种中间类型的性格来说，有些还具有乖僻的倾向，或凌驾于情绪性与非情绪性过程的不正常倾向。[1]

我们可以从以上的定义清楚地看到，乔丹把沉思和思考拿来跟行动或活动做对比。一个对于人类未能深入观察的人，首先会注意到沉思者与行动者的对立，因而也会倾向于以这个角度来定义这种已观察到的对立，这绝对是可以理解的。不过，我们只要简单思索一下，就可以知道，人类的行动不只来自本身的冲动（Impuls），也出于本身的思考，因此，乔丹对于性格类型的定义必须再被深刻化。

---

[1] JORDAN, *Character as Seen in Body and Parentage*, p. 5. ——原注

此外，乔丹还把情感要素[1]——这种要素对于我们的心理类型研究特别具有价值——引入观察和思考中，并在该书里断然地写下这样的结论：行动力较强的人比较缺少热情（Leidenschaft），而性情上喜于沉思的人比较富有热情。因此，乔丹还进一步把这两种类型称为"冷漠型"和"热情型"。在该书的导论里，他对于专有名词的定义虽然忽略了情感要素，但这个要素后来却在他的论述中成为固定使用的术语。还有，他往往把善于行动的"冷漠型"视为"积极主动的"，而将善于沉思的"热情型"当作"消极被动的"，这也是他和我们的观点的不同之处。

我无法认同乔丹在观念上的混淆，因为，最热情与最深沉的性格也会具有相当高度的行动性与行动力，同样，缺乏热情和肤浅草率的性格也可能不具有积极主动性和低等形式的行动性的特色。我认为，如果乔丹能从完全不同的角度看待"积极主动性"和"消极被动性"，从而不再坚持这两个术语所包含的性格类型的意义，那么，他所提出的宝贵观点就会变得相当清晰。我将在接下来的讨论里指出，乔丹如何以"冷漠而富于积极主动性"的类型来描述

---

[1] JORDAN, *Character as Seen in Body and Parentage*, p. 6. ——原注

我所谓的"外倾型",并以"热情而充满消极被动性"的类型来描述我所谓的"内倾型"。内倾型和外倾型可能处于行动或非行动状态,也就是说,人们不论处于哪一种状态都不会改变他们的类型。因此,我认为,积极主动性的因素不应该作为性格类型的主要特征,不过,如果作为次要特征,它会具有一定的重要性,毕竟外倾型通常都比内倾型更灵活、更活跃,而且更富有行动力。然而,这种积极主动的特质却完全取决于个体如何面对外在世界:内倾者处于外倾状态时,就显得积极主动,外倾者处于内倾状态时,便显得消极被动。此外,积极主动性本身——作为性格的基本特征之一——有时会呈现内倾状态,这是因为,当外在环境极度安静时,个体的积极主动性会转而向内,进而发展出活泼的思想或情感的活动;同样,个体的积极主动性有时也会呈现外倾状态,这是因为,当内在世界已经存在某种平和而稳固的思想或冷静的情感时,个体就会对外展开热烈而活跃的行动。

为了概念的厘清,在更详尽地讨论乔丹的性格类型之前,我必须先提出以下这种状况,以免造成读者的困惑:我在本书导论的最后一段曾表示,自己在从前发表的论文里曾把内倾型等同于思考型,而把外倾型等同于情感型。

后来——就如同我所谈过的——我才明白，作为一般基本态度的内倾和外倾应该与思考型、情感型、感知型和直觉型这四种功能类型区分开来。辨别内倾和外倾这两种基本态度是最容易的，相较之下，四种功能类型的划分就需要广泛的经验，因为人们有时实在难以掌握哪一种功能在个体身上占有优势地位。内倾者由于本身抽象的态度，自然会给他人留下冥想和思考的印象，不过，这个事实却往往让人们误以为，思考是内倾者的优势功能。与此相反的是，外倾者会自然而然地表现出相当多的反应，而这些反应很容易让人们以为，情感要素在外倾者身上占据了支配地位。然而，这些推测都是不正确的，因为外倾者也可能属于思考型，而内倾者也可能属于情感型。乔丹大体上只描述了外倾和内倾这两种类型，当他进一步探讨这些类型的细节时，便由于资料的处理不够充分，无法区分各种功能类型的特征，而让这些特征混杂在一起，因此，他对于功能类型的描述反而会误导人们。不过，乔丹对于一般基本态度的类型特征的描述所呈现的内倾态度的图像，却不会造成人们的误解，所以，外倾和内倾这两种基本态度的本质在他的论述里是十分清楚的。

对我来说，乔丹在这本小书里，以情绪性（Affektivitat）

的角度刻画性格类型的特征是很有意义的。我们已经看到，内倾者"沉思"和思考的本质已经获得无意识的、古老而原始的驱力生活（Triebleben）和感知生活（Empfindungsleben）的补偿。其实，我们可以这么说：内倾者由于必须超越本身古老而原始的、冲动的本质而达到稳定的抽象化高度，以便从这样的高度掌控不顺从的、狂放不羁的情绪，于是便形成了本身内倾的态度。反之，我们也可以这么说：外倾者的扎根不深的情绪生活（Affektleben）比情感、无意识、古老而原始的无意识思考，以及可能危及人格的幻想，更容易出现分化，也比较容易受到约束。因此，外倾者总是尽量让自己处于忙碌状态，并追求生活和经历的丰富性，这么一来，他就不需要面对自己以及自身那些负面的思想和情感。以上这些唾手可得的观察正好可以解释，为什么乔丹在该书中的某个论述令人感到如此自相矛盾。他表示，智识在"冷漠型"（外倾型）的性情里处于优势地位，而且相当积极地参与生活的塑造；情绪则在沉思的"热情型"（内倾型）的性情里处于优势地位，而且扮演更重要的角色。[1]

1　JORDAN, *Character as Seen in Body and Parentage*, p. 6.——原注

乍看之下，乔丹的这个观点似乎违背了我关于"冷漠型"和"热情型"分别符合我所谓的外倾型和内倾型的主张。不过，如果我们详加细察，就会发现情况绝非如此：沉思内倾的"热情型"大致上会尝试制服不顺从的情绪，以便能在现实里受到更多热情的影响，却不想符合生活的意识准则里的种种定向于客体的期待。"冷漠型"的外倾者会试着让自己到处吃得开，但也必然会经历到，本身主观的想法和情感会让他到处受到干扰和阻碍。他受到的心理的内在世界的影响已经超出了他的认知。当他周遭的人已经注意到他的追求带有什么个人的意图时，他自己却还浑然不觉。所以，一些自问必然会成为他的基本生存规则："我到底要什么？我私下的意图是什么？"至于内倾者，虽然能察觉并构思自己的意图，但总是忽视了周遭的人已经清清楚楚察觉到的东西。换句话说，内倾者的意图其实是为强大的、既无目的也无对象的驱力而服务，而且高度地受到驱力的影响。对外倾者进行观察与判断的人倾向于认为，这种类型的人所表现出来的情感和思维就像是一层薄纱，无法完全遮掩本身冷酷的、精心设想的意图；试图理解内倾者的人往往会觉得，这种类型的人若要通过表面的理性来控制本身强烈的热情，其实是很辛苦的事。

以上这两种对于外倾者和内倾者的判断,既是正确的,也是错误的:当个体发现本身的意识很强大,且有能力对抗无意识时,他所做出的判断就是错误的;当个体约略认识到本身的无意识很强大,有时必须对它让步时,他所做出的判断就是正确的。在后一种情况下,一些隐藏在背后的东西会爆发出来,比如自私的意图、毫无节制的热情,以及让个体抛开一切顾虑的基本情绪。

这些考量也同时让我们看到乔丹观察类型的方式:他显然把关注聚焦于被观察者的情绪性,所以,他会提出"热情型"和"冷漠型"这些专有名词。当他着眼于情绪的面向而将内倾者理解为富有热情的人,并将外倾者视为欠缺热情的人,甚至是理智的人时,其实他已经表明了本身认知的特性,也就是被称为"直觉"的特性。这也是为什么我会在前面指出,乔丹犯了混淆理性与审美观点的错误。当他分别以热情和理智来标示内倾者和外倾者的特质时,他显然是从无意识方面来看待这两种类型的。乔丹是通过他的无意识来察觉它们,更确切地说,他是以直觉的方式进行观察和认知的。通常善于识人的人都采取这种做法。

尽管直觉的观点有时是正确而深刻的,但它却无法摆脱一种根本的限制：这种观点始终只是从无意识的镜像（Spiegelbild），而不是从被观察者的真实表现进行判断，因而忽略了被观察者本身实际的真实性。这种判断的错误和直觉密切相关，理性也因此而与直觉处于紧张的关系状态，它只勉强地承认直觉的存在权利，尽管它在某些情况里已经确信直觉的客观正确性。总之，乔丹的论述虽然完全符合真实性，却不是他的论述所呈现的理性类型的真实性，而是某种无意识的真实性。当然，这种情况可能会造成人们对于观察对象的理解的困难和判断的混乱，因此，关于这个问题的争论从来不会聚焦在乔丹所提出的专有名词上，而只是聚焦在可被人们观察到的、具有对立的差异性的事实上。尽管我依照我的方式所做的表达和乔丹完全不同，而且我们之间仍存在某些分歧，不过，我们对于观察对象的类型分类基本上是一致的。

在开始讨论乔丹根据所取得的个人观察资料而提出的性格分类之前，我想要简短地叙述前文曾提到的"第三种类型"或"中间类型"。正如我们所看到的，乔丹所假设的这种类型具有双面性，一方面是完全平衡的性格，另一方面则是不平衡的性格。在这里，我想介绍一下活跃于2世纪的瓦伦廷学派（valentinianische Schule）对于人的分类：

依照这个学派的见解，"物质主义者"（hylische Mensch）的位阶低于心理主义者和灵魂主义者（pneumatische Mensch）。物质主义者——就该学派的相关定义而言——符合我所提出的感知型，即个体强势的支配性是通过感官而发挥作用，而且存在于感官和感官知觉之中。感知型大致上只出现感知功能的分化，至于思考功能和情感功能都还处于未分化的状态。我们都知道，原始人也是这样，而且原始人身上的驱力感官性（triebmäßige Sinnlichkeit）还拥有一个反面的对应物，也就是心理的自发性（Spontanität）。所以，他们的精神和思想全是自发形成的，这些东西就这样出现在他们身上，甚至还以幻觉的形式显现在他们面前，不过，他们本身却没有能力创造或构思它们。这种原始人的思维方式可以被称为直觉，因为直觉就是对于浮现的心理内容在本能上的察觉。一般说来，原始人主要的心理功能是感官知觉，因此直觉就提供了比较不显著的补偿功能。在较高的文明发展阶段里，人们的思考功能或情感功能已经或多或少地出现分化，此外，还有不少人的直觉功能已经达到较高的发展，而成为重要的优势功能，因此，这些个体便成为所谓的"直觉型"。总之，我相信，我的感知型和直觉型应该可以涵盖乔丹的中间类型。

第二节　对于乔丹类型学的阐述与批判

针对热情型和冷漠型这两种类型的普遍现象，乔丹曾强调，冷漠型远比热情型更具备引人注意的鲜明人格。[1]这个说法是乔丹把冷漠型和个体的积极主动性画上等号的结果，不过，这样的推论在我看来并不合理。如果撇开这个错误不谈，我们其实可以这么说：冷漠型或外倾型的确会通过本身的言行举止而远比热情型或内倾型显得更受人瞩目。

一、内倾型女性（热情型女性）

在《从躯体与家庭出身看人类的性格》一书中，乔丹首先讨论了内倾型女性的性格。以下的引文就是他所描述的重点：

（内倾型女性具有）从容的举止和难以察知的性格，有时她们会出现批判的，甚至是冷嘲热讽的言语；即使她们有时会十分明显地表现出恶劣的心情，但不会发脾气、焦躁不安、"吹毛求疵"、发牢骚或好责备别人。她们身上散发着宁静闲适的气息，不自觉地带给人们慰藉和支持，但在这些表象之下，却潜伏着情绪和热情。她们富于情感的

---

[1] JORDAN, *Character as Seen in Body and Parentage*, p. 17. ——原注

本性会随着年龄的增长而逐渐成熟，她们的性格也越来越有魅力。她们"充满同情心"，愿意体谅并分担别人的困苦……不过，人们也可以在这种性格类型里发现一些最坏的女人，比如最残酷的继母。她们虽是温柔体贴的妻子，而且对于亲生子女而言还是满怀爱意的母亲，但由于本身的情绪和热情是如此强烈，致使理性受到极大的压制，而失去发挥的空间。她们的爱和恨都过于激烈，内心的嫉妒可以使她们变成凶暴的野兽。她们如果痛恨继子女，甚至会不惜把他们折磨至死。

当邪恶在她们身上退居劣势时，她们的道德观念本身就是一种深刻的情感，这种情感会走上一条属于自己的、独立自主的道路，而不一定会遵照一般传统的观点。这条道路具有不偏不倚的独立性，既不是出于仿效或服从，也不是为了获得反馈或报酬。只有在亲密的关系中，她们才会表现出本身的优点和缺点，才会显露内在的丰富性、忧愁与喜悦、热情与错误、不妥协、固执、愤怒、嫉妒，甚至是放纵。她们总是受到当下的影响，所以很难去思考不存在于当前的种种美好。她们很容易忘记别人和时间。如果受到感动，她们就不会摆出做作的姿态，而且言行举止还会随着思想和情感的改变而改变。在社交方面，她们会在各种不同的场合尽可能让自己保持不变，一如既往。不论在家庭生活还是社会生活里，她们的要求都不多，所以很容易感到满足。她们会自发地肯定或赞赏别人，而且知道该如何安慰或鼓励别人。她们对于弱者深具同情心，不论是人还是动物。"她们会抬头挺胸，也会弯下身子，她们是自然万物的姊妹和玩伴。"她们的评判既温和又宽容。她们是认真的读者，在阅读时会试图掌握书本中最内在的思维和最深刻的情感；她们不会善待书本，因为她们喜欢在字里行间画线标重点，在页缘空白处写上自己的意见和评语，而且会重复阅读同一本书。[1]

从以上这些描述中，我们不难认识到内倾型的性格。不过，这些描述却具有某种程度的片面性，因为它们考虑的重点是在情感方面，因此忽略了这种类型的性格特征，也就是被我赋予特别价值的意识的内在生活（bewußte Innenleben）。乔丹虽然曾提到，内倾型女性是"好沉思的"，但没有更深入地探究这个类型。在我看来，他的描述似乎是在证明我对他的观察方式的见解是正确的。他所看

---

[1] JORDAN, *Character as Seen in Body and Parentage*, p. 17ff. ——原注

到的东西主要是一些经由情感所凝聚而成的外在的言行举止和内在热情的表达,而不是这种类型的意识本质,所以,他也不会提到意识的内在生活对于这种类型的意识心理具有什么关键的重要性。举例来说,为什么内倾型女性在阅读时显得如此专注?因为她们最热衷于观念的了解和掌握。为什么她们可以心平气和,又可以安定人心?因为她们通常不会向他人表露自己的情感,而是将之留在内心里,或控制在思维里。她们那种不同于一般的道德观是以深刻的思考和确实的内在情感为依归的。她们的明理且从容不迫的性格所散发的魅力,不仅来自本身平心静气的态度,还因为人们可以和她们理性地、前后连贯地交谈,而且她们也懂得欣赏对方的言论。她们不会用突如其来的言辞打断对方的谈话,或突然出言反对他们,而是用始终不变的想法和情感来倾听对方的意见。

她们的意识里的心灵内容虽已拥有稳定的、发展完备的秩序,却受到自身混乱的、热情的情绪生活的抵制。由于内倾型女性了解自己的情绪生活,她们——至少从个人的角度来说——会经常意识到,而且会畏惧它的存在。她们会思索自身,所以她们对外的关系也是稳定而协调的。她们会认识并接纳他人,所以不会站在自己的立场强势地给予他人赞许或谴责。有鉴于情绪生活会损害本身美好的特质，她们会尽可能排拒驱力和情绪，不过也因此而无法掌控它们。相对于意识的稳固性和逻辑性，她们的情绪既激烈又混乱，而且不受约束。她们的情绪缺乏根本的人性特质，既不平衡又不理性，就相当于一种破坏人类秩序的自然现象。此外，这种情绪也欠缺确实的想法和目标，所以往往具有像山林里的野溪那样的破坏性。它既不会刻意制造，也不会避免任何毁损，除了依从自己的法则完成这个实现自身的必然过程之外，已经无所顾忌。

她们本身的包容的或具有善意的观点可以影响并抑制部分的驱力生活，因此，她们能拥有美好的特质，不过还是无法彻底掌控并改造本身全部的驱力。比起理性的思维和情感，内倾型女性无法清楚而全面地意识到自己的情绪性，即使已经取得可运用的观点，还是无法掌握本身所有的情绪性。她们的情绪性就像某种黏稠的液体，因为缺乏必要的流动性而难以有所改变，所以远不如她们的才智内涵那般机敏灵活。正因为情绪性处于停滞状态，所以，她们会以无意识的规律性和质疑性来看待某些与情绪性有关的事物，而且她们在这方面还会固执己见，有时甚至达到非理性的冥顽不化的程度。

以上的阐述正好可以解释，为什么单单从情绪性这个面向来判断内倾型女性——不论是褒是贬——是既不完整又不公正的。乔丹曾表示，自己在内倾型里发现了最恶劣的女性，在我看来，这样的宣称只是由于身为研究者的他过于重视人们的情绪性的缘故。对他来说，似乎热情才是真正的万恶之母，因为他发现，内倾型女性也可以用伤害肉体以外的方式，活活地把非亲生的孩子折磨至死。这么说来，这种类型的女性并不总是拥有特别丰富的爱，而是经常着迷于这样的爱意，她们通常不想在这方面改变自己，不过，一旦出现恰当的机会，就会出人意料地表现出自己的冷漠，而让伴侣吃惊不已。基本上，内倾者的情绪生活就是她们的薄弱之处，无法令人完全信赖。不仅内倾者会受到本身情绪性的蒙蔽，别人如果只根据内倾者的情绪性来判断她们，也会受到欺骗而对她们感到失望。总的来说，她们的才智因为具备较强的适应力，所以比较可靠，至于她们的情绪性则仍是高度未驯化的本性。

二、外倾型女性（冷漠型女性）

我们现在要讨论乔丹对于"冷漠型女性"的描述。在这里，我必须排除已被乔丹混入积极主动性的所有观念，因为这样的混杂只会使这种性格类型显得模糊不清。所以，当我们谈到外倾型的某种敏捷性时，并不是指他们身上那种积极主动的、精力充沛的要素，而是表示他们积极主动的心理过程的机敏性和活泼性。

以下是乔丹对于外倾型女性的刻画：

与其说她们有耐性，做事坚持不懈，倒不如说她们敏捷、机灵且识时务。她们的生活通常被琐事占满，而且比英国维多利亚时期的首相比肯斯菲德勋爵（Lord Beaconsfield）更信奉他那句名言："不重要的事情并非真的不重要，重要的事情并非真的重要。"她们就跟她们的祖母一样，总爱谈论人心不古和世间普遍的堕落，而且她们的孙辈以后也会这么说。她们经常参与社会运动并深信，如果没有亲自照看，事情就无法做好。许多这种性格类型的妇女还会把家庭清洁的维护当作唯一的人生目标，而浪费了本身的精力。她们往往缺乏主见和热情，无法让自己安静下来，不过，她们也不容易犯错。她们早早便已完成情绪的发展，18 岁就能像 48 岁那般明白事理。她们的精神视野虽然不深刻也不宽广，但从一开始就已对许多事情清楚明朗。她们如果拥有优秀的才能，就能取得领导的地位。

在社会上，她们对所有人都会表现出亲切友善的情感，而且慷慨而好客。她们会评断每个人，却忘记别人也在评断她们。她们乐于助人，却没有深刻的热情。爱是她们的偏好，恨是她们的反感，嫉妒则是她们受损的自尊。她们的狂热无法持久。她们享受着文学作品的美好，而不是文学作品的热情。她们的信仰和质疑比较不强烈，却更具有完整性。她们对于许多事物虽然缺乏正确的信念，却没有恶意的猜想，虽然不相信，却可以接受。她们不是不相信，而是不知道，既不会探究事情的原委，也不会质疑它们。在重大的事情上，她们会听从权威，在小事上，她们会急于下结论。她们认为，在自己的小世界里，一切都不该如此，但在外面那个大世界里，什么都是对的。她们会出于本能地保护自己，而且会把理性的结论付诸实践。

她们在家里所显示的性格并不同于她们在社会上的表现。她们的婚姻强烈地受制于企图心、改变的乐趣、对约定俗成的社会习惯的顺从、对生活得以建立在"稳固的基础"上的要求，或对扩大个人能力的影响范围的渴盼。如果她们的丈夫属于"冷漠型"，他们对孩子的爱会胜过对她们的爱。在家庭的圈子里，她们会表现出令人生厌的一切，同时也承受断断续续的责备。她们无法预见，在这样的家庭环境里，什么时候天色可以暂时放晴。她们既不会观察自己，也不会批判自己。她们受到持续的批评和指责时，虽然会感到讶异和受辱，却仍然相信，自己只是想把事情做最好的处理，"只是有些人并不知道，什么对他们才是有利的"。她们希望为家庭带来幸福的方式，完全不同于她们希望为他人带来幸福的方式。她们的家庭必须随时做好接受外界检视的准备。她们认为，社会必须获得支持和发展，上层阶级必然会受到瞩目，下层阶级则必须循规蹈矩。对她们而言，自己的家庭是冬天，外面的社会却是夏天。不过，只要家里有客人到访，就会立刻出现温暖的转变。

她们没有禁欲苦修的倾向，也不需要受到他人的敬佩。她们喜欢运动、休闲以及生活的变化，可以让一天开始于教堂的礼拜，而结束于夜晚上演的某出喜剧。她们乐于拥有社交关系，因为她们可以在这种关系里找到一切，包括工作和幸福。她们相信社会，而社会也相信她们。她们的情感极少受到偏见的影响，通常的表现"既正派又大方"。她们喜欢模仿别人，也会为自己挑选最好的榜样，却不会在这方面为自己多作解释。她们阅读的书籍必须涉及生活以及和生活有关的人。[1]

---

[1] JORDAN, *Character as Seen in Body and Parentage*, p. 9ff. ——原注

乔丹把这种大家所熟知的女性类型称为"冷漠型",无疑,她们也是我所谓的"外倾型",而且她们整体的言行举止的方式也显现出"外倾型"的特征。她们会持续不断地发表自己的判断,但不是根据自己真正的思考,而是依照自己的一些粗浅的印象,所以和她们实际的思维无关。我还记得曾在某处读到一句有趣的格言:"思考是如此困难,以至于大部分的人都宁愿下判断。"思考尤其需要花时间,因此,思考者根本没有机会可以持续不断地发表自己的判断。判断的不一致性、无条理性以及对于传统和权威的依赖,恰恰暴露出个体本身缺乏独立自主的思考,同时个体缺乏自我批判和自主的观点也显示了个体的判断功能的缺陷。外倾型女性缺乏精神的内在生活的表现,比前面描述的内倾型女性拥有精神的内在生活的表现,更为明显。人们很容易从这番论述中得出这样的结论:外倾型女性的情绪性具有重大的缺陷或更为严重的缺陷,这种情绪性显然是表面而浅薄的,且几乎是虚假的,更何况与情绪性总是相互联结,或隐藏在它背后而隐约可见的意图,已经让情绪性的追求几乎完全失去了价值。

然而,我却倾向于认为,乔丹在这里对外倾型女性的低估，就如同他在前面对内倾型女性的高估一般。虽然他有时会赞同外倾型女性的一些美好的特质，但整体上他始终认为这种类型的女人不好。我认为，这是乔丹个人的偏见。通常人们只要和这类型的一位或数位女性有过不好的经验，就无法再喜欢这类型的其他女性。不过，我们不该忘记，外倾型女性在情绪上的灵活度和缺乏深刻性其实是对于人类社会的一般生活的适应结果，就如同内倾型女性的明智是因为本身的精神内容已经确切地适应了群体的普遍思维。外倾型女性的情绪性具有已分化性、社会性以及不容置疑的普遍性，而且比起内倾型女性的情绪性的沉重、固执和热情，显得更为优越。外倾型女性已分化的情绪性由于成功地去除了激情的混乱，已经变成一种可供个体支配的适应功能，当然，这也意味着必须牺牲精神的内在生活，而且她们精神的内在生活还因为有所匮乏而越发引人注意。

尽管如此，外倾型女性的精神的内在生活却仍存在于她们的无意识里，而且以一种符合内倾型热情的形式存在着，也就是处于一种未发展的状态。这种状态的特征就是幼稚型症（Infantilismus）和古老的原始性（Archaismus）。在无意识里，未发展的心理会把内容和隐藏的动机赋予情绪性的追求。这些内容和动机一方面给批判的观察者留下恶劣的印象，另一方面则受到不批判的观察者的忽略。因为批判的观察者持续地察觉外倾型女性未能善加掩饰的自私的动机，而对她们留下不愉快的印象，所以，人们往往不会记住她们为了刻意表现所做的种种努力，以及由于适应良好而获得的益处。如果已分化的情绪不存在，生活中一切轻松容易、不受拘束、适度、无害且表面的东西就会消失。人们不是因为处于持续不断的热情，就是因为处于热情受压抑的空虚状态而透不过气来。如果内倾者的社会功能主要是察觉个体，那么外倾者主要的社会功能便是促进社会生活，毕竟社会也跟个体一样有存在的权利。社会的存在需要个体心理的外倾化，因为这种心理机制主要是个体与他人沟通联系的桥梁。

我们都知道，情绪的表现可以产生强烈的影响，至于精神则只能间接通过艰难的转化才能发挥作用。社会功能所需要的情绪不应该是深刻的，不然会激起他人的热情，进而妨碍集体的生活和发展。内倾者已分化、已达成环境适应的心智并不具有深刻性，而是具有广泛性，因此不会给人们带来干扰或刺激，而是会带来理性和慰藉，不过，内倾者强烈的热情却会妨害群体，就如同外倾者部分不自觉的思维和情感会鼓动人们一样。外倾者那些互不一致、互不连贯的思维和情感会经常借由不恰当且毫不留情的批判来评价他人。当人们把外倾者的这类批判全部组合在一起，并综合地建构出一种心理学时，首先就会浮现出一种兽性十足的基本观点。这种观点所显示的令人绝望的野蛮、粗暴、残忍和愚蠢，并不输给内倾者可怕的情绪本质。

乔丹认为，最糟糕的性格都出现在热情的内倾型中。不过，我却无法为这样的说法背书，因为在外倾者当中也存在与内倾者同样多的性格恶劣者，而且双方都很恶劣，程度不相上下。当内倾型把热情表现在粗暴的行为上时，外倾型无意识的思维和情感则发动卑鄙的行径来蹂躏受害者的心灵。所以，我实在不知道，到底哪一类型比较恶劣。内倾型的缺点在于表现出本身具有争议性的行为，外倾型的言行虽然也卑劣不端，但他们却懂得以群体能接受的方式作为掩饰。在这里，我还要特别强调外倾者主动关怀他人的福祉，以及为别人带来欢乐的显著倾向。对于内倾者来说，这种性格的品质通常只存在于他们的幻想中。

外倾型女性已分化的情绪还具有另一种优点，即优雅而美好的形式，而且散发着一种审美的、惬意的气氛。令人惊讶的是，许多外倾型女性都能从事艺术活动（大部分是音乐），这不是因为她们特别具有这方面的才能，而是因为艺术表演有助于她们的社交活动。此外，她们喜欢挑剔别人也不一定表示，她们的性格会让人感到不舒服或毫无价值。其实她们这种好责备的习惯往往仅限于一种已经适应外在环境的、具有教育意义的倾向，所以也能带来不少的好处。同样，她们缺乏自主性的判断不一定是负面的，因为这些判断反而更能抑制个体的放肆，以及一些无益于集体生活和福祉的弊端。倘若有人主张某一类型在任何方面都比另一类型更有价值，这种说法其实是毫无根据的，毕竟各类型之间会彼此互补，它们的差异在某种程度上所形成的张力（Spannung）正是个体和集体维系生活所不可或缺的东西。

三、外倾型男性（冷漠型男性）

以下是乔丹对于外倾型男性的描绘：

他们的态度变化不定、难以捉摸。他们老是在抱怨、喜欢发脾气、大惊小怪、妄下断言，并以轻蔑的方式评判一切，不过，他们总是对自己感到满意。虽然他们的判断经常出错，计划不时失败，但他们却完全信任自己的判断和计划。19世纪英国国教派牧师西德尼·史密斯（Sydney

Smith）曾这么谈论当时一位著名的政治家：他随时都在准备接手指挥英吉利海峡的舰队，不然就要砍掉自己一条腿。对于自己所遭遇的种种，他有一句固定的口头禅：这件事如果不是真的，就是大家早已经知道的事。他的天空容不下两个太阳。他本身就是太阳，如果在他之外还另有太阳存在，他会为了巩固自己的地盘而不惜成为殉难者。

他们是早熟的人，喜欢经营和管理，所以往往对于社会很有贡献。如果他们是某个慈善团体委员会的成员，他们对于挑选委员会主席就跟挑选洗衣妇一样，都很感兴趣。他们会全力以赴地投入群体当中，并用自信和耐性让自己在群体里大出风头。他们总是追求经验的累积，因为他们可以从丰富的经验中获益。他们宁可在一个仅由三人组成的委员会里担任有知名度的主席，也不愿在自己的国家里当个不知名的行善者。他们的重要性并没有因为本身拥有较少的才能而降低。他们是否忙着从事什么？他们深信自己充满活力。他们是否太多话？他们相信自己的口才。

他们很少提出创新的想法或开创新的道路，却能敏捷地跟随、掌握、运用并实践既有的主意。他们喜欢奉行一些早已存在、已普遍被接受的宗教和政治的信念。在某些情况下，他们还乐于欣赏自己那些怪异的想法有多么大胆。

他们的理想是如此崇高而坚定，所以，没有什么东西可以阻碍他们塑造开阔、恰当的人生观。道德、真诚和理想性原则是他们生活的主要特征，不过，有时他们对于直接效应的兴趣会使他们陷入困境。

如果他们在公众集会里偶然无事可做时，比如没有什么可以建议、提议、支持或反对时，他们就会从座位上起身，至少要求把窗户关上，让外面的寒风无法吹入，或者更有可能的是，要求打开一扇窗，以增加室内空气的流通，因为他们渴望新鲜的空气就如同渴望他人的注意一般。他们总是喜欢做一些没有人会要求他们做的事情，而且深信大家会以他们所期待的方式来看待他们，也就是把他们当作为了关照别人的福祉而忙到难以入眠的热心人士。他们觉得自己对别人负有责任，但他们也希望能获得别人的回报。他们可以通过言谈来打动人心，不过自己却往往无动于衷。他们可以迅速而敏锐地发觉别人的期待和想法，会向大家预警即将到来的、具有威胁性的灾祸，还会把大家组织起来，并以灵活的手腕和对手进行交涉谈判。他们总是有一些计划，而且表现出来的忙碌还会受到大家的瞩目。如果可能的话，他们会让自己广受群体的欢迎；如果无法达成，他们至少会让群体感到惊讶；如果还行不通，他们就会让群体感到担忧和惊恐。他们是专职的救世主，打从心里对于扮演这种广受众人肯定的角色感到满意。或许我们的行事不恰当，不过，我们可以相信和指望他们，为了他们的存在而感谢上帝，并请求他们多多指点我们。

他们不喜欢安静，无法让自己好好地休息。即使白天很忙碌，他们还是需要让自己的夜晚带有刺激性，不论是在剧院、音乐厅、教堂、市集、晚宴、社团还是所有这些场合。如果他错过了某一场聚会，他一定会记得拍电报，高调地向大家表示歉意。[1]

乔丹这样的形容或许能让我们对于外倾型男性有所了解。在这里，他虽然对外倾型男性偶尔会表示肯定，不过，他对他们的描述却比他对外倾型女性的描述出现更多讽刺漫画式的鄙夷观点。其中部分的原因在于，乔丹的描述方法根本无法正确地剖析外倾者。换句话说，人们其实无法借由智识的方法对这种性格类型的特殊价值形成正确的判断；不过，人们却能借由智识的方法呈现内倾者意识里的理性和动机，以及他们的热情和随之而来的行动。与内倾

---

1 JORDAN, *Character as Seen in Body and Parentage*, p. 26ff. ——原注

者相反的是，外倾者的主要价值在于他们与外在客体的关系。在我看来，似乎只有生命本身才会承认，外倾者拥有不接受智识性批判的权利，只有生命才能体现并赞同他们的价值。虽然有些人断言外倾者对于社会是有用处的，而且对于人类社会的进步贡献卓著，不过，我们如果进一步分析他们论述的方式和动机，就会得到否定的结论，因为外倾者的主要价值并不在于他们本身，而在于他们和客体的相互关系。他们与客体的关系绝对是智识性论述所无法估量和掌握的。

为了完全明确地掌握被观察者，智识性批判必定会持续分析一些与他们的动机和目的有关的资料。这种分析过程所形成的性格图像对于外倾者的心理来说等于就是一幅讽刺漫画。谁如果相信这样的描述可以正确地察觉外倾者的态度，后来就会惊讶地发现，真正的外倾者并不会理会这样的描述。智识性批判的片面性观点完全阻碍了人们对于外倾型的了解，因此，人们如果要正确地了解外倾者，就必须彻底排除对于外倾者的这类思考；同样，只有当外倾者能够接受本身的精神内容不可能获得实际的运用时，外倾者才会和内倾者有真正的契合。对于外倾者来说，智识性分析就是观察者把本身所有可能的潜藏意图和附带目的加诸他们身上，这些意图和目的并非真实的存在，它们顶多只是无意识背景所释放出的、模糊不清的效应。

外倾者如果在集会的场合无话可说时，就会起身要求打开或关上某扇窗户。然而，是谁发觉这种情形的？这种情形到底引起了谁的注意？谁会试图说明这种行为背后可能的原因和意图？当有人认真地思索、解析并建构这种情形的原委时，其他所有的人只会把这种小噪音当作生活中随处可听闻的声响，不至于有任何动机，想在其中发掘出什么。外倾者的心理其实属于人们日常生活的普通事件，并没有其他的含义。谁如果要刻意地思索它——从实际的生活来看——就会在扭曲的眼光下发现其他的东西；只有关注外倾者无意识的思维背景才是正确的做法，也就是单单关注外倾者的阴影而不是他们的积极面，尽管这些阴影相当不利于人们对于有自觉的、积极的外倾者的评价。为了达到正确的理解，我相信，把个体和他的阴影——无意识——区分开来是正确的，不然，这方面的讨论就会笼罩在空前的概念混乱之下。

人们在观察对象身上所察觉到的许多东西，往往不属于观察对象的意识领域，而是属于他们的无意识领域，但人们却会据此而让自己误以为，这些观察到的性格质量属于观察对象的意识的自我（bewußtes Ich）。不过，关注心理结构的认识且希望更正确理解人类的心理学家却不该这么做，而是应该清楚地区辨人们的意识和无意识。因为，只有适应意识的观点，而不是把事情归结于无意识的背景，研究者才能正确地理解并清晰地掌握个体的性格。

四、内倾型男性（热情型男性）

关于内倾型男性（沉思的热情型男性）的性格，乔丹曾有如下的描述：

他们不会时常改变自己的娱乐消遣，而且对于娱乐消遣的爱好是出于真正的本性，而不是因为闲不下来而必须用它们来让自己有事可做。他们如果担任公职，那是由于他们本身具有某种本领，或打算达成某一件事。一旦完成了工作，他们就会乐于离开。他们还愿意肯定别人，对他们来说，与其让事情败在自己的手中，倒不如把它们交给别人，由别人来完成。他们往往会高估工作伙伴的功劳，所以从来不会，也不可能会习惯性地斥责别人。他们本身发展缓慢，遇事经常犹豫不决。他们向来没有自信，所以无法成为宗教领袖。为了准确知道发生了什么错误，他们会为了追究错误而让身边的人吃足苦头。他们虽然不缺乏勇气，却无法坚信自己所持有的真理不容置疑，并因此把自己搞得焦头烂额。他们如果拥有杰出的才能，就会被周遭的人推向备受瞩目的显要地位，至于其他性格类型的人则是抢着出风头，努力凸显自己。[1]

就我的观察来说，乔丹在他的著作中对于内倾型男性——他所谓的"热情型"男性——的描写其实没有超出以上这段引文所包含的内容，而且在大部分的内容里我们无法找到任何关于这种类型所富有的热情的描述。做推测当然必须小心谨慎，但这里的情况似乎让人们觉得，大概是因为一些主观的缘由，他对于内倾型男性的描述才会显得如此贫乏。乔丹在前面对于外倾型男性的描述虽然有失公允，却是详细的，因此，人们也会期待他对于内倾型男性也有类似的、细腻而彻底的刻画。那么，为什么乔丹在这方面的表现会出乎人们的料想？

假设乔丹本身的性格属于内倾型，这么一来，我们或许就可以明白，我们对他如果也采取类似他对于与他相反的类型的那种尖刻无情的描述，其实是不恰当的做法。我

---

[1] JORDAN, *Character as Seen in Body and Parentage*, p. 35f. ——原注

在这里并不想表示乔丹缺乏客观性，我只是想指出，他的问题其实在于不了解自己本身的阴影。内倾者不可能知道或料想到自己在外倾者的眼中是什么样的形象，除非外倾者愿意冒着事后将被迫与他们决斗的风险，而向他们吐露自己的看法。外倾者很难把内倾者乔丹对于自己性格特征的描述视为善意而贴切的形容，同样，内倾者也难以接受外倾者对于自己性格特征的观察和批评，毕竟某一种类型对于另一种与其对立的类型总是持有鄙夷的态度。内倾者如果试图理解外倾者，必定会产生误解；同样，外倾者如果从表面的形式而非从实质的内容来尝试了解内倾者精神的内在生活，必定也会出现偏差和谬误。内倾者总是错误地把外倾者的行动归结于他们的主观心理，而外倾者则偏颇地把内倾者的精神的内在生活单单视为外在状况所造成的结果。对外倾者来说，抽象的思维过程如果和客体没有明显的关联性，就必定是幻想，也就是某种由大脑所编造出来的东西。事实上，内倾者的思维往往只是大脑的臆想。内倾型男性总是有许多话要诉说，而且会赋予外倾者一幅完整却负面的阴影图像（Schattenbild），正如乔丹在前文里对外倾者的描写那般。

我认为，乔丹对于内倾型男性的诸多见解当中，有一点相当重要，而且似乎体现了内倾型情感的特性：这种类型的男性对于娱乐消遣的爱好是出于"真正的本性"。这种本性是天生的，它就存在于自己本身，而且扎根在更深层的人性里，在某种程度上，它会为了自己的目的而有所表现；它满足于实现自己，却不效劳于其他的目的，也不让自己供他人使唤。它和古老而原始的自然现象的自发性有关，而从未屈服于文明的目的和意图。此外，不论对还是错，还是根本罔顾对错和是否符合目的，这种类型还会把外显的情绪状态强加于主体，而且违逆了主体的意志和期待。因此，这种类型的情绪状态本身没有一丝一毫是出于主体所构想的动机。

在这里，我并不想继续讨论乔丹著作的后续章节的内容。总之，他还以一些历史人物为例，其中也出现了一些前文提过的错误所导致的许多偏差的观点，比方说，乔丹在该书中使用了"积极主动"和"消极被动"这两种判别类型的标准，而且与其他的标准混为一谈，因此经常形成这样的结论：性格积极主动的人可以被归类为冷漠型，至于热情型的性格应该是消极被动的。我本人对于心理类型的看法已经尽量避免乔丹的错误，也就是不把积极主动性的因素当作判断心理类型的标准。

就我所知，乔丹是第一位能比较正确地描述情绪类型（emotionale Typen）的人。就这一点来说，他实在功不可没。

第五章 心理病理学的类型问题

我们将在本章里讨论奥地利精神科医师奥托·格罗斯（Otto Gross）曾从许多令人不解的心理病理的衰弱状态（psychopatische Minderwertigkeiten）之中所梳理出的两种心理类型。心理病理的衰弱状态相当复杂，它包括了所有无法被归入精神疾病的心理病理的边缘状态，也就是所有的精神官能症和心理退化的状态，诸如智识、道德、情绪以及其他的心理衰弱现象。

格罗斯医师在他的《大脑的次要功能》（*Die zerebrale Sekundärfunktion*）这本理论性著作里发表了以上的见解，而且从其中的基本假设推演出两种心理类型。[1] 虽然他所处理的实证资料都来自心理衰弱状态的领域，但他却能把从

---

[1] 格罗斯也曾在他的另一本论著里（*Über psychopathische Minderwertigkeiten*, p. 27ff.）再次处理心理类型这个主题，不过，实质的内容并没有任何改变。——原注

中所获得的观点运用于更广泛的正常心理的领域。这是因为，不正常的心理状态有时就像一面放大镜，因此，研究者只有在处理人们不平衡的心理状态时，才有特别适当的机会得以相当清楚地洞察到某些在正常的心理范围内不易察觉的现象。我们还会在后面看到，格罗斯如何把他在这本书最后一章所得出的结论延伸到其他的领域里。

格罗斯认为，"次要功能"（Sekundärfunktion）就是一种在"主要功能"（Primärfunktion）发挥作用后所出现的大脑细胞的活动。主要功能就相当于大脑细胞原本的作用，它促成实际的心理过程的产生，也就是概念的形成。主要功能的运作就是一种能量过程，或许我们可以把它当作一种化学压力的释放过程，或化学分解的过程。在这种剧烈的能量释放（被格罗斯视为主要功能的运作）之后，次要功能便开始产生作用，也就是借由承接主要功能所释放出的能量而展开复原的过程，即重建的过程。这个过程需要多少时间视主要功能先前所释放的能量强度而定。此时，大脑细胞的状态已经发生转变，它们已经进入一种兴奋状态，因此会影响后续的心理过程。备受关注、充满情绪的心理过程特别耗费能量，因此便延长了接下来的复原期或次要功能的运作时间。

格罗斯认为，次要功能对于心理过程所产生的效应，就是对后续的联想过程（Assoziationsverlauf）所造成的，且可被证实的特定影响。就这个意义来说，次要功能会把联想的选择范围限制在主要功能所呈现的"主题"或所谓的"主要观念"上。事实上，我所亲自主持的一些实验性研究——同样，我的几个学生也曾完成一些相关的研究——已经清楚地指出，在主要功能显示出那些备受关注的观念后，就会出现一些能以数据证明的"持续重复的现象"（Perseverationsphänomene）。[1] 我的学生阿道夫·艾伯施威勒（Adolf Eberschweiler）曾在一篇语言学的研究论文中，从语文的准押韵（Assonanzen）和黏着形态的构词（Agglutinationen）证明了这种持续重复的现象的存在。[2] 此外，我们还从病理的临床经验中知道，持续重复的现象经常出现在一些脑部严重损伤的个案里，例如脑部肿瘤、脑部萎缩、中风以及其他的病变状态。大致上，我们可以把持续重复的现象视为次要功能受到阻碍的复原过程。由此

---

[1] JUNG, *Diagnostische Assoziationsstudien* (GW II). ——原注

[2] EBERSCHWEILER, *Untersuchungen über die sprachliche Komponente der Assoziation* in *Allgemeine Zeitschrift für Psychiartrie* (1908). ——原注

可见，格罗斯的假设具有极大的可能性。

所以，复原期——次要功能的作用期——较长的个体或类型是否存在的问题就自然而然地被提出来了！如果它们确实存在，那么，次要功能较长的作用期是不是导致某些特殊心理的原因？在既定的一段时间里，次要功能的作用期较短，对于一些前后连贯的联想所产生的影响会比较少，反之亦然。因此，作用期较短的次要功能所追随的主要功能就可以更频繁地运作，这种情况所形成的心理意象便显示出不断重复、随时准备更新行动和反应的特点，也就是反映出一种可转变性，其联想内容的联结性便出现表面化的倾向，从而缺乏深刻性与稳固性。所以，只要人们还对于这些联想内容的相互关联性的意义有所期待，它们就会显露出某种程度的不连贯，同时这些联想内容还会自行产生许多尚未深刻化的新主题，因而在同一平面上还出现了一些异质的、价值分歧的东西，而让人们觉得，它们就是德国神经病理学家卡尔·威尼克（Carl Wernicke）所谓的"观念的齐平化"（Nevellierung der Vorstellungen）。主要功能一个接一个地快速启动，个体当然就无法体验观念的情绪价值（Affektwerte），而只能感受到其表面的情绪性，但个体却可以因此而让自身快速地适应环境并调整自己的态度。然而,实际的思考过程——或更准确地说,思考的抽象化过程——却需要让许多初始观念(Ausgangsvorstellung)及其影响能够停留较长的时间,也就是需要作用期较长的次要功能。因为如果次要功能的作用期过短,观念——或观念群——的抽象化便无法达到一定的深度。

更快速地重新启动主要功能,会让个体拥有更快速的反应能力(不过,这种能力却是针对事物的广度而非深度)。虽然这种能力能让个体迅速掌握当下的状况,但他对这些状况的理解却止于表面,并无法触及更深层的含义。处于这种状态的人会让人们觉得毫无批判能力,依照情况的不同,有时会让人们觉得,他们不带偏见地看待一切,对他人充满谅解而且乐于助人,但有时却令人们不解地感到,他们对他人持有无所顾忌、不得体,甚至是粗暴的态度。过于快速地略过隐含于当下状况的更深层的含义,会让他们无法察觉那些未浮现于最表面的东西。他们快速的反应能力的外在表现就是那些机智的应变,以及鲁莽冒失,甚至是大胆放肆的行为,这样的先决条件已经让他们处于无法批判与体察实际状况的危险中。

人们会误以为他们在行动方面的迅速是果决的表现,

但其实那是盲目的冲动。他们理所当然地介入他人的事务，他们对观念和行为的情绪价值及其对他人的影响的无知，更助长了本身这种莽撞的态度。他们随时准备快速地转变，却干扰了本身对已察觉和已经验的信息的处理。此外，这些未妥善处理的、松散庞杂的、彼此缺乏关联性的信息还会严重地妨碍记忆的运作。因为，一般说来，只有具有强大联结性的联想内容才能轻易地再现于记忆中，而相对孤立的内容则会在记忆里迅速消失。这一点正好可以说明，为什么记忆一连串无意义的、（互不相干的）词语会比记住一首诗还要困难许多。这种类型还具有以下的特点：他们所爆发的热情会快速消失，而且在某种程度上还缺乏品位。这是因为他们总是快速而草率地把那些异质内容串在一起，而且他们本身也无法了解一些迥然不同的情绪价值。他们比较倾向于内容的设想，以及快速而草率地串联信息，而缺乏抽象和综合的能力，这就是他们在思维上的典型特征。

我刚才在叙述这种作用期较短的次要功能的类型时，除了采用格罗斯的见解之外，还参考正常的心理而做了一些改写。这种类型被格罗斯称为"浅化意识的衰弱状态"（Minderwertigkeit mit verflachtem Bewußtsein）。我们如果把该类型的极端特征缓和成正常的心理状态，就可以获得一个整体的图像，而且本书的读者还可以从中看到乔丹医师所提出的"冷漠型"这种性格类型，即"外倾型"。格罗斯的见解虽然不完备，但他却能率先对这种人格类型的建构提出一致而简要的假设，因此他在这方面的贡献实在功不可没。

与上述的"浅化意识的衰弱状态"相反的类型就是格罗斯所谓的"窄化意识的衰弱状态"（Minderwertigkeit mit verengtem Bewußtsein）。这种类型的次要功能的作用特别密集而持久，由于作用时间的延长，次要功能便能对相互连贯的联想内容发挥更多的影响。此外，作用期较长的次要功能所追随的主要功能也会比较强大，换句话说，窄化意识的衰弱状态的脑细胞会比浅化意识的衰弱状态的脑细胞（外倾者）具有更广泛且更完整的效能，其随后出现的被延长与被强化的次要功能也是自然而然的结果，这是很容易理解的。作用期较长的次要功能可以延长初始观念的后续影响的时间，从而产生格罗斯所谓的"收缩效应"（Kontraktivwirkung），也就是相互连贯的联想会特别把拣选范围聚焦在初始观念上。如此一来，主要功能所呈现的"主题"也可以获得充分的了解与深刻化，初始观念也会持续发挥效应，个体便因此而留下更深刻的印象。

收缩效应所造成的不利的后果，就是个体的思考会被限制在比较狭隘的范围，进而损害了思考的多样性和丰富性。不过，另一方面，个体在思考上的综合能力也大大地增强，这是因为相互联结的元素彼此聚集的时间够长，而得以完成抽象化。此外，局限于某一主题虽然能让相关的联想内容丰富化，让观念群拥有稳固的内在联系和封闭性，却也同时让观念群和没有关联的东西彻底隔绝，而落入了联想的绝缘状态。格罗斯（采借自威尼克的概念）把这种现象称为"缺乏联结的隔离"（Sejunktion）。观念群的"缺乏联结的隔离"会导致一些彼此联系松散或毫无联系的观念群的增加。个体如果处于这种状态，就会表现出不协调的人格，或格罗斯所谓"缺乏联结的隔离人格"（sejunktive Persönlichkeit）。这些各自孤立的观念群的存在首先会因为欠缺相互的影响而彼此无法相互协调，并相互纠正。它们各自的内部结构虽然严密且合乎逻辑，却无法从不同取向的观念群获得具有矫正性的正面影响，因此很容易出现这种情况：一个特别强势而封闭的、不受任何影响的观念群在跃升为一种"被过度高估的观念"并具有支配性后，便享有绝对的自主性而蔑视一切批评，最终还占据了掌控一切的关键地位，个体也因此而表现出"古怪的坏脾气"

(Spleen)。[1]

在一些精神病态里，这种具有绝对支配性的观念群会变成强迫观念或妄想观念，也就是变成无法被撼动的绝对主宰者，并迫使个体生命的一切向它臣服。这么一来，个体全部的思维方式便出现了不同的倾向，从而产生"错乱的"想法。此外，我们从妄想观念的形成过程所获得的观点，也可以解释一个临床事实：人们其实可以通过适当的心理治疗步骤，矫正初期阶段的妄想症患者的妄想观念，也就是把妄想观念和其他具有扩展性（非封闭性）的、矫正性的观念群联系在一起。[2] 有些人对于串联各自孤立的观念群显然持有小心谨慎，甚至是担忧的态度，因为他们认为凡事都应该有清楚的区别，应该通过观念群内容的严格措辞尽可能地拆除观念群之间的桥梁。人们的这种倾向被

---

[1] 格罗斯在另一本著作里（*Über psychopathische Minderwertigkeiten*, p. 41）还特地区分了"过于高估的观念"和"过于高估的观念群"。在我看来，这样的做法是正确的，因为"过于高估的观念群"——诚如格罗斯所指出的——不仅会出现在"窄化意识的衰弱状态"这个类型中，也会出现在其他类型中。此外，"冲突观念群"还由于本身对于情感的强调，不论出现在哪一种心理类型中，都对个体很有价值。——原注

[2] 参见 BJERRE, *Zur Radikalbehandlung der chronischen Paranoia* in *Jahrbuch für Psychoanalytische Forschungen* III/1911, p. 795ff。——原注

格罗斯称为"联结的恐惧"（Assoziationsangst）。[1]

观念群严密的内在封闭性会阻碍所有来自外在的影响。只有当它的前提或结论和另一个观念群的联系能像本身的内部结构那般严密且合乎逻辑时，它才有可能受到外在的影响。一些彼此联系不够紧密的观念群的积累，当然会使个体与外在世界出现严重的隔绝，从而造成内在滞积着大量的力比多。因此，人们经常会发现，力比多能量会高度集中在个体的内在过程，换句话说，如果个体属于"感知型"，力比多能量就会集中在身体的感官知觉，如果个体属于"思考型"，力比多能量就会集中在思维的过程。此时，个体的人格似乎被拘束和占有，似乎显得精神涣散、多疑、"沉浸于思想里"或智识方面出现某种偏颇。无论如何，他们都极少参与外界的生活，显然偏好孤独而不喜欢社交，往往通过对动植物的挚爱来获得补偿。

他们的内在心理过程会更活跃，因为一些既有的、彼此却少有联结或毫无联结的观念群会突然"冲撞在一起"，并借此而刺激主要功能再度产生强烈的作用，进而启动作用期较长、能融合两组不同观念群的次要功能。我们可以

---

[1] GROSS, *Über psychopathische Minderwertigkeiten*, p. 40. ——原注

这么认为，所有的观念群会在某个时间点以这种方式彼此冲撞，而后便可以产生具有普遍统一性和封闭性的心理内容。不过，这种具有疗愈效益的结果却只会出现在外在的生活世界停止改变的时候。因为外在的改变不可能停止，所以，他们仍得面对外界不断出现的新的刺激，因此而被引发的次要功能就会打乱并否定既有的内在路线（innere Linien）。所以，这种类型会保有远离外在刺激、避免改变，并尽可能维持生活稳定性的显著倾向，直到内在的一切能相互融合为止。心理病患如果属于这种类型，就会明显地表现出这种倾向，也就是尽量让自己脱离一切，并试图过着隐居遁世的生活。这种方式虽然可以让那些病情轻微者获得治疗，但对于病情严重的患者来说，降低主要功能的强度才是唯一有效的治疗方式。这个问题还需要专门另辟一章做详尽的处理，不过，我们在前面讨论席勒的《审美教育书简》时，已经约略提过这个问题。

显然，这种类型的特征就是极其特殊的情绪现象。正如我们所看到的，这种类型会出现附属于初始观念的联想。他们会针对那些附属于主题的材料进行充分的联想，也就是那些尚未与其他观念群发生联结的材料。这类联想的材料（即某一概念群）一受到刺激，不是出现激烈的反应，即激烈的情绪爆发，就是因为本身的封闭性已经无法接受任何刺激而毫无反应。这种联想如果足够充分，就会触动所有的情绪价值，而出现激烈的情绪反应，并形成为时不短的后续效应。这类后续效应通常不被外界所察觉，因此便在内在的世界里越陷越深。个体被情绪的后续震荡（Nachschwingungen）充满，因此在情绪尚未消散之前便无法再接受新的刺激。当刺激的累积已经达到令人无法忍受的程度时，就会出现强烈的自我防卫的反应。当彼此缺乏联结的观念群大量累积时，也会出现习惯性的自我防卫的态度，而且会进一步转化为不信任感，在病态的情况下甚至还会恶化为被迫害妄想症。

情绪的突然爆发还会与沉默和自我防卫交替出现，这会使这种类型的人格显得反复无常、古怪偏执，而让周遭的人难以捉摸。因为这种类型的个体过于关注自己的内在世界，缺少应对和应变的能力，所以，他们经常处于难堪困窘的处境，不知该如何是好。这种情形会成为他们逃避社交的原因，而让他们更加封闭。间或爆发的情绪还会把他们的人际关系搞得乱七八糟，在窘迫和无助的状况下，他们会感到自己与他人的关系已经无法再回归正轨。迟钝的适应力会让他们经历一连串的负面经验，他们即使不对这些不利情况的真正原因或信以为真的原因心怀怨恨，也必然会存在着自卑感。他们内在的情绪生活相当强烈，所产生的许多后续效应会让他们在区辨和察觉别人的语气及态度时变得非常细腻。他们在情绪上相当敏感，而且因为自身对情绪的刺激或对所有可能形成这类印象的情况感到胆怯和恐惧，所以会把这种情绪状态表露无遗。他们这种情绪的敏感性特别是针对周遭的人的情绪状态的。他们不会让自己出现唐突的意见表达、充满情绪性的论断以及情感所产生的种种影响等，因为他们畏惧自己的情绪，毕竟这些情绪会再度唤起他们可能失去掌控的持续性印象。这种情绪的敏感性很容易随着时间形成某种以情感为基础的、缺乏生命力的抑郁感。格罗斯还在另一个段落里表示，"抑郁感"就是这种类型的显著特征，并且强调，这种类型的人如果体认到情绪价值，就很容易出现对于情绪的高估，即"过度看重"情绪。我们可以轻易地从出现在他们身上的那些鲜明的内在过程和情绪里发现，他们属于内倾型。格罗斯对于这种内倾类型的说明远比乔丹所描述的"热情型"（沉思型）更完整，不过，他们两人对于这种类型的呈现，在主要特征方面却是一致的。

格罗斯曾在他的著作《大脑的次要功能》的第五章里

说明，他所描述的这两种衰弱状态的类型，在正常的范围内，都会显现出"生理学方面的个体差异"。具有广度的浅化意识（外倾型）和具有深度的窄化意识（内倾型）就相当于两种不同的性格。依照格罗斯的见解，具有广度的浅化意识的类型能快速适应周遭的环境，因此特别着重实际层面。他们的内在生活因为无法形成大量的概念群，所以未能占有支配地位。"他们会精力充沛地宣扬自己的人格，在支持从前流传下来的一些伟大的观念上，他们也有高贵的表现。"[1]格罗斯认为，这种类型的情感生活是原始的。这些高贵的表现者"通过接受外界公认的理想"来建立他们的情感生活，所以，他们的活动，或更确切地说，他们的情感生活便如同格罗斯所说的充满了英雄气概，"不过，他们的情感生活却依然是平庸的"。"英勇"和"平庸"似乎无法兼容，但格罗斯接下来却立即为我们指出他据此而形成的看法：浅化意识类型的性欲观念群和其他的意识内容——诸如美学、伦理道德、哲学和宗教性质的观念群——的联结并未获得足够充分的发展。然而，在弗洛伊德看来，这可能是性欲要素的压抑。

---

[1] 请参考乔丹医师在这方面提出的类似的论断。——原注

如果性欲观念群能与其他的意识内容明显地产生联结，这对于格罗斯来说，就是"高尚的人性的真正标记"。[1]这种联结的产生绝对需要作用期较长的次要功能，因为个体只有在有较长的时间意识到并深刻化这些要素时，自身的综合能力才有可能随之形成。虽然外倾型的个体会因为接受外界所公认的理想，而使其性欲被压缩到有益于社会的面向，但他们还是"无法超越平庸琐碎的层面"。这样的评断虽然有点苛刻，却贴切地指出了外倾型性格的本质：外倾者只让自己定向于外在的信息，因此他们的心理活动主要是在处理这类信息。他们少有或毫无余裕可以整顿本身的内在生活，从一开始，他们便已顺服于自身所接受的那些外界的标准和规定。在这种情况下，自身的优势功能便无法和劣势功能产生联结，因为这种联结的形成是一个漫长而辛苦的自我教育过程，需要个体投入大量的时间和精力，而且如果个体不具有内倾取向，是不可能达成的。毕竟外倾者对于自己的内在不感兴趣，也不会花时间在这方面，更何况他们还受制于那种对本身内在世界毫不掩饰的怀疑，就像内倾者对外在世界所持有的疑虑一般。

1　GROSS, *Über psychopathische Minderwertigkeiten*, p. 61. ——原注

不过，人们也不该因为内倾者拥有较强的综合力和实现情绪价值的能力，就认为他们必定能发挥个人的综合力，而在优势功能和劣势功能之间成功地建立和谐的关系。所以，我不赞同格罗斯主张的个体的心理类型唯独与性有关的观点，因为我认为心理类型不只关乎性驱力，还涉及其他的驱力。性当然是那些未被驯化的、粗野的驱力最常使用的表达方式，但在各方面争取生存的权力斗争也是这类驱力的体现。

正如前面所提到的，格罗斯把内倾者称为"缺乏联结的隔离人格"，就是在强调这种类型确实难以在各自独立的概念群之间建立联结。内倾者的综合能力只用于建立一些尽可能相互分离的、各自独立的观念群，但这些观念群的存在却恰恰阻碍了内倾者进一步朝向更高层次的整合。所以，在内倾者身上，那些关于性欲、争取权力或追求享乐的概念群也是孤立的，而且尽可能地与其他的概念群分离开来。在这里，我还想起了一位拥有高度智识的内倾型精神官能症患者的实例：这位患者既能处于先验的唯心论的崇高界域里，也可以待在堕落败德的市郊妓院中，而他的意识里竟然完全没有出现道德或审美的冲突。他的内在已经把这两件截然不同的事彻底区隔开来，所以自然会出现严重的强迫性精神官能症（Zwangsneurose）。

我们在阅读格罗斯对于"具有深度的窄化意识类型"的阐述时，应该牢记以上的相关批判。就像格罗斯所指出的，具有深度的窄化意识就是"内倾个体的基础"。由于这种类型本身强烈的收缩效应，其个体总是以某一思想的观点来看待外在的刺激，于是"对于内倾的强烈渴望"便取代了朝向现实生活的驱力。"存在的事物不再被理解为个别现象，而是被视为隶属于某个大型观念群的概念。"格罗斯的这个观点还契合了我们在前面对中世纪经院哲学的唯名论和唯实论之争与这两大派别所继承的古希腊学派（柏拉图学派、犬儒学派和麦加拉学派）的讨论里所得出的想法。我们可以从格罗斯的观点中轻易地发现唯名论和唯实论这两派的观点所存在的差异性：次要功能的作用期较短的外倾者在某段时间内会拥有许多彼此关联松散的主要功能；他们会特别与个别现象和个别情形联系在一起，所以，对他们而言，共相仅仅是名称，并不具有真实性。反之，对于那些次要功能的作用期较长的内倾者来说，内在事实、观念、抽象概念或共相始终具有重要的意义。这些内倾者认为，它们就是不折不扣的真实，因此必须使一切个别现象与它们发生关联性。

就中世纪的经院哲学的意义来说，这些内倾者无疑是唯实论者。因为这些内倾者对于外在事物的察觉总是依循自己的思维方式，所以他们还具有相对主义者的倾向。[1] 周遭的和谐会让他们特别感到欢欣愉悦；[2] 这种情况正好可以说明，他们内心多么强烈地渴望各自独立的观念群能彼此协调一致。他们会避免所有的"放纵行为"，因为它们可能会引起一些具有干扰性的刺激的产生（当然，必须排除情绪爆发的情况）。内在过程所导致的吸收作用（Absorption）已经让他们没有余裕顾及本身的合群性，而且本身的观念所拥有的强大优势也妨碍了他们接收外来的观念及理想。他们通过内在对于观念群的精心处理，而得以拥有鲜明的个体性格。"他们的情感生活总是带有个体性，但在社交方面往往派不上用场。"[3]

在我看来，格罗斯的这个主张往往会造成不同类型之间的严重误解，因此，我们必须对此提出深入的批判。格罗斯在这里所关注的，显然是内倾思考型。这种类型对外

1　GROSS, *Über psychopathische Minderwertigkeiten*, p. 63. ——原注
2　GROSS, *Über psychopathische Minderwertigkeiten*, p. 64. ——原注
3　GROSS, *Über psychopathische Minderwertigkeiten*, p. 65. ——原注

尽可能不表现出他们的情感，而是表现出合乎逻辑的正确观点和正确行动，因为，一方面，他们的本性向来就厌恶情感的流露，另一方面，他们会担心，本身不正确的言行会引发一些干扰他人的刺激而挑动他人的情绪。他们害怕别人会出现不愉快的情绪，因为他们相信别人也跟自己一样敏感，而且他们总是受到外倾型所表现出的快速反应与前后不一致的困扰。他们所压抑的内在情感有时会逐渐增强为激情，而且只有他们自己才会清晰地察觉到这种激情的存在。他们很熟悉那些折磨他们的情绪，而且会把它们和外倾情感型所显露出的情感做比较，最后他们终于发觉，他们的"情感"其实跟别人的情感大不相同。所以，他们后来会认为，自己的"情感"（更确切地说，自己的情绪）是独特的，也就是他们个人所特有的。他们本身的情感当然不同于外倾情感型的情感，因为外倾情感型的情感是一种已分化的适应工具，故缺乏内倾思考型的内在情感所特有的"真正的激情"。

激情总带有些许的驱力性质，所以很少具有个体性，而是具有全人类的共通性。只有已分化的东西才具有个体性，内倾者的激情尚未分化，因而不具有个体性。为了顾及普遍的"人类共通性"，类型的差异会立即消失在强烈的情绪里。在我看来，外倾情感型实际上最需要情感的个体化，因为他们的情感已出现分化，但他们却因为本身没有分化的思考功能而陷入与内倾型相同的错觉中。外倾情感型会受到本身思维的折磨，还会把他们的思维和周遭的内倾思考型的思维做比较，进而发现本身的思维和别人少有契合之处。因此，他会认为本身的思维是自己所独有的，或许还据此而把自己当作具有原创性的思想家，或因为没有人会像他们这般思考而就此压抑本身的思维。实际上，所有的人都有外倾情感型的思维，只是难得表达出来罢了！我认为，上述的格罗斯的主张源自他本身主观的错觉，然而，这种错觉却也是一种普遍存在的规则。

格罗斯表示，"收缩力的增强……会使个体本身专注于某些事物，但这些事物与个体之间却已不再有直接关乎生存的利害关系"。[1] 这句话确实说中了内倾者的思维方式最重要的特点：内倾者倾向于发展本身的思想，而罔顾一切外在的现实。这种情况既可以让个体获得优势，也能使其落入危险之中。思想在感官性之外出现了抽象化的发展，当然是一大优势，不过，个体的思维过程却会因此而偏离实

---

[1] GROSS, *Über psychopathische Minderwertigkeiten*, p. 65. ——原注

际的运用层面，而且偏离越远，这种思维过程就越失去它的生活价值。因此，内倾者往往会因为过于脱离实际生活，偏向以象征观点看待事物，而或多或少地受到来自外界的威胁。

格罗斯也强调内倾者的这个特点，但这并不表示，外倾者的情况比较好，他们充其量只是用不同的态度面对外在的事物。他们能够缩短次要功能的作用期，几乎只经历主要功能的积极运作，换句话说，他们已经不再有所坚持，而是以迷醉的方式飘浮于现实层面之上。他们只把存在的事物当作一种刺激剂，而无法再对它们有所察知和体认。这种能力具有相当大的优点，因为人们可以借此来帮助自己度过某些艰难的处境（尼采曾说过："你如果相信危险，你就输了！"）；不过，这种能力也有不小的缺点，因为它经常会让人们陷入没有出路的混乱中，而最终让人类结束在一场灾难里。

格罗斯认为，外倾型会产生所谓的"文明天才"，而内倾型则会出现所谓的"文化天才"。"文明天才"符合"实际的贯彻"，"文化天才"则符合"抽象的构想"。格罗斯在该著作的结尾处表达了他的信念：比起从前那些偏重广度的浅化意识的时代，我们这个时代特别需要具有深度的窄化意识。"我们喜欢具有思想性、深刻性和象征性的东西。经由单纯性而迈向和谐——这就是高等文化的艺术。"[1]

格罗斯写下这段话的时间是1902年。那么,现在的情况又如何呢?我们如果可以对此表达自己的看法,或许应该这么说:我们显然既需要文明,也需要文化;换句话说,我们同时需要缩短和延长次要功能的作用期。我们如果缺少文化,就无法创造文明,反之亦然。不过,令人遗憾的是,现代人已经失去这两者,这是我们必须承认的。次要功能如果对文明来说作用期过长,对于文化就会显得作用期过短,所以,我们在这里应该谨慎地表达自己的意见。因为对于进步持续的鼓吹已变得不可信,也已受到质疑。

总之,我想在这里表示,格罗斯的观点和我的观点相当一致,甚至我所提出的"内倾"和"外倾"这两个概念也受到格罗斯的观点的支持。现在我们只需要以批判的眼光阐明格罗斯所提出的基本假设,即"次要功能"这个概念。

为了探究心理过程而提出一些生理学或"器质性的"(organisch)假设,往往是一种很糟糕的做法。我们都知道,在这个脑部研究已经取得重大成果的时代,与心理过

---

[1] GROSS, *Über psychopathische Minderwertigkeiten*, p. 68f. ——原注

程有关的研究已经充斥着生理学的假设，其中以脑部细胞的突触（Zellfortsätze）会在睡眠状态缩回的假设最为荒谬，但它却曾受到学界大大的肯定与一番"科学性的"讨论。这种情况简直可以说是一种"大脑的迷思"，不过，我在这里绝不会把格罗斯关于次要功能的假设当作"大脑的迷思"，因为它是一个很好的假设，对于心理过程的研究仍相当具有价值，从另一方面来说，它还多次受到了应有的肯定。此外，次要功能的概念也相当完善。这个简单的概念可以把大量而复杂的心灵现象归结为一道令人满意的公式，而其他的假设就无法将心理现象的各种不同的性质做简单的化约和分类。

人们在面对一个很出色的假设时，总倾向于高估它的适用性和适用范围。这里所讨论的次要功能也出现了这种情况，所以，我在这里要提醒大家，次要功能的有效范围其实是有限的。人们通常会完全忽略这个事实：次要功能的假设其实只是一种认定，毕竟没有人见过大脑细胞的次要功能，也没有人可以证明，次要功能原则上对于接下来的大脑联想活动具有与主要功能相同的收缩效应，况且从定义上来说，主要功能根本不同于次要功能。我个人则认为，另一种情况所产生的作用更具有关键性：在同一个体身上，心理态度的样貌其实可以在极短的时间内发生改变。不过，如果次要功能的作用期具有生理学或器质性的性质，那么，人们必然会认为它或多或少处于不易变动的状态，所以也不会期待次要功能的作用期会突然发生改变，因为我们从未见过具有生理学或器质性性质的东西会出现突然转变，除非发生病态的变化。

我在前面已经多次强调，内倾和外倾根本不是性格，而是个体可以随意启动与关闭的心理机制。只有当内倾或外倾的心理机制占有习惯性优势时，个体才会发展出与其相符的性格。虽然个体与生俱来的气质决定了本身的倾向，不过，天生的气质不一定具有必然的决定性，因为，我本人经常观察到，环境也会产生同等重要的影响。我甚至处理过一个个案：从言行上来看，该病人显然属于外倾型。当他和一位内倾者共同生活一段时间后，再转而和一位具有明显的外倾性格的人一起生活时，他的心理态度竟然发生了转变，而从原本的外倾型变成了内倾型。我曾多次在类型明确的人身上看到，他们个人所承受的某些影响会在极短的时间内彻底改变其次要功能作用期的长短，不过，当这些外在的影响消失时，个体便又恢复了原本的状态。

有鉴于一些心理治疗的经验，我似乎觉得，人们其实应该更加关注主要功能的性质。格罗斯曾根据他所提出的那些充满情绪的观念，而强调次要功能的作用期长度，从而让次要功能依赖于主要功能。但事实上，他根本无法提出令人信服的理由来解释，为什么心理类型的划分应该取决于次要功能的作用期的长短。难道人们不可以依据主要功能的强度来划分心理类型？毕竟次要功能的作用期的长度明显地受制于主要功能消耗（释放）能量的强度，即大脑细胞的效能。

当然，人们还可以不以为然地表示，次要功能的作用期的长度其实取决于大脑细胞的复原速度，而不是消耗能量的强度，因为有些个体的大脑可以特别迅速地获得能量的供给，而得以急速地复原。如果情形确实如此，那么，（次要功能作用期较短的）外倾者的大脑就会比内倾者的大脑拥有更快速的复原能力。不过，这种极不可信的见解毫无事实的根据。我们只知道，次要功能会产生比较持久的作用，但我们对这种现象的真正原因的认识却仍局限于这个事实：除了病态的情况之外，主要功能特别强烈的作用在逻辑上会延长次要功能的作用期。由此可见，真正的问题在于主要功能，而且人们不禁要质疑，为什么人类的主要功能有强有弱？我们把问题聚焦于主要功能时，就必须解释，主要功能不同的强度和强度的快速变换到底是如何产生的？我本人则认为，主要功能的强度是一种取决于一般态度的能量现象。

主要功能的强度似乎取决于准备付诸行动时的心理紧张程度。如果心理处于高度紧张状态，主要功能就会大大地增强，相关的结果便随之出现。当心理的紧张随着疲劳的增加而松弛下来时，大脑的联想就开始涣散化和表面化，最后个体会变得"胡思乱想"，主要功能会因此而转弱，次要功能的作用期也会缩短。一般的心理紧张（如果撇开生理因素不谈，例如身体的休息状态）取决于一些相当复杂的因素，诸如心情、专注力和期待等，也就是取决于一些价值判断。这些价值判断是所有出现过的心理过程的总和，我当然会认为，它们不只是逻辑的判断，也是情感的判断。在心理学的专业论述里，我们会从能量的角度把一般的心理紧张称为力比多，也会从意识心理学的角度把这种紧张称为价值：因为这种强烈的心理过程"充斥着力比多"，所以它本身就是力比多的表现，换句话说，就是一种高压的能量过程；此外，它也是一种心理价值，因此，它所产生的联想的联结会被认为颇具价值，而与那些被视为肤浅、没有价值、在薄弱的收缩效应里所形成的联想形成一大对比。

撒开一些例外的状态不谈,紧张的态度就是内倾者的特征,而外倾者则表现出放松、轻松的态度。不过,所谓的例外状态却经常出现,甚至还出现在同一个体身上:内倾者如果处于他很中意的、和谐的环境里,态度就会逐渐放松而出现彻底的外倾化,从而被人们视为外倾者;内倾者如果处于一间寂静无声的暗室里,内心就会饱受所有被压抑的情结的啮噬而陷入紧张状态,连最轻微的刺激也会让他激动不已。虽然个体的心理类型会随着生活情况的变化而出现暂时性的转变,但他原本的态度通常不会出现持续性的改变。这也就表示,内倾者有时虽然会出现外倾化,但他依然跟从前一样,是个内倾者;同理可知,外倾者的情况也是如此。总结地说,我认为主要功能比次要功能更重要,因为主要功能的强度是关键因素,它取决于一般的心理紧张,也就是取决于可支配的力比多的滞积总量。取决于力比多滞积的主要功能的强度,是一个复杂的事实构成,也是一切已出现的心理状态的总和,其特征就表现在心情、专注力、情绪状态和期待上。普遍紧张的、强大的主要功能,以及相应的长作用期的次要功能是内倾的特征;普遍放松的、薄弱的主要功能,以及相应的短作用期的次要功能则是外倾的特征。

第六章　美学的类型问题

所有人类精神层面的研究领域如果直接或间接地涉及心理学，都会有助于我们在这里对于心理类型问题的探讨，这几乎是毋庸置疑的。既然我们已经在前文呈现了一些哲学家、诗人、医生以及洞悉人性的人士对于类型的看法，我们就在这一章里谈谈美学家曾对此发表过什么意见。

从整体的本质来说，美学是一种应用心理学。美学不仅处理事物的审美属性，也处理与审美态度相关的心理问题，或许后者还占了其中的大部分。由于内倾和外倾的二元对立是非常基本的心理现象，美学家也无法忽略它的存在。不同的人们会以不同的方式感受或观赏艺术和美，因此，他们必然会采用两种对立方式的其中一种。我们如果把或多或少具有独特性的个体特点排除在外，就会发现，人们的态度存在着两种相反的基本形式，德国当代艺术史学家威廉·沃林格（Wilhelm Worringer）则分别把它们称为"移情作用"和"抽象作用"。[1] 沃林格对于移情作用的定义，主要是根据前辈哲学家特奥多·利普斯（Theodor Lipps）的说法。利普斯认为，移情作用是"在一个与自己不同的对象里把自己客观化，而不论被客观化的自己是否应该被认为具有情感……当我在统觉（apperzipieren）[2]某个对象时，我便成为一个来自该对象或内在于该对象，并为该对象所统觉的存在，并且受到该对象的驱使，而采取内在行为的某种特定方式。这种方式似乎是借由我所统觉的对象而产生，而后再由该对象传递给我"。[3]

与利普斯同一个时代的德国哲学家暨心理学家弗里德里希·约德尔（Friedrich Jodl）则提出如下的解释：

艺术家所创造的感官意象，不仅促使我们借由联想法则而回想起类似的经历，而且这种意象还受制于外部化（Externalisation）[4]的普遍法则，所以便显现为一种外在于我

---

1 WILHELM WORRINGER, *Abstraktion und Einfühlung*. ——原注
2 "统觉"是指人们在获得新感觉时仍对旧感觉有所依赖，而且会根据旧经验来理解新经验。当新旧经验达到一致性并相互联结时，便能形成有系统的知识。——译注
3 LIPPS, *Leitfaden der Psychologie*, p.193f. ——原注
4 约德尔认为，外部化就是感官知觉在空间里的定位。因为我们所听到的声音不存在于我们的耳朵里，所看到的颜色也不存在于我们的眼睛里，而是存在于外部的空间里，因此，它们都是外在于我们的客体。JODL, *Lehrbuch der Psychologie* II, p. 247。——原注

们的东西。不过，我们同时还会把这种意象在我们内心所唤起的内在过程投射到它们的里面，从而赋予它们审美的生命。比起"移情作用"这个词语，人们应该会更喜欢我的这种说法，因为自身的内在状态对于这种意象的内向投射不只关乎情感，还涉及了各种内在过程。[1]

创立实验心理学和认知心理学的德国心理学家威廉·冯特（Wilhelm Wundt）则把移情作用视为一种基本的同化过程。[2] 在他看来，移情作用也是一种察觉过程，且具有如下的特征：主体会通过情感而把重要的心理内容投射到客体里，从而同化了客体，并与客体产生联结，而且因此感受到自身宛如存在于客体之中。当被投射的内容和主体的联结强过与客体的联结时，这种情况就有可能发生，但主体此时并不觉得本身已被投射在客体上，而是感觉本身所移情的客体充满情感，似乎想要有所表达。我们在这里还必须说明，投射作用本身通常是一种无意识活动，并不受意识的控制。不过，我们却可以通过语言的手段——

---

[1] JODL, *Lehrbuch der Psychologie* II, p. 436. ——原注

[2] WUNDT, *Grunndzuge der physiologischen Psychologie* III, p. 191. ——原注

条件句的使用，例如"如果您是我的父亲"——有意识地重现投射作用，从而打造出移情作用的情境。投射作用通常会把无意识内容转移（übertragen）到客体上，因此，分析心理学也把移情作用称为"转移作用"（Übertragung，弗洛伊德提出的概念）。此外，这一点还告诉我们，移情作用是一种外倾。

沃林格曾在移情作用里为审美经验下定义："审美的享受是客观化的自我享受。"[1] 依照他的说法，只有那些可以让人们移情于其中的艺术形式才算是美。利普斯则表示："只有在移情作用范围内的形式才算是美。这些形式的美就在于能够让我的想法在它们里面自由发挥。"[2] 这么说来，凡是不能让人们移情于其中的形式便是丑的。不过，这个移情作用的理论也有它的局限性，因为有些艺术创作的形式——诚如沃林格所强调的——并不符合人们这种移情的态度，尤其是那些来自东方、具有异国风情的艺术形式。长久以来，"天然之美和自然写实"一直都是我们西方传统的文化评鉴艺术之美的标准，而且这些标准也属于希腊罗

---

1 WORRINGER, *Abstraktion und Einfühlung*, p. 4. ——原注
2 LIPPS, *Ästhetik*, p. 247. ——原注

马和西方艺术的本质（当然，中世纪时期的某些艺术风格的形式是例外）。

自古以来，我们对于艺术便普遍持有移情的态度，只认为能让自己移情的对象才是美。如果客体具有不利于生命的、无机的（anorganisch）或抽象的艺术形式，我们的生命便无法移情于其中（利普斯曾说，"我所移情的东西，就是很普遍的生命"）。因此，我们只会对有机的、自然写实的、具有生命意志的艺术形式产生移情作用。不过，实际上却还有一种截然不同的艺术形式存在着：它具有背离生命的风格，否定生命意志，与生命有所区隔，但它没有放弃对于美的要求。当艺术创作出现不利于生命的、无机的、抽象的形式时，它不只与出自移情需求的创作意志无关，反而还与直接反对移情需求息息相关，也就是和压抑生命的倾向有关。"在我们看来，抽象冲动（Abstraktionsdrang）就是和移情需求对立的另一端。"[1] 关于抽象冲动的心理，沃林格曾如此表示："什么是抽象冲动的心理前提？我们可以在某些民族的世界情感里，在他们面对宇宙的心理行为里，寻找这些心理前提。移情冲动（Einfuhlungsdrang）是以人

---

1 WORRINGER, *Abstraktion und Einfühlung*, p.16. ——原注

和外在世界的现象之间所存在的那种愉悦的、泛神论式的（pantheistisch）亲近关系作为前提，但抽象冲动却是以外在世界的现象在人的内心所造成的强烈不安为基础，而且在宗教关系里，抽象冲动也符合所有宗教观念所披上的那层强烈的先验色彩。在这里，我们想把形成抽象冲动的害怕状态称为空旷恐惧症（Raumscheu）。既然古罗马诗人提布鲁斯（Tibullus）曾表示，上帝在这个世界里最先创造的东西就是恐惧，或许我们也可以把这种恐惧的情感视为艺术创作的根源。"[1]

移情作用确实预设了主体乐意亲近客体和信任客体的态度。移情作用是一种主体乐意面对客体，而把本身的主观内容转移到客体里，进而达成同化客体的心理活动。同化作用会让主体和客体达成相互的协调一致，尽管有时这种和谐的现象可能是假象。处于被动状态的客体虽然被主体同化，但它真正的性质并未因此而有所改变。客体所承接的主观内容会使本身的性质被掩盖，甚至进一步受到压制和扭曲。主体虽然可以借由移情作用而让主体和客体之间出现相似性和表面的共同性，但这些只是主体的主观感

---

[1] WORRINGER, *Abstraktion und Einfühlung*, p.16f. ——原注

受，实际上并不存在。因此，我们不难理解，人们对于客体必然还存在另一种不同的审美关系，也就是主体不仅不愿面对客体，甚至更想脱离客体，以试图确保本身不受客体影响的态度。这种态度在主体里会产生一种以消除客体的影响为目标的心理活动。

主体的移情作用在某种程度上已经把客体预设为一种空虚的、没有内容的东西，因此可以将本身的生命灌注于客体之中。抽象作用则恰恰相反：主体的抽象作用在某种程度上已经把客体预设为一种具有生命力、能发挥作用的东西，因此会试图摆脱客体的影响。抽象态度是向心的（zentripetal），也就是内倾。沃林格所提出的抽象作用的概念便符合了这种内倾的态度，而且他以主体的害怕或恐惧来形容客体所造成的影响是有意义的。因为进行抽象作用的主体对于客体的态度就是认为客体具有一种令人畏惧的性质，也就是一种有害或危险的效应，所以主体必须保护自己，使自己不受到客体的伤害。客体所显示的先验性质其实也是主体的一种投射或转移，只不过具有负面性，这是毋庸置疑的。因此，我们在这里必须假定，把强调负面性的内容转移到客体的无意识投射活动，比抽象作用更早发生。

移情作用和抽象作用都属于意识活动,而且都以无意识投射作为前导,所以,我们在这里可以提出一个问题:除了无意识投射之外,移情作用是否还以其他的无意识活动作为前导?因为移情作用的本质就是主观内容的投射,所以,作为前导的无意识活动必须产生与移情作用相反的效应,也就是使客体失去效用,即客体的无效化。客体经由这种方式而几乎被清空,被剥除主动性,最后变成一个空的器皿,准备承接移情作用所递入的主观内容。移情者会试着把自身生命移情于客体,并且在客体里感受自身生命的存在,因此,客体的自主性不宜过强,而且主客之间的差异不宜过大。在移情的过程里,客体本身的力量会被前导的无意识活动削弱,或被过度补偿(überkompensiert),而使得主体在无意识里立即超越于客体之上。这种主体的超越可以归因于主体意义性的增强,而且只发生在无意识里。主体意义性的增强源自无意识的幻想,这种幻想不是立刻贬抑或弱化客体,就是提升主体而使其凌驾于客体之上,由此便能形成移情作用所需要的位能,而将主观内容导入客体之中。

持有抽象态度的人,会发现自己处于一个充满活力却很恐怖的世界。这个世界企图剧烈地压迫他,因此,他便退回自身，以便让自己想出一道能自我解救的公式。这道公式将有助于提升他的主体价值，而让他至少能够应对客体的影响。反之，持有移情态度的人发现自己置身的世界需要他这个主体付出情感，而且借由这种付出得到他的生命和灵魂。移情者充满信任地赋予客体他的生命，抽象者则怀疑客体的魔力而退回自身，从而以抽象的创造建立起一个与客体对立的、能庇护他的世界。

我们如果回顾前面几章的论述，就不难发现移情作用里的外倾机制和抽象作用里的内倾机制。"外在世界的现象让人们的内在产生强烈的不安"就是内倾者对于外在刺激的恐惧。内倾者由于本身具有更深刻的感知和认识，对于外在刺激过度快速或过度强烈的改变会产生真正的恐惧。极其明显的是，他的抽象作用就是通过一个普遍的概念，而力图把变动性的、不具规则性的东西网罗在某个具有规则性的范围之内。这种具有魔力的抽象过程在原始人身上获得了充分的发挥，这是不言而喻的。因此，原始人的几何符号所具有的魔力价值远远超越了它们所具有的美感价值。

由于饱受外在世界千变万化的现象和混乱关系的折磨，

平静便成为这些民族强烈的内在需求。他们会在艺术里寻找幸福的可能性,因为他们已经无法经由致力于外在世界的事物、沉溺于其中的享受而让自己获得幸福。不过,他们却可以把外在世界的个别事物从随机性和表面的偶然性当中抽离出来,然后借由采用抽象形式的方法而让外在事物永垂不朽,从而在世界万象中寻得一个平静点,并摆脱其中的纷扰。[1]

具有抽象规律性的形式最独特,也最高超。人们在面对混乱不堪的世界图像时,可以在这些形式里获得内在的平静。[2]

正如沃林格所说的,东方的艺术形式和宗教确实体现出这种看待世界的抽象态度。一般说来,东方人所看到的世界与我们西方人所看到的世界并不相同。西方人借由移情作用而把主体的生命赋予客体,然而,对于东方人来说,客体原本(在先验上)就充满活泼的生命力,且凌驾于主

---

[1] WORRINGER, *Abstraktion und Einfühlung*, p.18. ——原注
[2] WORRINGER, *Abstraktion und Einfühlung*, p.21. ——原注

体之上，所以，主体会从客体撤离而回到自身，并把他对于客体的印象抽象化。佛陀在一场以火做比喻的开示里，曾这么说道：

一切都在燃烧。眼睛和所有的感官都被情爱、仇恨和诱惑的火焰点燃而陷入一片火海之中。它们也被人们的生老病死、苦痛、悲叹、忧伤、不幸和绝望引燃。整个世界在熊熊地燃烧着，整个世界已被烟雾笼罩，整个世界已被烈火吞噬，整个世界都在颤抖。[1]

这种可怕的、充满灾难的世界光景促使佛教徒采取抽象态度，就像传说中的佛陀也因为后来对世界留下类似的印象而展开修行生涯一样。佛陀已经在他的象征性语言里明确地指出，主体所产生的抽象作用应该归因于客体本身那种生机勃勃的活跃性。换句话说，客体活泼的生命力并非来自人类的移情作用，而是来自人类与生俱来的、先验的无意识投射。甚至连使用"投射"这个专有名词，也无法正确地说明这个现象，因为投射是实际发生的心理活动，

---

[1] 很抱歉，本人无法找到这段引文的出处。——原注

而不是我们在这里所讨论的人类天性所本有的心理状态。在我看来，列维-布留尔所提出的"神秘参与"的概念更能表达这种状态的特征，因为这个概念显示出原始人与客体的最初关系：原始人认为，客体本身含有灵质或灵力［在这里，客体并非一直为灵质或灵力所充满，故不同于泛灵信仰（Animismus）的假设］，洋溢着活泼的生命力，因此能对人们产生直接的心理效应。客体之所以能发挥这种心理效应，是因为它与主体具有相同的生命力。因此，在某些原始民族的语汇里，一些日常用品的名称往往具有指涉"生命体"的词义（例如一些表示生命现象的词尾）。

与这种现象类似的是，持有抽象态度的主体总是认为，客体本来（在先验上）就富有主动性和活泼的生命力，不仅不需要主体的移情，反而本身还能产生强烈的影响，而迫使主体的心理机制转为内倾。由于客体和内倾主体的无意识一起投入"神秘参与"，客体便得以获得来自主体的、强大的无意识力比多的注入。我们可以从前面那段佛经的引文中看到：让世界熊熊燃烧的那片烈焰与各个主体的力比多之火及炽热的激情是一样的。不过，此时主体的激情却显现为客体，因为它尚未分化为可受主体支配的功能。

因此，主体的抽象作用便显现为一种对抗原初的"神秘参与"的功能，而且为了切断与客体的联系而摆脱了客体。抽象作用一方面促使主体从事艺术形式的创造，另一方面则让主体得以认识客体。移情作用跟抽象作用一样，也具有艺术创作和认识的功能，但它所根据的基础却完全不同于抽象作用：抽象作用的基础是客体的魔性意义和力量，移情作用的基础则是主体的魔性意义，因为移情者的主体通过与客体的神秘认同（mythische Identifikation）而占有客体。这两种作用也说明了同时存在于原始人身上的两种现象：原始人一方面受到物神的魔力的影响，另一方面则是巫师和魔力的蓄积者，因此能把本身"所承载的魔力"赋予物神［请参考澳洲土著的齐林加仪式（Chiringa Ritus）］。[1]

无意识活动——作为移情作用的前导——所弱化的客体持续处于无法表达自身的状态，因此，移情者所认知的客体就是他投射在客体里的无意识内容，同时这些无意识内容也因此而让客体丧失了生命和灵魂。[2] 基于这些原因，移情者势必需要认识客体的本质。此外，我们还可以在这

---

[1] SPENCER AND GILLEN, *The Northern Tribes of Central Australia*. ——原注
[2] 这是由于移情者的无意识内容比较不具有生命力的缘故。——原注

种情形里发现，使客体失去活力的无意识抽象作用仍持续着，因为这种抽象作用始终具有这样的效应：它可以扼杀客体那些与主体的灵魂存在着魔性关系的自主活动。所以，抽象者会在意识上启动抽象作用，以保护自己不受客体魔性的影响。由于客体已经预先被弱化而失去了生命力，移情者的主体便能与世界建立一种信任的关系：毕竟世界已经不存在任何能够威胁他们、压迫他们的东西，因为只有作为主体的他们能赋予客体生命和灵魂，尽管他们的意识所认知的情况似乎与此完全相反。

至于抽象者则与移情者完全不同：他们认为，世界充斥着发挥强大效应，因而具有危险性的客体，所以他们内心会感到畏惧，同时也意识到自己的软弱无力。他们在避免和世界有亲密接触的同时，更退回到自己的身上，以便构想出一些能让他们再度取得优势的想法和公式。由此可知，抽象者的心理就是被迫害者的心理，而移情者则能自信地面对他们的客体，因为他们的客体已经不具有生命力，所以不带有危险性。当然，以上所描述的抽象者和移情者的特性的确过于公式化，因此根本无法完整地呈现内倾态度和外倾态度在本质上各有哪些特征，只能凸显它们之间的某些细微的差异。不过，话说回来，这些差异也具有不容忽视的重要意义。

移情者在客体中感到愉快时，并没有意识到自己处于这种状态；同样，抽象者在沉思他们从客体所获得的印象时，并不知道自己其实是在思考自身。因为移情者转移给客体的东西就是他们本身，更确切地说，就是他们自己的无意识内容；至于抽象者对于他们所获得的客体印象的思考，其实是对于本身情感——他们对于客体所产生的情感——的思考。因此，移情和抽象这两种作用既有助于人们真正地认识客体，也能促使人们真正地从事艺术创作，这是很清楚的事。所有的个体都具有这两种作用，不过，这两者所出现的分化程度通常都不一样！

沃林格把人们对于自我摆脱（Selbstentäußerung）的冲动当作这两种审美经验的基本形式的共同根源。在抽象作用里，人们会通过"对于必然性和恒常不变性的思考来摆脱人类存在的偶然性和一般有机体存在的表面随机性"。人们在面对大量混乱的、令人印象深刻的、充满生命活力的客体时，会产生抽象作用，也就是形成抽象的普遍意象，这种意象会以规律性的形式处理主体从外界所取得的印象。这种抽象意象的魔性意义在于保护主体不受混乱的、充满变化的外在经验的干扰。人们不仅会沉溺在这种意象里，而且会让抽象的真理凌驾于生命的现实之上,从而压抑了可能妨害本身享受抽象美的生命,最终迷失自己。人们把自己提升到抽象的层次,从而认同了本身意象的恒久有效性,并且由于把这些意象奉为解脱的公式而使得本身的生命变得僵化呆板。他们以这种方式摆脱自己,而把生命转移给他们所关注的抽象意象,并让自己凝聚于其中。

至于移情者则把他们的活动和生命移情于客体,因此,只要被移情的内容能显示出主体的主要部分,身为主体的他们就能进入客体。他们变成了客体,也认同了客体,并以这种方式脱离了自己。当他们变成客体时,就会出现去主体化(Entsubjektivierung)。对此,沃林格曾表示:

当我们把活动的意志移情于另一个客体时,我们就会存在于该客体之中。只要我们跟随内心对于经历的渴望而走向一个外在的客体,走向一个外在的形式,我们便摆脱了我们纷杂的个体性存在。不同于个体意识那种无穷无尽的多样性,我们仿佛感到我们的个体性已经进入一个固定的范围。所以,在这种自我客体化(Selbstobjektivierung)里,存在着个体的自我摆脱。当我们肯定我们的个体性具有往外活动的需求时,就是在限制我们个体的无限可能性,就是在否定个体之间那种互不兼容的多样性。总之，我们会随着内心渴望自己能在这种客体化的范围里而平静下来。[1]

对于抽象者来说，抽象意象不仅可以让心理获得平静，而且是一道保护墙，可以有效抵御充满无意识生命力的外在客体对自己所产生的瓦解效应。然而，就移情者而言，移情于外在客体就是在保护自己，使自己不至于被无限的幻想可能性和相关的行为原动力的内在主观因素瓦解。个体心理学家阿德勒曾指出，内倾型精神官能症患者会固守着"虚拟的指导路线"，而外倾型精神官能症患者则紧紧抓住他们所移情的外在客体。内倾者会从本身对于外在客体的经验里抽象出他们的"指导路线"，并把这道公式（即该指导路线）当作对抗生命的无限可能性的保护工具，从而把自己托付给它。

移情和抽象、外倾和内倾都是适应机制与保护机制。它们只要能让人们适应环境，就可以保护人们不受外在危险的侵害。只要有导向性功能（gerichtete Funktionen）[2]存

---

[1] WORRINGER, *Abstraktion und Einfühlung*, p. 27. ——原注

[2] 请参考"导向性思考"（gerichtetes Denken）这个概念。JUNG, *Wandlungen und Symbole der Libido*, p. 7ff. Neuausgabe: *Symbole der Wandlung* (GW V)。——原注

在，这些功能就可以让人们摆脱自我，从内在的偶发驱力里解放出来，从而成功地保护人们不受其侵扰。我们从日常的心理经验里可以发现，有相当多的人完全认同了导向性功能——优势功能——其中也包含我们在这里所讨论的类型。人们对于这种优势功能的认同，具有一个无可争议的优点：个体可以因此而充分适应集体的期待和要求，而且可以通过脱离自我来避开那些未分化的、不具导向性的劣势功能。从社会道德的角度来说，对于优势功能的认同所体现的"没有自我"的无私，当然是一种特殊的美德，但从另一方面来看，它却有一个很大的缺点，因为它会造成个体的退化。

无疑，人类可以在很大程度上把自己机械化，不过还是无法做到彻底脱离自己而不蒙受伤害。个体越认同某一种功能，就会把越多的力比多从其他功能里抽离而转入该功能。那些不受个体青睐的劣势功能虽然可以较长期地忍受大量力比多的流失，但终究它们还是会展开反扑。这些劣势功能被剥夺力比多时，会因为失去能量而逐步陷于意识阈限之下，与意识的联结也会出现松动，最后渐渐地落入无意识里。这样的演变等于是一种退化，也就是相对有发展的心理功能往婴儿期倒退，最终甚至回落到那个古老而原始的阶段。因为人类生活在文明状态的时间只有短短数千年，而处于非文明状态的时间则长达数十万年，所以，潜藏在人类身上的那些古老而原始的心理运作方式仍具有旺盛的生命力，很容易被挑起。当某些劣势功能因为力比多的消退而出现彼此无法整合的问题时，那个古老而原始的心理基础就会在无意识里起作用。

因为意识和这些原始而古老的功能之间没有直接的联系，也就是说，意识和无意识之间不存在沟通的桥梁，所以这样的心理状态就相当于个体人格的分裂。个体越脱离自我，他的无意识功能就越往那个古老而原始的阶段倒退，无意识的重要性也会因此而增加。然后，无意识便开始以某些症状来干扰优势功能，从而启动精神官能症患者身上所出现的那种典型的恶性循环：个体会试图通过优势功能的杰出表现，来补偿无意识的干扰对本身所造成的负面影响。这种恶性循环如果愈演愈烈，最后可能会导致个体的精神崩溃。

对于优势功能的认同会引发脱离自我的可能性，这种可能性不只源自个体把自己片面地限制在某个单一功能里，而且起因于优势功能的本质就是一种要求个体脱离自我的原则。因此，所有的优势功能都会严格要求排除一切与它们不相符合的东西：如果个体的优势功能是思考，思考就会把所有干扰性的情感排除在外；同样，如果个体的优势功能是情感，情感也会把所有干扰性的思考排除在外。这是因为，优势功能如果不压制异于本身的东西，根本就无法运作。然而，在另一方面，具有生命的有机体的自我调节却自然地要求人性的和谐化；因此，关注那些备受冷落的劣势功能对人类的生活来说不仅是必要的，而且是一项无可回避的教育任务。

第七章 现代哲学的类型问题

第一节 詹姆斯类型学

美国哲学家暨心理学家威廉·詹姆斯（William James）也在他所主张的实用主义哲学里发现了两种类型的存在。他曾在《实用主义》（*Pragmatism*）这本著作中指出：

> 哲学史在很大的程度上是不同性情（temperaments）的人，即不同性格气质（characterological dispositions）的人所发生的冲突。[1]

专业哲学家不论属于哪一种性情，他在探讨哲学问题时，总是会试着思考本身既有的性情这个事实。尽管他曾意识到自身的性情可能造成的影响，但他的性情所带给他的偏见，却比他本身的任何一个更客观的前提所造成的偏

---

[1] JAMES, *Pragmatism. A New Name for Some Old Ways of Thinking*, p. 6. ——原注

见还要强烈。因为他在推论时会着重这个或那个方向,所以会形成比较感伤或比较冷静的世界观,而且这种世界观的重要性并不亚于某些事实或原则。哲学家信赖自己的性情。他们希望拥有一个能和自己的性情相契合的世界,所以,他们宁可相信,这个世界所出现的一切情况都能合乎他们的性情。他们会认为,与自己不同性情的人无法和这个世界真正的性质协调一致,即使他们拥有更高超的辩证技巧,也不具有足够的能力成为称职的、真正的哲学家。然而,他们在公开讨论的场合里,却纯粹因为本身性情的缘故,而无法要求自己表现出本身在专业上的卓越和权威。因此,这种哲学讨论在某种程度上缺乏了参与者的郑重和严谨:他们总是在回避我们所有前提当中最重要的前提。[1]

詹姆斯接下来还刻画了他所发现的两种性情类型的特征:就像在民情风俗和生活习惯方面有拘谨规矩者和放浪形骸者之分,在政治方面有威权的信仰者和无政府主义者之分,在文学方面有专注于考证和修辞的学院派和写实主义者之分,在艺术方面有古典主义者和浪漫主义者之分,

---

1 JAMES, *Pragmatism. A New Name for Some Old Ways of Thinking*, p. 7f. ——原注

詹姆斯认为，在哲学领域里也存在两种对立的类型，即"理性主义者"和"经验主义者"。理性主义者"崇尚抽象的、永恒不变的原则"，经验主义则"偏好所有未经修饰的、丰富多彩的事实"。[1] 虽然原则和事实这两者对人们来说缺一不可，但人们却会因为偏重其中的一方，而出现截然不同的观点。

詹姆斯曾分别把"理性主义"和"经验主义"当作"唯智主义"和"感官主义"（Sensualismus）的同义词。虽然我认为这样的等同大有问题，但我在这里还是得放下自己的批判，先沿着詹姆斯的思路继续讨论下去。根据詹姆斯的观点，唯智主义跟唯心论和乐观主义（Optimismus）的倾向有关，而经验主义则趋向于唯物论（Materialismus）以及纯粹有条件的、不确定的乐观主义。理性主义（唯智主义）往往属于一元论，它从整体和普遍性出发，进而把事物统合在一起；反之，经验主义则从部分出发，而后把所有的事物集合在一起，因此被视为多元论。理性主义者情感丰富，经验主义者则固执己见。理性主义者倾向于信仰个人的自由意志，经验主义者则倾向于相信宿命论。理

---

[1] JAMES, *Pragmatism. A New Name for Some Old Ways of Thinking*, p. 9. ——原注

性主义者在探究事物时很容易教条化,经验主义者则倾向于持有怀疑的精神。[1] 理性主义者具有"柔性倾向"(tender-minded)的特点,而经验主义者则具有"刚性倾向"(tough-minded)的特点。以上显然是詹姆斯试图对这两种不同思维方式的特质进行的刻画。接下来我们会对这两组特征进行更深入的研究,而且我们还会发现,詹姆斯针对这两种类型对于对方的偏见的谈论十分有意思:

他们都对于对方感到不以为然。这种对立不论在哪个时代都在影响哲学史的发展,其中也包括我们这个时代。"刚性倾向的人"认为"柔性倾向的人"多愁善感,"柔性倾向的人"则认为"刚性倾向的人"粗俗不雅、麻木不仁或残暴野蛮。总之,每个类型都认为其他类型不如自己。[2]

詹姆斯把这两种类型的特性以对照的方式一一罗列如下:

---

[1] JAMES, *Pragmatism. A New Name for Some Old Ways of Thinking*, p. 10ff. ——原注
[2] JAMES, *Pragmatism. A New Name for Some Old Ways of Thinking*, p. 12f. ——原注

柔性倾向的	刚性倾向的
理性主义的（依据原则行事）	经验主义的（依据事实行事）
唯智主义的	感官主义的
唯心论的	唯物论的
乐观主义的	悲观主义的
有宗教信仰的	无宗教信仰的
自由意志论的	宿命论的
一元论的	多元论的
教条主义的	怀疑主义的

这种对比触及了我们在前面关于唯名论和唯实论的那一章里所讨论过的各种问题。"柔性倾向"和唯实论之间、"刚性倾向"和唯名论之间都存在着某些共同的特征。就像我在前面曾提过的，唯实论符合内倾原则，而唯名论则符合外倾原则。因此，就连中世纪的共相之争也属于詹姆斯所主张的哲学史上的思想家之间的性情冲突，这是毋庸置疑的事实。上述的关联性便让人们进一步把"柔性倾向"的人视为内倾者，而把"刚性倾向"的人当作外倾者。至于这样的看法是否站得住脚，就有待更深入的研究。

因为对于詹姆斯的著作所知有限，所以我无法找到他对于这两种类型更详尽的定义或描述，虽然他曾在论著中多次谈到这两种思维类型，而且把它们称为"薄的"和"厚的"。日内瓦大学心理学教授泰奥多尔·弗卢努瓦（Théodore Flournoy）[1]则进一步把詹姆斯所使用"薄的"和"厚的"这两个形容词分别解释为"薄弱的、细致的、纤瘦的、弱小的"和"厚实的、坚强的、壮硕的、伟大的"。此外，詹姆斯也曾使用"优柔寡断"（soft-headed）这个词语来描述柔性倾向的人。"柔的"和"软的"既是指脆弱的、娇嫩的、温和的、轻柔的，也是指虚弱的、被抑制的、没有力量的属性。反之，"厚的"和"硬的"就是具有抵抗性的、坚固的、难以改变的属性，它们会使人联想到物质的性质。因此，弗卢努瓦便对这两种思维方式做了以下的解释：

抽象的思维方式和具体的思维方式是对立的。换言之，纯粹的逻辑和辩证的方式对哲学家来说是如此熟悉，但这样的思维方式却无法让詹姆斯产生任何信任，因为在他的眼中它是脆弱、空洞而单薄的，因为它过于回避与个别事

---

[1] FLOURNOY, *La Philosophie de William James.*, p. 32. ——原注

物的接触。具体的思维方式则从经验事实中获得滋养,从未离开如龟壳般坚实的大地或其他正面的事实。

然而,我们却不应该根据弗卢努瓦的这段话而武断地认定,詹姆斯片面地赞同具体的思维,毕竟他曾说过:"当然,事实是好的……请给我们许多事实。原则是好的,请给我们大量的原则。"[1] 由此可见,他认为这两种思维都有它们的价值。我们都知道,事实从来不只是它们本身的样态,还是我们所看到的样态。当詹姆斯把具体思维形容为"厚的"和"硬的"时,他同时也在表示,这种思维对他来说具有某些实质性和抵制力;至于抽象思维,在他看来,则显得软弱、纤细而苍白,如果我们用弗卢努瓦的说法来解释的话,甚至还可能带有些许的病态和衰败。

当然,只有当人们先验地把实质性和具体事实联结起来时,才有可能形成像詹姆斯这样的观点,而且就像我们在前面说过的,这恰恰与个体的性情有关。"经验主义的"思维者会认为,本身具体的思考具备一种含有抵制力的实质性,但抽象思维者却认为,这根本是一种自我欺骗,因

---

[1] JAMES, *Pragmatism. A New Name for Some Old Ways of Thinking*, p. 13. ——原注

为所谓的实质性或"坚硬性"并不属于本身的"经验主义的"思维,而是属于外在的事实。这甚至还表明了"经验主义的"思维其实是很虚弱、很衰败的,因为它在面对外在事实时几乎不知道应该把持住自己,而且总是依赖并随从那些出现在感官知觉里的事实,所以几乎无法超越本身只会分类呈现的思维活动的层面。因此,从思考的角度来看,具体的思维很薄弱,自主性极低,因为它的稳固性并不存在于自身,而是存在于外在的事实。这些外在的事实因为具有决定性价值,所以显得比思维更加优越。具体思维的特色在于一连串与感官知觉有关的观念。这些观念的运作较少受到内在思维活动的激发,而较多受到感官知觉的变化的驱使。这一连串受制于感官知觉的具体观念,并不是抽象思维者所谓的"思考",它们充其量只是被动的统觉。

刚性倾向的性情偏好具体的思维,同时还赋予这种思维实质性。因此,这种性情的特点在于受感官知觉所制约的观念占据了优势地位,而不是主动统觉——毕竟主动统觉来自主体的意志活动,而且意图根据既有观念的意向来整理感官知觉所传递的观念。简单地说,这种性情倾向于外在的客体;由于主体移情于客体,客体便在主体的观念世界里取得了某种程度的自主性，并促使观念的形成。因此，这种性情的人属于外倾型。外倾者的思维是具体的，但他们的思维的稳固性并不在于主体本身，而是存在于他所移情的外在事实中，所以詹姆斯才会认为，这种性情的人具有"刚性倾向"。凡是采取具体思维的人，也就是那些接受涉及外在事实的观念的人，都会认为抽象思维是软弱而衰败的东西，因为抽象思维缺乏那些出现在感官知觉里的具体事实的稳固性。但是，对于抽象思维者来说，能发挥决定性作用的，并不是那些涉及感官知觉的观念，而是抽象的观念。

根据一般的看法，观念就是所有经验的抽象化。人们通常都把人类的心智设想成一块已经涂写着个体对外在世界和生活的察觉和经验的白板（tabula rasa）。如果我们从这个观点——最广义的、以经验为依据的知识观点——出发，观念根本就是对于经验的抽象化，也就是一种后验的（aposteriorisch）、存在于现象之后的（epiphänomenal）抽象思维，因此显得比经验更薄弱、更空洞。不过，我们也知道，人类的心智可能不是一块白板，因为我们可以从本身的思考原则所做出的评判得知，我们的思维在先验上已经具有某些范畴。这些范畴的存在早于一切的经验，它们与最初的思维活动同时出现，甚至还是早已预先形成的

（präformiert）、制约最初的思维活动的前提。

德国哲学家康德所证明的逻辑思考的先验性，在心理学上取得了更广泛的适用范围。心理从一开始就不是代表心智（思想的领域）的那块白板。它虽然缺乏具体的内容，但在先验上却由于人类世世代代的遗传和预先形成的功能倾向，已经存在取得内容的可能性。人类的心理就是人类众先祖的大脑运作方式的产物，是人类这个种系经历并尝试适应环境的结果。即使是新出现的大脑或功能系统，它们依然只是一个完全为特定目标所打造的旧工具，本身不只会进行被动的统觉，还会主动地整理经验，并强制自己做出某些结论或判断。此外，它们对于经验的整理并非偶发的或随机发生的，而是遵照一些严格地预先形成的条件。这些条件并不是通过经验所传递的观点内容，而是先验地形成观点的条件，它们就是先于事物（ante rem）而存在的观念，也就是决定事物形貌的条件以及与先验有关的基本方针。这些基本方针会赋予经验材料特定的形貌——就如同柏拉图所理解的那样——这么一来，个体便可以借由这些意象进行思考。此外，这些条件还是某些模式功能或遗传功能的可能性，但这种可能性却会排除，或至少在很大程度上限制其他的可能性。由此可知，就连最自由的精神活动——幻想——也从来无法漫无边际地飘游（虽然诗人们可能会有这种感受），因为它们始终受制于那些已预先形成的可能性，也就是原初意象。一些生活在世界最偏僻地区的民族已经在他们神话传说的一些相似的主题里呈现出与某些原初意象的关联性。就连一些以科学理论为基础的意象也反映出这种局限性，例如物理学的以太（Äther）、能量的恒定与转换、原子理论以及化学的亲和性（Affinität）。

在具体思维者的内在，那些涉及感官知觉的观念占据了主导的地位，至于在抽象思维者的内在，则由那些因为缺乏内容而令人们难以想象的原初意象掌握了支配权。只要客体获得主体的移情而跃升为思考的决定性因素，原初意象就会停留在比较沉寂的状态。如果客体不再获得主体的移情，从而在心理过程中丧失优势地位，那么，那些不再听它使唤的能量就会往主体回流。主体便因此而在无意识里获得移情，那些蛰伏在无意识里的、已预先形成的原初意象便会被唤起；而后，这些出现在心理过程的原初意象就会变成具有效应的因素，不过，它们会以人们无法想象的形式出现，因此，大抵上，它们就像隐身于舞台布景后方的剧场导演。

因为这些原初意象只是被激活的功能的可能性，本身并没有内容可供主体设想，所以，它们会致力于本身内容的填充。这些原初意象把经验材料引入自身的形式里，但它们所呈现出来的东西却不是事实，而是事实里的自己。在某种程度上，原初意象会穿上事实的外衣，因此，它们并不像具体思维里的经验事实那般是大家所认知的思维的起点。只有当无意识处理并建构原初意象所填充的经验材料后，主体才能体会原初意象。连经验主义者也会对本身的经验材料进行划分和建构，不过，他们的建构方式却是尽量依照那些以过去的经验为基础的具体概念。

与经验主义者不同的是，抽象思维者依照无意识的范式（Vorlage）来建构经验材料，而且只有在建构完成之后才会有观念的形成。经验主义者基于本身的心理倾向总会认为，抽象思维者会专断地依照一些薄弱空洞、不充分的前提来建构经验材料，因为经验主义者会以自己的处理方式估量抽象思维者的心理过程。就跟经验主义者一开始并不知道自己能提出什么理论一样（他们必须进行许许多多的实验，而后才能从累积的经验中建立理论），抽象思维者其实也不清楚本身的思维活动的真正前提，即观念或原初意象。

正如我在前文里的解释，某一类型的人会关注个别的客体，并对它们的个别行为感兴趣；另一类型的人则着重于客体之间的类似关系，而无视事实的个别性，这是因为多样而纷杂的事物之间的关联性和一致性会让他感到比较舒坦和平静。然而，这种相似关系却让前者感到相当厌烦，因为这对他们而言无异于是一种干扰，甚至还可能阻碍他们察知客体的独特性。他们越移情于某一个别的客体，就越明白该客体的独特性，但也更加无法感受该客体与其他的客体的相似关系的真实性。不过，他们如果转而移情于另一个客体，就远比那些只从外部看待这两个客体的人更能够感知和掌握这两个客体之间的相似性。

具体思维者会先移情于一个客体，再移情于另一个客体，因为这往往是一种耗费时间的过程，所以他们对于客体之间的类似性的察知相当缓慢，在思维上便显得迟缓，不过他们的移情作用却是敏捷的。抽象思维者则与具体思维者不同，他们可以迅速地掌握相似性，以普遍存在的特征取代个别的客体，并通过自己内在的思考活动来建构这些经验材料。但是，他们的思考活动却大大受到"如阴影般的"原初意象的影响，就像具体思维者的思考活动受到外在客体强烈的影响一般。客体越强烈地影响主体的思考，客体的特性也就越强烈地影响主体的思维意象。客体对于主体内在的影响越微弱，主体的先验观念对于外在经验所产生的效应就越强烈。

由于主体所经验的客体被赋予过度的重要性，学术界便纷纷出现了许多"专家理论"，比方说，精神医学界便曾出现所谓的"大脑的迷思"这股热潮。这些理论试图以某些原理原则来解释更大范围的经验领域，不过，它们实际上只能对范围有限的某些事实综合体提出卓越的解释，如果要进一步扩展到其他的领域，它们的解释就会显得相当牵强。反之，持有抽象思维的专家对于个别事实的关注，只是基于该事实与另一个事实的相似性。他们所提出的普遍性假设虽然或多或少呈现了观念的纯粹性，却跟神话一样较少涉及具体事实的本质。由此看来，这两种思维类型如果走向极端，都会创造出神话：其中一种神话会以细胞、原子和振动等作为表达的内容，另一种神话则着墨于"永恒的"观念。

极端的经验主义至少具备尽量纯粹地呈现事实这项优点；极端的观念主义（Ideologismus）则拥有尽量纯粹地反映先验形式（观念或原初意象）的优点。前者的理论成果受限于浩繁的经验材料的处理；后者的实际成果则受限于主体观念的呈现。由于我们西方学术界目前的研究精神片面地着重具体性和经验性，专家学者们都知道不应该重视那些表达观念的研究，因为就他们而言，对于原初形式的认识仍不如事实来得重要，尽管人类的理智是在这些原初形式里进行事实的了解。我们都知道，自启蒙运动时期以来，欧洲的知识界便转而着重具体化的研究，所以这种经验主义的研究取向是比较晚近的发展。这种发展虽然取得了惊人的成果，却也造成经验材料的巨量累积，反而让人们感到迷惘而无法理解。它必然会导致学术研究的分离主义，从而发展成一种终结普遍性观点的专家迷思。经验主义的盛行不只压制了研究者的主动思维，还对各个学科的理论建立构成了危险。不过，这种普遍性观点的缺乏就跟经验性观点的缺乏一样，相当有助于那些神话般的学术理论的建构。

因此，我认为，詹姆斯只借由"柔性倾向"和"刚性倾向"这两个专有名词做了片面的说明，而且骨子里还隐含着某种臆断（praeiudicium）。不过，经由以上的探讨，我们的确可以清楚地看到，詹姆斯类型学所描述的这两种类型，其实和我提出的"内倾型"和"外倾型"是一致的。

第二节　詹姆斯类型学特有的二元对立

一、理性主义 vs. 经验主义

就如同读者所注意到的，我已经在前面的章节里谈过这种二元对立，而且把它称为观念主义和经验主义的对立。我本人会避免使用"理性主义"这个词语，因为具体性和经验性思维就跟主动性和观念性思维一样都是"理性的"，而且都受到理性的支配。理性主义是一种看待思维理性和情感理性的、普遍的心理态度，因此，不仅存在着逻辑的理性主义，还存在着情感的理性主义。因为我对"理性主义"这个概念持有这种看法，所以，我在意识里并不赞成把"理性主义"等同于"观念主义"，或把理性主义理解为至高无上的观念这种历史哲学的观点。

晚近的哲学家已经去除了理性的纯粹观念性，他们喜欢把理性描述为一种能力、驱力、意向，甚至把它称为一种情感或方法。从心理学的角度来看，理性无论如何——诚如德国哲学家利普斯的主张——都是一种被"客观情感"引导的态度。美国著名心理学家詹姆斯·鲍德温（James Mark Baldwin）曾表示，理性是"具有调节作用的心理基本原则"。[1] 提出统觉理论的德国哲学家暨心理学家赫尔巴特将理性解释为"思索和考虑的能力"。[2] 悲观主义

---

1 BALDWIN, *Handbook of Psychology* I, p. 312. ——原注
2 HERBART, *Psychologie als Wissenschaft*, Paragr. 117. ——原注

哲学家叔本华则坚称，理性只具有"建立概念的功能，而且这种功能还可以轻易地解释之前提过的、能使人类的生命和动物的生命有所区别的一切理性的表现；此外，不论在何时何地，这种功能是否被使用也是理性和非理性的指标。"[1] "之前提过的……理性表现"这句话指的是叔本华曾列举的某些理性的外显方式，即"对于情绪和激情的控制、下结论，以及建立普遍性原则的能力""几个个体所达成的一致性行动""文明、国家、知识学术，以及往昔经验的保存"，等等。如果理性对于叔本华来说只拥有建立概念的功能的话，那么理性就会具备某种倾向于通过思考活动来建构概念的心理机制的性质，而且这种心理机制的性质也完全符合奥地利犹太裔哲学家暨教育家威廉·耶路撒冷（Wilhelm Jerusalem）[2] 所理解的理性，即意志的倾向（Willensdisposition）。作为意志倾向的理性可以使我们在下决定时有能力运用理智，并控制激情。

理性是一种使人们保有明智和冷静的能力，也是一种依据客观价值而使人们完成思考、感觉和行动的特定态

---

[1] SCHOPENHAUER, *Die Welt als Wille und Vorstellung* I, Paragr. 8. ——原注

[2] JERUSALEM, *Lehrbuch der Psychologie*, p. 195. ——原注

度。就经验主义的观点而言,"客观"价值的形成是拜经验所赐;而观念主义则主张,客观价值的产生应该归因于理性的主动评断行为。在康德的思想里,理性是一种"依照原则做判断和采取行动"的"能力",因为康德认为理性既是观念的泉源,也是"完全无法在经验中找到对象"的"理性概念"。理性包含了"人类运用理智所依据的原初意象",理性"作为一种调节原则,其存在的目的就是让我们在经验层面对于理智的运用可以取得普遍的一贯性"。[1]康德对于理性的观点是真正的内倾观点,与此相对的是当代德国心理学家冯特的经验主义的观点。这位实验心理学和认知心理学的创立者认为,理性属于复杂的智识功能,个体会把"这些功能及其提供本身绝对必要的感官知觉基础的预备阶段,一起概括地呈现在一般的表达当中"。他曾说:

"智识"(Intellektuelle)是古希腊以来的官能心理学(Vermögenspsychologie)所遗留下来的概念。比起记忆、理智和幻想等很久以前便已存在的官能心理学的概念,人

---

[1] KANT, *Logik*, p. 140f. ——原注

们更常把智识这个概念和一些合乎逻辑的、与心理学无关的观点混淆在一起。因此，当这个概念所包含的心理内容越来越多样化时，它的模糊性和随意性就越强，这是再清楚不过了……依照19世纪后半叶才建立的科学心理学（wissenschaftliche Psychologie）的观点，只有某些基本的心理过程及其相关性存在着，至于记忆、理智和幻想这些旧概念已不存在，因此，"智识"或"智识功能"的概念，当然也会比那些定义一致的、符合任何可被明确界定的事实情况的概念更少被使用。不过，某些可以带来益处的心理学研究仍会采用官能心理学的旧概念，尽管这些研究者是按照科学心理学的研究方式来使用它们，所以也因此改变了它们原本的含义。这类研究会出现在以下这几种情况中：当我们碰到由一些极其异质的要素混合而成的复杂心理现象，而且这些现象还经常出现相关性——尤其是基于一些具体的原因——而需要研究者予以重视时；或者，当我们看到个体意识已经显露其先天本性和后天教养的特定倾向，而且这些倾向还经常出现相关性而需要研究者再次对如此复杂的心理特性进行分析时。这类研究当然都负有心理学研究的任务，不过，心理学研究并不该停留在以这种方式所形成的一般性概念里，而是应该尽可能地把心理学研究还原到本身的一些简单的要素上。[1]

冯特的这些见解代表了真正的外倾观点。对于内倾的观点来说,理性、智识等"一般性概念"就是官能(Vermogen),即基本功能,而且这些基本功能还可以把本身所主导的心理过程的多样性统合于一种同质的意义里。然而,对于外倾的、经验主义的观点来说,理性、智识等"一般性概念"只是衍生出来的次要概念,只是一些颇受外倾者和经验主义者重视的基本心理过程的复杂产物。从这种外倾观点来看,人们大概无法回避这些概念,但原则上却应该经常把它们"还原到其本身的一些简单的要素上"。经验主义者会理所当然地认为,一般性概念只是对于经验的化约,因为在他们的眼里概念往往只是从经验推导出来的东西。他们根本不知道何谓"理性概念"和先验观念,因为他们那种被动统觉式的思维会比较关注取决于感官的外在经验。持有这种外倾态度的个体往往会强调外在客体的存在,而且这些个体还具有某种程度的行动力,他们需要获取知识和信息,而且会做出复杂的理性推论。这

---

[1] WUNDT, *Grundzüge der phisiologischen Psychologie* III, p. 582f. ——原注

种推论便需要一般性概念的存在，不过，经验主义者所使用的一般性概念仅限于那些能包含某些现象群的集合概念（Collectivum）。所以，一般性概念在这里当然就成了次要的概念，它们只是词语，一旦脱离语言的范围，它们就不存在了。

只要心理学界还主张，只有那些感官所知觉的事实，只有那些"基本的因素"才真正存在，心理学研究便依然无法承认理性和幻想等具有特殊存在的权利。不过，内倾者在这方面却有不同的认知：他们的思维倾向于主动统觉，对他们来说，理性、智识和幻想等具有基本功能和官能的价值，也就是来自内在能力和内在作为的价值，这是由于内倾者重视概念，而非概念所涵盖、所综述的基本心理过程。内倾者的思维本来就具有综合性，它会依照本身的概念模式来整理和应用所取得的经验材料，以便补充本身的观念所缺乏的内容。这些概念以主动的态度出现，而且本身具备建构经验材料的内在力量。然而，外倾者却推断，内倾者的这种内在力量一方面来自纯然的武断，另一方面则来自主体仓促轻率地从有限的经验所得出的概括性归纳。内倾者在面对这样的批评时却无法为自己辩解，因为他们不但没有意识到自己的思维心理，甚至还可能把普遍风行的经验主义当作依循的准则。

实际上，这样的批评只不过是外倾型心理的一种投射，因为内倾的、积极的思维类型既不是从本身的武断里，也不是从经验当中，而是从观念（被内倾态度所激活的功能形式）里汲取思考活动的能量。但是，他们本身并没有意识到观念是这种能量的来源，因为观念在先验上毫无内容可言，所以，他们只能在那些已经通过思维处理的经验材料所采取的形式里后验地察知观念的存在。然而，对于外倾者来说，客体和基本心理过程不仅是重要的，还是绝对必要的，因为他们已经在无意识里把观念投射到外在的客体上，所以，只有通过经验的累积和比较，才能让自己上升到概念层面，并因此而进入观念层面。这两种思维倾向形成了显著的对立：内倾者依据本身的无意识观念建构经验材料，而让自己得以趋近于外在经验；外倾者则服从那些获得本身无意识的观念投射的经验材料的引导，而让自己得以趋近于内在观念。这两种倾向的对立往往会造成人们的混淆，因此便在学术界里引发了一些最激烈，也最徒劳无功的论战。

我希望，以上的论述已经充分阐明了我的观点：理性以及把理性片面提升为原则的理性主义，其实都兼具经验主义和观念主义的特点。我们在这里也可以用"唯心论"（Idealismus）来代替观念主义（Ideologismus），不过，我们却不可以因为唯心论这个概念和"唯物论"是对立的，便一并把"观念主义"视为"唯物论"的对立面。因为哲学史已经告诉我们，唯物论者往往也是观念主义者，换句话说，唯物论者并不是经验主义者，他们是根据事物的普遍观念进行主动思考的。

二、唯智主义 vs. 感官主义

感官主义这个概念是在说明极端的经验主义的本质。感官主义主张，感官经验是知识唯一的来源。感官主义者的态度完全定向于感官所知觉的客体，也就是定向于自身的外部。詹姆斯所主张的感官主义，显然是智识的感官主义，而非审美的感官主义，因此，他在他的类型学里把"唯智主义"当作感官主义的对立面，我则认为，这种做法并不恰当。在心理学上，唯智主义是一种赋予智识——概念层次的认识——决定性的主要价值的态度，不过，我们也会因为持有这种态度而成为感官主义者，并因此而以那些全部来自感官经验的具体概念进行思考。由此看来，经验主义者也具备了唯智主义的观点。在哲学领域里，人们几乎把唯智主义和理性主义当成同义词，而混淆地使用。

所以，我要在此强调，只要感官主义在本质上是极端的经验主义，我们就应该把观念主义视为感官主义的对立，而不是唯智主义。

三、唯心论 vs. 唯物论

人们或许已经在猜测，詹姆斯提出的感官主义不仅意指一种极端的经验主义——智识的感官主义——而且他或许还想借由"感官主义"这个概念，强调那些与感官知觉有关的东西，而把智识彻底排除在外。与感官知觉有关的东西在我看来就是真正的感官性，它们当然不是庸俗意义上的感官享乐，而是一种纯粹以感官刺激和感官知觉，而非以被移情的客体作为主导性和决定性要素的心理态度。因为持有这种心理态度的人在思维方式上完全依赖感官知觉，而且这种思维方式还在感官知觉里达到了极致，所以，人们也可以认为这种心理态度具有反射性。在这种情况下，客体既未受到主体的抽象性认识，也未获得主体的移情，而是以自然的存在形式发挥本身的效应；主体此时只是定向于那些和客体的接触所引起的感官知觉。这种态度或许符合原始人的思维方式，而它的对立面就是直觉的态度。这种态度的特点在于依据感官知觉进行理解，它与智识和情感无关，而与这两者的混合有关。就像感官的对象会出现在知觉中一样,心理内容也会以近乎幻想或幻觉的方式出现在直觉里。

詹姆斯以"感官主义的"和"唯物论的"(此外还有"无宗教信仰的")这两个形容词来描述"刚性倾向"者,但这样的划分却使我不禁质疑,他和我所建立的两种对立的类型是否相同?唯物论通常被理解为一种以"物质"价值为导向的态度,也就是一种道德的感官主义。如果我们以一般的含义来理解这些概念,那么,詹姆斯对于刚性倾向者所描述的特征就会显得非常不恰当。这种情况当然不是詹姆斯所乐见的,因为就像我们在前面所讨论的,詹姆斯对于类型的论述其实就是想阻止人们出现这样的曲解。人们如果明白,詹姆斯在使用这些可能造成误解的用语时主要是想采用它们的哲学含义,就可以正确地理解他的意思。

詹姆斯在这里所说的"唯物论"是指一种以物质价值为导向的态度,不过,这里的物质价值并不是"感官知觉"的价值,而是"事实"(具备外在性和素材性)的价值。与唯物论相反的是"唯心论",它在哲学的意义上主要是对于观念的评定。当然,詹姆斯的唯心论并不是道德的唯心论,如果我们要违背詹姆斯的本意,那么,我们必然也会错误地认为，詹姆斯的唯物论是道德的感官主义。如果我们认为詹姆斯的唯物论是指一种以真正的事实性作为具有引导意义的主要价值态度，那么我们就可以再度在这种属性里发现外倾的特点，而我们起初的怀疑也会因此而消散。正如我们所看到的，哲学的唯心论和内倾的观念主义是一致的，但是，道德的唯心论却不是内倾者的特征，因为外倾的唯物论者也可能是道德的唯心论者。

四、乐观主义 vs. 悲观主义

我相当怀疑，乐观主义和悲观主义这组用来区别人类性情的、众所熟悉的二元对立，是否适用于詹姆斯的类型学？举例来说，难道生物学家达尔文的经验主义也属于悲观主义？对于那些持有观念主义的世界观，并从本身无意识的情感投射的角度看待其他类型的人来说，这是确凿无疑的。不过，经验主义者绝不会认为自己的观点是悲观的。或像悲观主义思想家叔本华的例子，他的世界观是纯粹的观念主义（就如同印度婆罗门教的奥义书的纯粹观念主义），但如果依照詹姆斯类型学那种二元对立的分类，观念主义的叔本华却属于乐观主义者。康德本身属于强烈的内倾型，但他却和所有伟大的经验主义者（他的相反类型）一样，和乐观主义及悲观主义都毫无瓜葛。

因此，我觉得，詹姆斯把乐观主义和悲观主义的二元对立作为他的类型学的范畴似乎是不恰当的做法。因为乐观主义者并不像詹姆斯类型学所划分的那般必然属于内倾型，实际上，乐观主义者既有内倾型，也有外倾型，悲观主义者也是如此。詹姆斯极可能因为前面提到的那种主体投射而犯下了这个错误。从观念主义的立场来看，唯物论的、经验主义的、实证主义（Positivismus）的世界观都是晦暗无望的，也都属于悲观主义。然而，谁如果把"物质"当作上帝一般地信仰着，就会觉得唯物论的观点其实属于乐观主义。唯物论的观点会瘫痪观念主义的主要力量——主体的主动统觉和原初意象的现实化——这等于截断了观念主义的那条关乎生存的神经。因此，观念主义者会认为唯物论的观点绝对是悲观的，因为唯物论的观点已经让他们完全无法期待自己可以看到永恒观念的再度实现。对他们来说，这个由实在的事实所构成的世界就意味着流亡和持续的漂泊，因此毫无归属感可言。

詹姆斯把唯物论和悲观主义归属于同一类型的特性的做法已经清楚地显示，他个人的立场是站在观念主义这一边的。此外，我们还不难从詹姆斯生平的许多特点证实，他的确持有观念主义的想法。这种情况也可以解释，为什么詹姆斯要把"感官主义的""唯物论的""无宗教信仰的"这三个有争议的概念强加在"刚性倾向者"的身上。詹姆斯曾在《实用主义》这本著作的某个段落里指出两种不同的类型对于彼此的反感，并用波士顿游客在偏远的克里普尔溪（Cripple Creek）矿区和当地居民所发生的冲突来比喻这种矛盾关系。[1]然而，这样的比喻不仅无法让不同类型的人对彼此感到满意，甚至还导致双方在情感上对彼此的厌恶，而且不论对公平正义的追求怀有多么强烈的意愿，人们都无法完全抑制这种厌恶。这个无关紧要的"人性纪实"（document humain）在我看来，却是一个很有价值的证据，因为它证明了这两种类型之间确实存在着令人困惑的差异。或许我在此对这两种类型在情感上的不兼容性的强调显得有些小题大做，但是，许许多多的经验却让我深信，正是这种隐藏于意识背后的负面情感有时会歪曲人们最理智的判断，阻碍人们对于人事物的理解，从而带给人们不利的影响。我们当然可以想象，克里普尔溪矿区的居民也会以他们自己特有的观点看待那些从波士顿远道而来的游客。

---

[1] JAMES, *Pragmatism*, p. 13。波士顿人在美国素来以其"高雅的"审美品位著称，而科罗拉多州克里普尔溪的居民则生活在地处偏僻的采矿区。我们可以想象他们之间存在着何等的对比。——原注

五、有宗教信仰 vs. 无宗教信仰

就詹姆斯的类型心理学而言,有宗教信仰和无宗教信仰这个对立范畴的有效性当然完全取决于詹姆斯本人对宗教信仰的定义。当他完全站在观念主义的角度,而把宗教信仰的本质理解为一种由宗教观念(而非与其相对的宗教情感)扮演决定性角色的态度时,他把"刚性倾向"的人称为没有宗教信仰的人,就具有某种程度的正确性。不过,因为詹姆斯的思想如此博大而富有人性,所以,他一定知道,人们的宗教态度也同样受制于宗教情感。于是,他曾这么表示:"我们对事实的尊重并没有完全抵消我们对信仰的虔诚。其实,对事实的尊重本身几乎可以说是一种虔诚。我们对科学的态度就是虔诚的态度。"[1]

经验主义者会以本身对于实在事实的信仰来填补内心不再敬畏"永恒"观念的空虚。如果人们的态度以上帝的观念为导向,在心理学上,这其实无异于以某些素材的观念作为导向,也无异于把实在的事实提升为决定本身态度的关键性要素。只要这种导向的发生是无条件的,该个体就会被尊为"信仰虔诚"的人。不过,我们如果站在高处

---

[1] JAMES, *Pragmatism*, p. 15. ——原注

来看，就会发现，现实的事实其实也很有价值，它们跟观念和原初意象（即人类及其内在条件数万年以来和外在现实的严酷事实相互撞击的产物）一样，都是影响个体态度的绝对要素。

心理学从来不认为，那些无条件投入现实事实的人是没有信仰的人，毕竟"刚性倾向者"信仰经验主义的宗教，就跟"柔性倾向者"信仰观念主义的宗教没什么两样。当然，当代社会的学术研究取决于客体、宗教信仰取决于主体（即个体所持有的观念主义）的确是我们这个文化阶段所发生的事实。这是因为能自行发挥效应的观念在学术领域里必须让位给客体，必须重新寻找栖身之处的缘故。当宗教收容了这些观念而被视为一种现代的文化现象时，詹姆斯把经验主义者当作没有宗教信仰的人的做法就是正确的，不过，这样的正确性也仅限于这种情况。有鉴于学术界的思想家们不一定是多么特殊的一群人，他们的类型其实远远超出了从事思考者的范畴，而扩及文明人的普遍范畴。基于这个普遍性原因，我们其实不该把文明人一分为二，认为从事学术研究的学者没有宗教信仰。原始人的心理也告诉我们，宗教功能是人类心理的构成部分之一，尽管可能处于未分化状态，但不论何时何地，它总是存在着。

如果我们不认为詹姆斯的"宗教"概念受到以上情况的限制，那我们便可以认定，这又和他本身经常出现的混乱的情感有关，一如我们在前面所看到的那样。

六、自由意志论 vs. 宿命论

在心理学上，自由意志论和宿命论是一组很有趣的二元对立。我们都知道，经验主义者的思维聚焦于因果关系的探究，而且深信原因和结果之间存在着必然的关联性。经验主义者的态度定向于本身所移情的客体，因此，他们会受到外在事实的影响，而留下因果关系的必然性的印象。从心理学的角度来看，个体会把这种对因果关系的不容变更性的印象自然而然地强加在本身的态度上。因为个体本身大量的活动和生命力会通过移情作用而在不自觉的情况下转移到外在的客体里，所以个体的内在心理过程会认同外在事实的演变。如此一来，主体便被客体同化（assimilieren），虽然移情的主体相信是自身同化了客体。

如果主体还赋予客体高度价值，客体就会变得重要起来，而反过来影响主体，迫使主体与自身异化（dissimilieren）。我们都知道，人类的心理变化无常，这也是临床心理学家平常的工作经验。只要客体占有优势，主体的内在就会主动适应客体的本质。所以，主体对于自己钟爱的客体的认同在分析心理学的治疗中具有一定的重要性。原始人的心理尤其为我们提供了大量关于主体为了客体而与自己异化的例子，比方说，他们的主体会经常主动地适应图腾动物或祖灵。从中世纪到当代的天主教圣徒身上所出现的一些类似耶稣受难时的伤痕，也同样属于这种情况。在《师法基督》(*Imitatio Christi*)这本中世纪著名的灵修书里，信徒与自己的异化甚至还被提升为一种信仰原则。

由于人类心理在本质上具有这种毋庸置疑的异化倾向，我们就不难理解，为何客观的因果关系会被转移到主体里。就像我刚才说过的，人们的心理会受制于因果原则的唯一有效性的印象，为了抗拒这种印象的优势，人们需要动用哲学认识论的所有知识。不过，更糟糕的是，经验主义的态度在整体的本质上会阻碍我们相信自己拥有内在的自由。因为我们缺乏任何关于内在自由的证据，也就是缺乏任何证明内在自由的可能性，所以，我们对自由的那种模糊的情感在面对大量具有压迫性的客观反证时，几乎起不了作用。如果经验主义者继续保有他们的思维方式，而且不想同时拥有学术知识以及父母和群体所传递给他们的宗教这两个相互分隔的领域——毕竟有不少人喜欢同时游走于这两个领域——那么，经验主义者就会无可避免地走向宿命论。

诚如我们所看到的，观念主义的本质是以观念在无意识里的激活为基础。这种观念的激活不仅可以归因于个体在生活中对移情作用所产生的无法释怀的厌恶，而且可以归因于个体与生俱来的、由先验的本性所形成与助长的态度（在从事心理治疗的经验中，我曾多次碰到这类个案）。在后一种情况里，观念在先验上便具有活跃性，但由于本身的空洞及无法想象性，它们并不会出现在个体的意识里。观念作为一种优势的、无法被想象的内在事实，于是超越了"客观的"外在事实，至少它们会把本身独立而自由的情感传递给主体，主体由于对于观念的内在适应，在面对外在客体时便能感到本身的独立和自由。当观念成为具有导向性的主要因素时，就会与主体同化，就像主体会试图通过经验材料的建构而与观念同化一样。这里的情形就相当于我们在前面谈过的主体对于自身的异化，只不过前面的异化是主体为了外在客体而与自己异化，这里则是主体为了内在观念而与自己异化。

人类代代相传的原初意象已历经所有的时代，并超越了所有的现象变化，它们的存在不仅先于一切个体经验，也凌驾于一切个体经验之上。与原初意象有关的观念便因此而取得一种特殊的力量。因为观念会借由内在无意识的移情而同化于主体，所以，当观念被激活时，它就会把本身那种显著的力量感（Machtgefuhl）传递给主体，而让主体感受到力量、独立、自由和永恒。[1]当主体感受到崇高的、超越现实事实的内在观念可以自由活动时，便自然而然地受制于这种自由的理念。如果他的观念主义是纯粹的，那么，他必然会对于自由意志论深信不疑。

自由意志论和宿命论这组对立的范畴也充分反映了我所提出的内倾型和外倾型的特性：外倾型的特点在于追求、移情、认同，以及自发地依赖于外在客体。他们在努力地同化客体时，也同时受到客体的影响。反之，内倾型的特点在于面对客体时所表现出的自我坚持。他们反对任何对客体的依赖，拒绝所有来自客体的影响，有时甚至对客体感到畏惧。因此，他们为了不让自己陷入对外在世界的依赖，便更加依赖内在的观念，而借此让自己获得一种内在的自由感。不过他们也必须为此而具备特殊的权力心理（Machtpsychologie）。

---

[1] 请参考康德对于"上帝""自由""永存不朽"的假设。——原注

七、一元论 vs. 多元论

前面的论述已经让我们明白,定向于内在观念的态度倾向于一元论。把具体概念抽象化的观念或具有先验的无意识形式的观念,往往含有等级性。在前一种情形里,观念就像一栋建筑物的最高点,它在某种程度上包含并总结了在它下方的一切;在后一种情形里,观念则是无意识的规则制定者,负责调节思考的可能性和迫切性。不过,这两种观念也具有共同的特征:它们都占有优势地位。虽然个体拥有许多观念,但其中只有一个观念会短期或长期地取得优势,并像专制君王般地掌控大部分的心理要素。相反,我们也可以清楚地看到,定向于外在客体的态度总是倾向于众多的原则(多元论),因为客体特质的多样性会迫使个体倾向于持有许多概念和原则,毕竟个体需要这些多元性的概念和原则来适切地解释客体多样化的本质。总的来说,一元论的倾向属于内倾态度,多元论的倾向则属于外倾态度。

八、教条主义 vs. 怀疑主义

在这组对立的范畴里,我们可以清楚地看到,教条主义主要固着于一种依从内在观念的态度,不过,内在的无意识观念的实现却不一定意味着教条主义。当个体的无意识观念强势地实现自身的方式时，会让外界产生这样的印象：这些定向于观念的思考者会根据某一教条，而把经验材料硬生生地塞入该教条僵化的观念模式中。至于那些定向于外在客体的人，当然会对一切先验的观念持有怀疑的态度，因为他们在乎的是客体和经验能否获得表达的机会，所以不会理会那些普遍性观念。就这个意义而言，怀疑主义甚至是一切由经验得来的知识不可或缺的先决条件。总之，教条主义和怀疑主义这组二元对立也证明，詹姆斯和我分别提出的两种类型之间存在着根本的相似性。

第三节　詹姆斯类型观的批判

在批判詹姆斯的观点之前，首先我必须强调，他的观点几乎只涉及两种对立类型的思维属性。人们不仅难以期待能从他的《实用主义》这本哲学著作里获得其他的东西，而且那些受制于既定框架的片面性观点也很容易让人们陷入困惑之中。因为我们可以轻易地证明，其中某一类型的某个或某些特征其实也出现在与其相反的类型里。比方说，经验主义者实际上也会拥有观念主义者的特质，诸如教条主义、虔诚的信仰、唯心论、唯智主义和理性主义；同样，观念主义者也具备了经验主义者的特质，诸如悲观主义、唯物论、宿命论，以及宗教信仰的缺乏。即使人们揭示了这些专有名词所指涉的相当复杂的事实情况，而且这些事实情况还包含了许多各种各样的细节，但人们还是无法排除这些专有名词可能造成的困惑。

詹姆斯用于表达类型特征的每个专有名词都过于广泛，无法以简单的公式描述类型对立，只能从整体上给予类型对立一幅粗略的图像。总的来说，詹姆斯所提出的两种对立的类型对于我们从其他资料所获得的类型图像来说，的确是很有价值的补充。詹姆斯是详尽地指出个人的性情对哲学思维的建构具有重要意义的第一人，因此，他在这方面实在功不可没。他的实用主义的观点就是在力图统合哲学家在性情上的差异所导致的哲学观点的对立。

我们都知道，实用主义是一股起源于英国哲学界[1]、曾一度盛行的哲学思潮。对于实用主义来说，"真理"的价值仅止于"真理"实际的有效性与有用性，所以它比较不在乎"真理"是否受到其他观点的赞成或反对。詹姆斯的独特之处就在于通过类型的二元对立来铺陈他的哲学观，并以此说明实用主义观点的必要性。于是，我们又看到了中世

1　参见 F. C. S. SCHILLER, *Humanism*. ——原注

纪早期的那场经院哲学的论战大戏再度上演：唯名论和唯实论之争。经院哲学家阿伯拉尔曾试图以他的概念论或立言论来调解这两派学说的矛盾和冲突，但因为当时尚不存在心理学观点，所以阿伯拉尔便采取了片面的、智识的和合乎逻辑的解决方式。相较之下，詹姆斯的处理就比较深入，因为他会从心理学的角度理解这种对立，进而提出实用主义的解决之道。当然，人们实在不宜对这个解决之道的价值寄予过多的期待：当个体只能通过被性情所左右的智识进行察知，而且已别无其他可能的渠道为哲学观的建构增添新要素时，实用主义才能作为一种权宜之计。法国当代哲学家柏格森相当重视直觉，而且为我们指出了"直觉方法"的可行性，然而，就像我们所知道的，他的这番见解到头来也只是一种提醒罢了！他的"直觉方法"的有效性不仅缺乏证据，而且不容易被证明，尽管柏格森曾宣称，他的"生命动能"（élan vital）和"持续创造"（durée créatrice）这两个概念是他运用直觉所取得的成果。

柏格森那种以直觉进行理解，并从事实推导出其心理学根据的基本观点对于古希腊文化——尤其是新柏拉图主义——而言，是一种相当普遍的观点组合。如果撇开这一点不谈，他的方法其实不属于直觉性质，而是属于唯智主义。尼采对于直觉的高度利用是柏格森所远远不及的，而且他以此所建构的哲学观已经彻底摆脱了智识。他这种强调直觉对于认识世界的作用的直觉主义（Intutionismus），就方式和程度而言，已经大大地跨越了哲学的世界观的极限，从而产生了一种哲学批判所难以胜任的艺术创造行为。我在这里当然是指尼采的《查拉图斯特拉如是说》这本著作，而不是他的那些哲学格言集。因为后者主要是运用唯智主义的方法，所以属于哲学批判可以处理的领域。如果要谈到"直觉方法"，我认为，《查拉图斯特拉如是说》就是最好的例子，同时它还中肯地阐明，如何不借由唯智主义而仍以哲学方式掌握问题的可能性。在我看来，叔本华和黑格尔都是尼采在直觉主义方面的先驱。叔本华的情感直觉（Gefühlsintuition）可以对观念产生决定性影响，黑格尔的观念直觉（ideelle Intuition）则是他的思想体系的基础。此外，这两位先驱——如果我可以这么说的话——也有不同于尼采之处：他们认为，直觉位居智识之下，尼采则认为，直觉位居智识之上。

对立的双方如果想要正确地评价对方，就需要采取实用主义的态度处理双方在"真理"方面的冲突。但是，实用主义的方法往往具有绝对必要性，它的存在是以主体的过度屈从为前提，因此这种方法会不可避免地导致主体创造性建构的匮乏。要解决对立双方的冲突，既无法通过合乎逻辑的、智识主义的妥协——就如同阿伯拉尔的概念论一般——也无法借由实用主义对于逻辑上不一致的观点所进行的实际价值的估量，而只能凭借积极的创造或行动。这类创造或行动已经把对立视为双方相互协调的要素，就像相互协调的肌肉运动总是包含两相配对的主动肌和动作反向的拮抗肌一样。因此，实用主义就是一种过渡性的态度，通过偏见的去除而为创造性行动铺平道路。在我看来，实用主义所预备的、柏格森所指出的这条崭新的道路，德国哲学——这里当然不是指德国的学院哲学——其实已经行走于其上：尼采用自己那股暴烈的力量强行推开了那些紧闭的大门。他这种激烈的行动已经超越了实用主义那种无法令人满意的解决方式，就像实用主义对于真理的生命价值的肯定已经超越了阿伯拉尔哲学的无意识概念论的那种枯燥的片面性一般。不过，还是有尚待克服的挑战，摆在尼采的面前。

第八章　传记的类型问题

　　传记这个领域也对于心理类型的探讨做出了贡献，并没有辜负人们的期待。这方面首先应该归功于德国化学家暨1909年诺贝尔化学奖得主威廉·奥斯特瓦尔德[1]所提出的一种科学的研究方法，也就是比较许多杰出科学家的传记，而后从中建立一组典型的心理类型的二元对立，即"古典型"和"浪漫型"。奥斯特瓦尔德对此曾阐述道：

　　古典型的特征就是让自己在一切工作表现上达到尽善尽美，他们以含蓄的作风，很少对周遭发挥个人的影响力。浪漫型的特征则恰恰相反，他们的工作表现虽然不完美，但许多成果却会快速地接连出现，其多样性和引人注目的原创性会直接而强烈地影响同时代的人……此外，还必须

1　OSTWALD, *Große Männer*. ——原注

强调的是，心理反应的速度是鉴定一位科学家究竟属于哪一类型的关键性标准。心理反应快速的科学家就是浪漫型，而心理反应缓慢的科学家则属于古典型。[1]

古典型取得工作成果的方式是缓慢的，他们对于研究的思考有时会迟至较晚的人生阶段才结出最成熟的果实。[2] 奥斯特瓦尔德认为，古典型一定具有这样的特征："他们绝对需要在公众面前让自己的表现显得无可指摘。"[3] 此外，他们还会"借由著述来产生更全面、更可观的影响，以弥补本身无法对外在世界直接发挥个人影响力的遗憾"[4]。

当然，这种影响似乎也有所局限，奥斯特瓦尔德在德国物理学家赫曼·冯·赫姆霍兹（Hermann von Helmholtz）的传记里所发现的一件事，就是很好的例证：赫姆霍兹曾对感觉神经的传导进行数学研究，德国生理学家艾埃米尔·杜布瓦-雷蒙（Emil du Bois-Reymond）曾为此而写信向他讨教，并在信中谈道："你必须——请不要介意我

---

1 OSTWALD, *Große Männer*, 44f. ——原注
2 OSTWALD, *Große Männer*, p.89. ——原注
3 OSTWALD, *Große Männer*, p.94. ——原注
4 OSTWALD, *Große Männer*, p.100. ——原注

的口吻——更细心谨慎把自己的知识观点抽象化,而且应该让自己明白,有些事物其实自己并不知道它们与什么有关,也不知道该如何探讨它们。"赫姆霍兹则在回信中反驳说:"我为这份论文的撰写已经付出许多心血,我相信,我可以对它感到满意了。"于是,奥斯特瓦尔德便这么评论赫姆霍兹的这种反应:"他根本无法回应这个牵涉读者观点的问题,因为他依照本身的古典型的方式在为自己撰写东西,所以这些内容在他看来是无懈可击的,不过,其他的人却不这么认为。"在杜布瓦-雷蒙写给赫姆霍兹的同一封信里,还有一段话也能反映出赫姆霍兹本身的古典型的特征:"我曾拜读你这篇论文的论述和摘要好几遍,却还是无法理解,你到底想表达什么……最后,当我靠着自己的探索而发现你的方法时,才逐渐了解你的论文。"[1]

赫姆霍兹是古典型的例子。古典型的人很少或从来都无法"让那些与他们同一类型的人的灵魂燃烧起来"[2],他们通常要等到过世之后才经由遗留下来的著作发挥影响力,换句话说,他们是在自己留下的著作里重新被世人所发现,

---

[1] OSTWALD, *Große Männer*, p.280. ——原注

[2] OSTWALD, *Große Männer*, p.100. ——原注

德国物理学家罗伯特·迈尔（Robert Mayer）的遭遇就属于这种情况。迈尔绝大部分的论著都缺乏一种具有说服力的、令人振奋的、直接的影响力，因为著作就跟对话或演讲一样，是一种个人的表述。由此可知，古典型通过著述所发挥的影响力并非因为其著作的外在激发性，而是因为这些著作终究是他们唯一遗留在世、可以让后人重建其生前成就的东西。奥斯特瓦尔德的叙述似乎让我们看到一个事实：古典型很少提到他们所做的事和他们做事的方式，他们只会表述他们所取得的成果，并不会体谅人们其实不明白他们取得这些成果的过程和方式。对于古典型来说，做事的方式似乎不重要，因为这些方式已经与他们本身未显露的人格极其紧密地联系在一起。

奥斯特瓦尔德曾把他的古典型和浪漫型，跟古希腊医学所区分的四种人类的性情——活泼型的多血质（sanguinisch）、冷静型的黏液质（phlegmatisch）、躁动型的黄胆质（cholerisch）和忧郁型的黑胆质（melancholisch）——做比较，[1] 而且以心理反应的快慢作为比较的出发点，因为在他看来，心理反应速度就是心理类型的基本特质。他认为，

1　OSTWALD, *Große Männer*, p. 372. ——原注

缓慢的心理反应符合冷静型的黏液质和忧郁型的黑胆质，快速的心理反应则符合活泼型的多血质和躁动型的黄胆质。他把活泼型的多血质和冷静型的黏液质视为正常的中间类型，至于躁动型的黄胆质和忧郁型的黑胆质在他的眼里，则算是基本性格的病态偏颇。

我们在阅读奥斯特瓦尔德撰写的一系列科学家传记（总共11册）时，如果把英国化学家汉弗里·戴维（Humphry Davy）和德国有机化学家尤斯图斯·冯·李比希（Justus von Liebig）当作同一类，而把德国物理学家迈尔和英国物理学家迈克尔·法拉第（Michael Faraday）归入另一类，在两相对照之下，我们其实可以轻易地发现，前者是显著的"浪漫型"，即活泼型的多血质和躁动型的黄胆质，后者则是显著的"古典型"，即冷静型的黏液质和忧郁型的黑胆质。我觉得，奥斯特瓦尔德在这方面的思考很有说服力，因为他所划分的"古典型"和"浪漫型"跟古希腊医学理论所区别的四种性情极可能是根据相同的经验原则建立起来的。这四种性情的区分显然是基于情绪观点，也就是以个体外显的情绪性反应来进行区分。然而，从心理学的角度来看，这样的分类却是肤浅的，因为它只是以外在的表现作为判断的标准。依照这种古希腊的性情分类，外在举止安静而低调的人就是冷静型的黏液质者。但实际上，这种性情的人不一定是冷静或冷漠的，他们甚至还具有善感而热情的本性，只不过他们会把情绪隐藏于内，即使内心相当激动，外在的表现却可以很平和。乔丹类型学的观点已经考虑到这个事实，它不会根据表面的印象做判断，而是基于对人性更深刻的理解。然而，奥斯特瓦尔德区分性情的基本标准，就和古希腊医学家对于性情的划分一样，也以外在的印象为基础。他认为，快速的外在反应是"浪漫型"的特征，但他却忽略了"古典型"也可能对外界有快速的反应，只不过他们比较内敛，没有表现出来罢了。

人们如果读过奥斯特瓦尔德所撰述的那些科学家传记，就可以毫不费力地发现，"浪漫型"和"古典型"分别相当于外倾型和内倾型。戴维和冯·李比希是外倾型的范例，迈尔和法拉第则是内倾型的代表。对外在做出反应是外倾型的特征，就像对内在做出反应是内倾型的特征一样。外倾者可以毫无困难地表现自己，而且会不自觉地让自己在出现的场合发挥一定的影响力，因为他本性的一切就是要让自己能移情于客体。他很容易为周遭的人们热心付出，采用的方式也必然会被周遭的人们理解和接受。他的方式通常很受欢迎，即使有时让人们感到不舒服，也可以获得人们的理解。由于外倾者对于外界的迅速反应以及能量的释放，不论是有价值还是无价值的东西都会被转移到外在客体里，其中也包括了令人喜欢和厌恶的思维和情绪。快速地释放能量与移情于客体会导致那些被转移到客体的内容未经过充分的处理。因此，我们便可以理解，为何从那些外倾者所直接表现的时间顺序中，会形成一连串仅仅依阶段顺序而排列的意象。不过，这些意象却可以让一般大众清楚地看到，外倾的科学家们是如何取得研究成果的历程和方式的。

反之，内倾者几乎只有内向反应，而且不会对外释放这种反应（情绪的爆发除外！）。他们会隐藏自己的内向反应，虽然这些反应的速度可能与外倾者的外向反应同样快速，但它们不会外显出来，所以，内倾者很容易给人们留下反应缓慢的印象。外倾者只会展现他们的人格，因为他们直接的反应总是带有强烈的个人色彩；内倾者则因为隐藏直接的反应而让自己的人格无法显露出来。内倾者的目标并非移情于客体——把本身的内容转移给客体——而是对于客体的抽象化。所以，他们比较不喜欢直接把自己的反应表现出来，而是长久地在内心里处理它们，以便取得完善的成果，而且试图让这些成果尽可能摆脱个人色彩，也就是和个人的关联性区隔开来。因此，他们在内在世界长期努力的成果，便以极其抽象化和非个人化的方式展现于外在世界。不过，这些成果却令人难以理解，因为社会大众既不清楚这些内倾型研究者进行研究的初步阶段和取得成果的方式，也无从得知他们的研究成果带有哪些个人的关联性，毕竟属于内倾型的他们不会表现自己，所以也连带地会把自己的人格隐藏起来。然而，正是这些个人的关联性让人们可以理解那些智识的概念所无法解释的地方。因为这种情况涉及人们如何评断内倾研究者的研究发展，所以，我们必须对此仔细地斟酌和考虑。人们通常会因为内倾者不会表现自己而不了解他们，而内倾者则碍于无法直接回应外在世界，所以，他的人格往往无法显露出来。一旦这些科学家因为获得杰出的成就而成为公众感兴趣的对象时，他们的人生通常会变成公众诠释和投射自身对名人的幻想的场域。

既然奥斯特瓦尔德曾提到，心理的早熟是浪漫型的特征，我们就必须对这个说法有所补充：当浪漫型表现出心理的早熟时，古典型或许也具备相同的心理早熟度，只不过他们会把努力的成果隐藏在内心里。这种隐藏当然不是蓄意为之，而是因为他们缺乏直接表达的能力。内倾者因为缺乏情感的分化，所以经常显得很笨拙，在个人的人际关系——这种要素被英国人称为"人格"——里，会出现真正的幼稚型症（Infantilismus）。他们的外在表现是如此没有自信，如此不可靠，而他们本身对这方面却又如此敏感，以至于他们只敢拿那些自认为已臻至完善的成果来向周遭的人展现他们自己。此外，他们宁愿让自己所取得的成果来为自己发声，而不愿亲自赞扬自己的成果。这种态度当然会大大地延迟他们出现在世界舞台上的时机，因此很容易被视为心理的晚熟者。

不过，这种对于内倾者（即古典型）的判断其实很肤浅，因为它完全忽略了看似早熟的、向外高度分化的外倾者也有隐藏于内在的幼稚型症，换句话说，外倾者的幼稚型症存在于自己与内在的关系里。这个事实只有在早熟的外倾者的生命后期才会体现出来，比方说，会显示为道德表现不成熟的形式，或更常显示为一种显著的思想幼稚型症。就像奥斯特瓦尔德曾正确指出的，浪漫型通常比古典型拥有更有利的发展和发挥的机会。浪漫型在公众面前的表现不仅显而易见，而且令人信服，他们通过外向反应而让人们直接认识到他们本身的重要性。这么一来，他们便能快速地建立许多有价值的关系，从而丰富了本身的工作成果，并使工作的发展获得了广度。[1]至于古典型则因为本身缺乏人际关系，而让工作领域的广度受到限制，但他的工作却因此而获得深度，工作的成果也往往具有经久不衰的价值。

这两种类型都具有热情，不过，外倾的浪漫型会把内心洋溢的热情表达出来，而内倾的古典型则以缄默的方式隐藏心中的热情，所以无法带动周遭人们的情感，也无法拥有一群志同道合、能相互提携的伙伴。即使他们有诉说的意愿和兴致，但本身那种简略的表达方式以及公众因为无法理解他们而表现出的惊讶反应，都会让他们无法再继续说下去，因为人们几乎不相信他们还能提供什么了不得的信息。依照人们那种肤浅的判断，他们的表现和"人格"看起来再普通不过了！至于浪漫型向来就"令人感兴趣"，而且他们还深谙如何借由一些许可或不许可的方法来加强人们对他们的这种印象。这种已分化的表达能力有助于他们进一步阐明自己所提出的重要思想，而且在一般大众尚无法充分理解时还有助于他们掩盖思想中的某些漏洞。奥

---

[1] OSTWALD, *Große Männer*, p. 374.——原注

斯特瓦尔德特别强调浪漫型科学家在教学上所取得的辉煌的成果时，便已正确地凸显了这一类型的特征。浪漫型科学家在教导学生时会站在学生的立场，而且知道如何在恰当的时间说恰当的话。但古典型科学家却正好相反，他们会固守于自己的想法和问题，而完全忽略了学生在理解上所碰到的困难。奥斯特瓦尔德曾针对"古典型"物理学家赫姆霍兹做了如下的表示：

他虽然拥有渊博的学识、丰富的经验和原创的精神，却从来不是一位称职的教学者：他无法立刻回应学生们的提问，而是等过了一段时间后才回应他们。当学生在实验室里向他提问时，他会告诉学生自己需要好好思考一番，所以，往往过了好几天，他才给他们答案。这种教学方式远远无法顾及学生的学习状态，而且很少有学生能意识到，本身所碰到的学习问题跟老师讲解的那些一般性问题和已臻至完善的理论之间存在着什么样的关联性。初学者往往需要实时的协助，教学者如果能恰当地引导，就可以让学生从初学者那种自然而然的依赖性逐渐循序地进步，从而完全掌握他们所投入的学术领域。但是，他不仅无法提供给学生们这类协助，也无法直接针对他们的人格来调整他的引导方式。这些教学的缺失导致身为教师的他无法立即回应学生们的学习需求。当他过了许久才对他们的期待和要求有所回应时，这种回应对他们来说却早已丧失了学习效果。[1]

奥斯特瓦尔德以内倾型缓慢的反应解释赫姆霍兹的情况，在我看来，这样的说法并没有充分的说服力，因为任何人都无法证明，赫姆霍兹的反应速度是迟缓的。这位出色的物理学家只做内向反应，而不做外向反应，所以，他不会站在学生的立场为他们着想，也无从知道他们的期待。因为他完全专注于自己的思想，所以，他的反应并不是针对学生个人的需要，而是针对自己被学生的提问激发出来的思想。实际上，他的反应既快速又全面，因为他可以立刻察知另一种关联性的存在，只不过还无法掌握它的梗概，也无法以抽象的、已处理完善的形式来呈现它的实质内容。这并非因为他的思考过于缓慢，而是因为在客观上人们不可能在当下的片刻立即以一道公式总结一个已知的问题的全部内涵。他当然不会注意到学生们并不明白该问

---

[1] OSTWALD, *Große Männer*, p. 377. ——原注

题，而是认为当时的情况与该问题有关，却与他可以给予他们的（在他看来极其简单且毫无价值的）建议无关。如果他能了解，学生们在那个当下需要什么样的帮助才会进步，情况就会改变了！身为内倾者，他在心理上无法移情于他人——设想自己站在他人的立场——而是定向于内在，移情于自己的理论问题，并以适应问题的方式，而非适应学生需求的方式，继续依循这些理论性的问题来建构已被学生接受的线索。从教学的成效来说，这种内倾型教师所特有的态度当然极不适当，而且会留给大家不利于自己的印象：他们会让人们觉得缓慢、怪异甚至愚蠢，因此不只受到较广泛的大众，也受到专业圈子里的同事的低估，他们一直要等到自己的思想性论著受到后来的研究者的重视、处理、阐述及运用后，才获得应有的肯定。

德国数学家卡尔·高斯（Carl Friedrich Gauss）被后世誉为史上最重要的数学家之一。高斯向来不喜欢教学，他在学期一开始便会通知每一位修课的学生可能会取消所开设的课程，希望能借由这种方式来摆脱教学的负担。就像奥斯特瓦尔德所正确判断的那样，教学之所以让这位数学大师感到为难，是因为"他必须在演讲课里谈论自己的研究成果，却无法在课前详尽地斟酌和确定讲课内容的每一个细节。未经过充分的处理就把自己的研究心得告诉别人，会让他觉得自己好像穿着睡袍出现在一群陌生人当中"。[1] 奥斯特瓦尔德的这番评论触及了一个症结点，也就是我们在前面曾提到的内倾者反感的事：以疏离的方式和身边不熟悉的人进行浅薄的交流。

奥斯特瓦尔德强调，浪漫型科学家必然会因为不断消耗自己的精力而提早结束个人的研究生涯。此外，奥斯特瓦尔德还以较快的心理反应速度解释这个发生在浪漫型科学家身上的事实。但我却认为，既然学术研究几乎未曾解释什么是心理反应速度，而且迄今仍无法证明——往后也难以证明——外向反应快于内向反应，因此，在我看来，外倾的浪漫型科学家更快速地耗尽自己，其根本的原因就在于自身所特有的外向反应，而与心理反应的速度无关。他们在年纪尚轻时便开始发表论文，而后快速成名，在出版和教学研究方面都卓然有成。他们会借由扩展交际圈来打造人际关系的网络，而且会特别关照学生们的学习和研究状况。相较之下，内倾的古典型科学家却显得大器晚成，他们比较晚发表论文，每篇论文的时间间隔比较长，文字

---

[1] OSTWALD, *Große Männer*, p. 380. ——原注

的表达通常比较简明扼要，如果不是为了介绍新的研究成果，就会避免重复同一个研究主题。他们的论文内容简要而凝练，因为经常省略处理资料和获得结论的过程而无法受到人们的理解和重视，所以一直默默无闻。他们视教学为畏途，所以没有门生；他们缺乏知名度，所以交际圈狭小。他们那种退隐的生活形态不只是情况使然，而且是出于自己的选择，因为他们可以借此避开过度消耗自己的危险。他们的内向反应会不断地把自己领到那些狭窄的研究道路上，因为从事这些研究相当辛苦，需要长期耗费精力和体力，所以他们已经毫无余裕可以关注自己的朋友和学生。取得显著的成就对浪漫型来说是一大鼓舞，但在古典型身上却没有这样的效应，因此，古典型只能等到一项研究工作完成后，才能试图让自己获得应有的满足，当然，这也是人们比较难以观察到的情况。基于上述的种种，我认为，浪漫型科学天才过早耗尽自己的原因其实在于他们的外向反应，而不在于较快的心理反应速度。

奥斯特瓦尔德并不认为他所建立的类型划分是绝对的，毕竟不是每位科学家都可以毫无争议地被归类于他所谓的浪漫型或古典型。不过，他却依据心理反应的速度而坚持，"伟大的人"几乎都可以非常明确地被归入这两种类型当中的一种，至于"普通的人"往往会表现出介于这两种类型中间的状态。总而言之，我希望在这里指出，奥斯特瓦尔德的一系列科学家传记所包含的材料有一部分对于心理类型的研究相当有价值，而且他还中肯地阐明了浪漫型和外倾型、古典型和内倾型之间的一致性。

第九章 类型概述

第一节 绪言

接下来，我将对于各种心理类型进行总括性的描述。当然，首先是针对我所提出的两种普遍类型，即"内倾型"和"外倾型"，而后再进一步阐述它们的特殊类型的特征。这些特殊类型的特征主要产生于个体本身借由分化最多的优势功能而在生活中所做的适应和定向。我把作为普遍类型的前者称为"态度类型"（Einstellungstypen），而把作为特殊类型的后者称为"功能类型"（Funktionstypen）。

正如我多次在前面几个章节里所强调的，内倾型和外倾型这两种普遍的态度类型的差别，就在于个体对外在客体所固有的态度，也就是个体本身所关注的方向和力比多的流向：内倾者对于客体采取抽象化的态度，而且经常关注如何把力比多的能量从客体中抽回，因为这样就可以防止客体取得优势；外倾者则恰恰相反，他们会以正面的态度对待客体，持续让本身的主观态度定向于客体，并与客体建立联系，从而肯定客体的重要性。其实客体对于外倾者而言从未具有足够的价值，因此必须提高它们的价值。内倾型和外倾型相当不同，他们之间的对比显而易见，因此，只要我们稍加留意，即使是心理学的门外汉也可以立刻看出它们之间的差别。大家都知道，那些沉默内敛的、令人难以理解的、经常显得羞怯的人和那些坦率的、容易相处的、经常显得开朗、待人友善、平易近人的人是一种强烈的对比。后者总是与周遭的世界保持关联性，不论是影响它，还是受到它的影响，不论是与它和平共存还是有所争执。

当然，人们首先会倾向于把这种类型的差异当作个人特有的性格，但人们只要对人有比较深入的了解，就不难发现，这种性格的对立其实跟个体的特殊性无关，而跟类型态度有关。此外，这些态度的普遍性还远远超越了人们有限的心理经验。就像前面的章节所指出的，这种基本的对立实际上时而清楚，时而模糊，不过，如果个体的人格具有一定程度的鲜明性，人们总是可以观察到这种对立。这两种心理类型不仅存在于受过高等教育的阶层，也普遍存在于社会的各个阶层，因此，它们的存在不仅可以在最优秀的国民身上，也可以在一般的工人和农夫身上获得证实。此外，这两种类型的分布还跨越了性别的差异，换句话说，我们可以在所有社会阶层的妇女身上发现心理类型的对立。

这么普遍的现象几乎不可能和人们的意识——人们在意识上刻意选择的态度——有关，如果真的和意识有关，那么这种态度主要会出现在某一地方的某个特定的、与某种相同的教育和教养有关的社会阶层。然而，实际的情况却完全相反，因为这两种对立类型的出现似乎没有规则可循。比方说，在同一个家庭里经常会出现一个孩子是内倾型，而另一个孩子是外倾型的情况。基于上述的事实，人们的"态度类型"其实是一种随机分布的普遍现象。既然它们与意识的判断和意识的目标无关，它们的存在就一定具有无意识和本能的基础。作为一种普遍的心理现象，这种类型对立必然有其生物学的根源。

从生物学的角度来看，主体和客体之间的关系始终是一种相互适应的关系，因为主体和客体之间的一切关系都以双方相互限制的作用为前提。这种相互的限制还构成了相互的适应。由此可见，各类型对于客体的态度就是一种适应过程。大自然存在着两种不同的基本方式，以确保生物有机体能适应环境并因此而得以继续生存：其一，生物个体具有较强的繁殖力，但防卫力较弱，生命期也较短；其二，生物个体拥有许多自我防卫的方法，但繁殖力较弱。在我看来，这种生物学的对立不只类似于人类的两种心理适应方式（即内倾和外倾的机制），而且是这两种适应方式的普遍基础。在这里，我们只要大致指出外倾者的特性（持续地消耗自己并在各方面扩展自己）和内倾者的态度（抗拒外在的要求，尽量不让自己因为与外在客体的直接关联性而消耗能量，并为自己争取最稳固、最强势的地位），也就足够了！英国神秘主义诗人布莱克曾以本身的直觉贴切地把这两种相反的类型称为"丰产者"和"吞食者"。一般的生物学例证也告诉我们，这两种方式都具有普遍的可行性，并且在运作上都是成功的，而人类的两种类型态度也是如此。某一类型必须借助多种关系才能达到目标，而另一类型则只需要一种关系便可以达成。

有时我们确实可以在没几岁的孩童身上看到他们的类型态度。这个事实让我们不得不承认，生存竞争——正如人们普遍所认为的——绝不会迫使人们采取特定的态度。当然，人们也有充分的根据可以对此提出反驳：未成年的孩子，甚至是襁褓中的婴儿已经具有无意识的心理适应能力，因为母亲所特有的影响尤其会在孩子身上引发特殊的反应。这种说法虽然有确凿的事实作为依据，但只要我们提出一个也同样确凿无疑的事实，它就会站不住脚：同一位母亲所生养的两个孩子往往很早便表现出相反的心理类型，而且人们也无法证明，母亲对孩子们的态度有丝毫些微的差别。

虽然我不想低估父母对孩子的影响所具有的几乎无法测量的重要性，但上述的经验却使我不得不做出这样的结论：我们应该在儿童的先天气质里寻找相关的决定性因素。如果外在的条件已经达到最大的相似性，但两个孩童却具有不同的心理类型，这终究还是得归因于个体不同的先天气质。当然，我在这里所说的仅限于正常条件下所出现的情况。在不正常的条件下，也就是母亲具有极端的，并因而变得不正常的态度时，孩子的先天气质就会被扭曲，与母亲的类型类似的态度也会被强加在他们身上。不过，如果他们没有受到不正常的外在影响的干扰，或许他们会成为另一种相反的类型。个体的先天气质倘若受到外在影响的压迫而表现出非本性的假类型，他们后来通常会出现精神官能症，此时只有让这些个体发展符合他们天性的态度，才能成功地治愈他们。

至于那些具有特殊的先天气质的人，我只知道，这些个体显然比较有能力，或比较能轻易地达成自己的目标，或可以更有利地以某一种特定的方式来适应环境。我认为，其中一些可能的生理学原因似乎已经超出了我们的知识范围。依据我的经验，心理类型的反转可能会强烈损害个体的生理健康，因为它经常导致个体严重的耗竭（Erschöpfung）。

第二节 外倾型

基于论述的条理性和清晰性，我认为在描写外倾型和内倾型时，有必要进一步区别这两种类型的意识心理和无意识心理。在这里，我先探讨外倾型的意识现象。

一、意识的一般态度

大家都知道，所有的人都定向于外在世界所传递给他们的信息；不过，我们却看到，这种情形不一定具有决定性作用。比方说，某人会因为户外寒冷而立刻穿上外套，但另一个人却为了趁机锻炼身体而觉得添加衣服是多余的；某人大为称赞一位刚在国际乐坛蹿红的男高音，只因为全世界的人都很欣赏他，但另一个人却无动于衷，他会有这样的表现并非因为他不喜欢这位男高音，而是因为他认为所有人都崇拜的对象其实已经不再值得崇拜。某些人会屈从于既定的外在情况，因为他们已经从经验中得知其他的情况是不可能出现的；然而，另一些人却深信，即使同一件事情已经重复发生了1000次，但在第1001次时却仍有可能出现不同的状况。前者定向于已发生的外在事实，后者则为自己保留了一种介于自己和客观事实之间的观点。当个体对于客体和客观事实的定向占据了优势地位，以至于最常做出的、最主要的决定和行动取决于客观的情况而非主观的观点时，这就是我们所说的外倾态度。如果这种态度成为习惯，我们就称该个体为外倾型。换句话说，如果个体为了直接与客观情况及其要求维持一致性而如此思考、感觉和行动，也就是用这种方式过生活，那么，不论从正面还是负面的意义上来说，这些个体都属于外倾型。

我们可以在外倾者的生活里看到，在他们的意识里占有决定性地位的外在客体比他们本身的主观观点扮演了更重要的角色。他们当然持有主观的观点，但这些观点的决定性力量却不敌外在的客观条件。他们从未期待能从自己的内在世界里找到任何绝对要素，因为他们所知道的绝对要素都是外在的。跟埃庇米修斯一样，他们的内在会顺服于外在的要求，其中虽然也不乏斗争，但最终总是外在的客观状况获得胜利。他们全部的意识都朝向外在世界，因为他们总是从外在世界获得至关重要的确定性。他们认为，可以从外部取得这些确定性，因为他们已经期待自己能从外部得到它们。

如果外倾者所有的心理特性不是来自某种心理功能的优势地位，或来自个体的特殊性，就可以归因于这种外倾的基本态度。客观事件是他们所关注和重视的对象，尤其是那些发生在他们周遭的客观事件。不只是人，就连事物也是他们关切的焦点，因此，他们的行动会以外在的人、事、物的影响作为依归，也与客观的信息和确定性存在着直接的关联性，而且我们还可以依据这种关联性充分地解释他们的行动。我们可以看到，他们的行动和外在的客观情况有关，这些行动只要不单单是他们对环境刺激的直接反应，便具有一种能运用于现实情况的性质，同时还可以在客观环境的限制下找到足够的、恰当的发挥空间，所以，他们的行动并不具有超越客观环境的倾向。对于他们的关注来说也是如此：客观事件似乎具有源源不绝的魅力，所以，他们通常不会再关注其他的东西。

外倾者的行为所依循的道德准则，跟相应的社会要求或普遍有效的道德观念是一致的。如果人们普遍有效的道德观念变得不一样，那么，外倾者主观的道德指导原则也会跟着变动，但整体的心理习惯却不会出现任何改变。客观因素所产生的严格的限制性绝不会让外倾者觉得，自己已经完全适应，甚至能以最理想的方式适应既有的生活条件。从外倾者的观点来看，个体如果对于客观环境适应良好，就必然会彻底地适应，毕竟在这种观点下，已经不存在其他的标准。不过，从更高的角度来看，个体对环境的充分适应却不表示，客观环境无论在任何情况下都是正常的环境，因为客观环境在某些时空下也可能是不正常的。适应这种不正常的客观环境的个体，也会跟周遭的人们一样，出现不正常的作风。对于普遍有效的生命法则而言，他们其实全都处于不正常的状况。只要个体不随着周遭的人们违背普遍的生命法则而走向毁灭，他们仍然可以在这样的环境下获得生命的成长。

外倾的个体从前如何确信地适应客观的环境，而后就会以同样的确信跟着大家一起沉沦。他们以这种方式适应环境其实不算是真正的适应，因为真正的适应不会只要求个体毫无摩擦地配合周遭环境的各种条件（请参考施皮特勒笔下的埃庇米修斯这个人物），还会要求个体遵守比各种时空环境更具有普遍有效性的生命法则。对于正常的外倾型来说，单单适应周遭的环境其实是一种限制。一方面，外倾型把他们的"正常性"归功于他们本身能以比较没有摩擦的方式适应既有的情况。当然，他们只需要实现一些客观存在的可能性，例如为自己选择一种从当下的时空看来可能很有发展前景的职业，或去完成他们的周遭当时需要或期待他们去做的事情，而放弃去尝试那些仍受人质疑的、超越周遭人们期待的创新。

另一方面，外倾型的"正常性"却使得他们极少考虑到本身主观的需求和一些不可或缺的事物的真实性。这正是他们的弱点：他们的类型具有这种外倾态度，所以，连感官最容易知觉到的一切主观事实——身体的感觉和健康状况——也因为极其欠缺客观性和"外在性"而无法适当地顾及，从而无法满足身体健康所不可缺少的基本需求。这么一来，他们的身心就得承受痛苦。不过，外倾者通常很少注意到自己本身的状况，反而是身边关系亲密的家人比较能察觉他们的状况。直到他们发现身体出现不正常的反应时，才惊觉自己已经处于失衡状态。

外倾者无法忽略感官可以察觉到的事实，而且他们还很自然地认为，这种事实是具体而"客观的"，因为对他们的思维方式来说，他们只拥有这类事物，此外别无所有，而且他们还可以立刻看到他人身上那些不符事实的"想象"。个体的态度如果过于外倾，就会过度漠视主体，而让主体为了所谓的客观要求而完全奉献自己。比方说，他们会为了持续扩大生意的规模而付出，因为客户已经下订单，或因为可能的商机已经出现而必须实时把握住机会。

外倾者的危险在于他们已经卷入客体之内，而完全迷失了自己。所以，这种状态所导致的功能性（神经性）失调或实际的生理失调便具有补偿的意义，因为这些失调会迫使主体进入非自愿的自我节制。如果出现功能性症状，这些症状就会通过个体的本性而象征地表达出失调的心理状况。例如，一名声誉飞快攀至顶峰的歌唱家因为盛名的压力而不当地消耗精力，后来还因为神经紧张而突然唱不出以前能唱出的高音；一个原本毫无成就的男人在忽然快速取得很有影响力的、前程似锦的社会地位后，便出现高度压力所造成的心因性（psychogen）症状；一个男人打算和他所仰慕且被他过度理想化，但性格却大有问题的女人结婚，却突然出现咽喉痉挛。为了缓和这个症状，他必须每隔三小时喝一次牛奶，而且每天的总量不得超过两杯。这样的情况让他不得不专注于照顾自己的身体，因而大大地减少了和未婚妻相处的时间。例如，一个事业有成的男人由于无法再承受庞大的工作负担而出现神经性口渴，随后便很快地陷入歇斯底里的酗酒状态。

在我看来，歇斯底里症就是外倾型最常罹患的精神官能症。典型的歇斯底里症患者往往具有以下的特征：其一，与周遭的人存在着过度亲近而友善的关系；其二，以仿效他人的方式来适应自己所面对的境况。此外，持续地倾向于让自己成为别人感兴趣的对象，并让周遭的人对自己留下印象，也是歇斯底里症患者的基本特征，而且他们本身还很容易受到他人的暗示和影响。显而易见的外倾也会表现在歇斯底里症患者的健谈和好交际上，他们有时甚至会谈到一些纯粹的幻想内容，而让自己蒙受说谎的指责。歇斯底里症患者的"性格"起初只是正常态度的夸张表现，之后却被源自无意识的补偿性反应复杂化，因为无意识在面对夸张的外倾时会通过生理方面的失调而迫使心理能量出现内倾的回流。这种无意识的反应会造成另一种更强烈的内倾性质的症状，尤其是病态幻想活动的加剧。

在呈现外倾态度的一般特征之后，我们现在要转而描述，心理的基本功能如何因为外倾态度而承受某些改变。

二、无意识的态度

我在这里谈论无意识的态度或许会令人感到诧异。但是，正如我在前面已经充分讨论过的那样，我认为，无意识和意识的关系就是一种补偿性关系。依据这个观点，无意识就跟意识一样，需要面对个体所具有的某一种类型态度。

我已经在前面的章节里强调，外倾态度的倾向具有某种程度的片面性，也就是客观因素在心理事件的过程中所占有的优势地位，因为外倾型（看起来）总是希望自己能对客体有所付出，并让主体同化于客体。我还曾详细地指出夸张的外倾态度可能造成的结果，也就是以有害的方式压制主观因素。因此，我们可以预期的是，对于意识的外倾态度所进行的心理补偿会特别强调主观因素，换句话说，我们将可以证实，在无意识里存在着一种以自我为中心的强烈倾向，而且实际的诊疗经验确实提供了相关的证据。我在这里并不想探讨一些个案，只是想提醒读者注意本书接下来的内容，因为我打算在这些篇幅里论述每种功能类型颇具特点的无意识态度。既然这一节只是在讨论一般的外倾态度的补偿作用，我就把我的阐述限制在发挥补偿作用的无意识态度的普遍特征上。

作为意识的外倾态度的一种有效的补充，无意识的态度具有一种内倾性质，而且会把能量集中在主观因素上，也就是集中在所有受到过度外倾的意识态度所压制或压抑的需要和要求上。就像我在前一节所指出的，对于客体和客观环境的定向会扭曲主观方面的激动（Regungen）、意见、愿望以及不可或缺的需求，并掠夺了它们理应获得的能量，我想这是很容易了解的。人毕竟不是机器，无法为了完全不同的目的而被改造，之后也无法以完全不同的方式像从前那般有规律地运作着。人总是背负着本身过往的种种和整个人类的历史，历史因素则体现出人类攸关存亡的需求，因此高明的经济学必须能够迎合人类的这种需求。不论采取何种方式，人类内在的那些自远古残存至今的东西必须有机会在新的事物上表达出来，而且可以参与这些新的事物。如果主体完全同化于外在客体，就会引发那些弱势的、备受压制的内在古老的残留的抗议。

从这个相当普遍的观点来看，我们就可以毫无困难地理解，为什么外倾型的无意识要求具有一种原始的、婴幼性的、自私的性质。当弗洛伊德谈到，无意识"只会怀着愿望"，光是这句话便已充分阐明了外倾型的无意识。适应并同化于外在的客观环境会让个体难以意识到处于弱势的主观激动。这些倾向（思维、愿望、情绪、需求、情感等）会依照被压抑的程度而具有强弱不一的退化性质，换句话说，这些倾向越不受到认可，就会变得越幼稚、越原始。意识的态度剥夺了这些受压抑的倾向原本所拥有的、相对可以支配的能量，而只留给它们少量无法取走的能量。这些残留的能量无论如何都还具有无法低估的强度，必须被视为一种原初的本能。个体无法通过本身某些专断而片面的做法来根除自己的本能，因为本能需要经过许多世代缓慢的有机变化才会出现彻底的转变，毕竟本能就是某些生物有机体的能量表现。

因此，所有被压制的倾向最终依然保有可观的、符合本能强度的能量值。这些能量仍具有效应，虽然它们已经因为被夺走大部分的能量而落入无意识。个体外倾的意识态度越彻底，其无意识态度就越幼稚和原始。有时这种无意识态度的特征就是赤裸裸的利己主义，远不只是孩子气而已。在这种无意识态度里，我们还会发现，弗洛伊德所描述的那种近亲相奸（Inzest）的愿望已经变得相当强烈。只要外倾的意识态度还未过度极端，个体自然不会意识到本身有这样的愿望，而且那些心理学的门外汉也不会注意到它们的存在。不过，意识的观点如果变得太过夸张，无意识就会以症状的方式显现出来，这也就意味着，无意识的利己主义、幼稚型症和古老的原始性已经丧失它们原本的补偿性质,因为它们已经或多或少公然地反对意识态度。

这种来自无意识的反弹首先会出现在意识观点的那种荒唐的、以压制无意识为目标的夸大里,这种夸大通常会使得意识态度最后以归谬法(reductio ad absurdum)来反击无意识,而这也等于是意识态度的崩溃。这对于客观层面来说可能是一场灾难,因为客观目的会逐渐被歪曲为主观目的。举例言之,一位印刷工人在历经20年的奋斗后,已经从区区的雇员变成一家极具规模的出版公司的老板。这家出版公司的规模日益扩张,后来他便逐渐把自己的一切投入事业当中,但也因此而被吞没,并以如下的方式走上了毁灭之路:无意识为了补偿自身只专注于事业的发展,孩童时期的某些记忆便会在他不自觉的情况下浮现在他的脑海中。他在童年时相当喜欢绘画和素描,不过,事业有成的他却没有把这种美术能力转为一种能平衡身心的业余嗜好,而是把它导入他的出版生意,并且开始幻想他的书刊产品即将因此而获得"艺术上"的提升。不幸的是,他果然把自己的幻想付诸实践:他真的开始依照自己那种原始而幼稚的艺术品位来设计公司的书籍商品,结果不消几年,他的出版公司就倒闭了。没错!他的行动确实遵从了我们现代社会的"文化典范"。依据这种典范,一个有行动力的人必须把自己的一切专心地投注于某个最终的目的。不过，他实在做得太过火，以至于让自己沦为他那些既幼稚又强势的主观要求的牺牲品。

这种灾难性的演变也可能以主观的方式发生，即精神崩溃的方式。精神崩溃的发生往往是因为无意识的反作用彻底瘫痪了意识的行动。在这种情况下，无意识会专制地把本身的要求强加于意识领域，进而造成有害心理健康的分裂。这种分裂大多以如下的方式呈现出来：人们不是已经无法明白自己到底想要什么，而且已经对一切失去兴趣，就是一次想要的东西太多，以至于对不可能达到或获得的事物怀抱过多的兴趣。基于文化习俗的理由而经常压抑婴幼性的、原始的要求，很容易导致精神官能症或麻醉品——诸如酒精、吗啡、古柯碱等——的滥用。在一些更严重的个案里，这种分裂往往致使病人以自杀来终结自己的生命。

这些无意识倾向拥有一个显著的特点：当这些无意识倾向符合某种完全与我们格格不入的文化水平而陷入低落的状态时，就会停止发挥补偿作用。它们一旦不再发挥补偿作用，就会因为未获意识的认可而被意识夺走能量，从而具有破坏性质。从这一刻开始，无意识倾向就会变成一道处处与意识态度对立的障碍，进而导致公开的冲突。

无意识态度对于意识态度进行补偿的事实，通常会出现在心理平衡的状态下。当然，个体的言行举止无论在何时何地都始终依循外倾的模式，这并不是正常的外倾态度。即使是在同一个体里，我们也可以观察到其中有许多心理事件与内倾机制有关。只有当外倾机制占有优势地位时，我们才可以把这种心理特征称为外倾型。在这种情况下，最高度分化的心理功能总是具有外倾用途，而比较没有分化的心理功能则具有内倾用途。换句话说，比较有价值的优势功能大多属于意识领域，而且完全听从于意识的意向和控制；至于比较没有分化的劣势功能就比较无涉于意识领域，或更确切地说，其中有一部分属于无意识领域，而只有极小部分顺服于意识的专制。

优势功能一直都是意识人格及其意向、意志和能力的表现；劣势功能则属于那些出现在个体身上的东西，它们不一定会犯下口误、笔误或其他过失，而且因为本身只含有极少的意识成分，所以不会受到一半或四分之三的意识意向的影响。这种情形的典型例子就是外倾情感型。这种类型的人喜欢和周遭的人建立美好的情感，有时却也会表达一些很不得体的看法。我们可以把这些不恰当的，甚至惹人反感的看法和评断归因于该类型的劣势功能，也就是比较没有分化、比较不涉及意识的思考功能。外倾情感型因为只能局部地控制本身的思考功能，而且与客体的联系并不充分，所以往往会让人们觉得相当冒失无礼，毫不顾虑他人的感受。

在外倾的态度里，那些分化程度较低的劣势功能始终显露出个人的成见和格外自我中心所造成的极主观的制约性，而且据此证明了本身和无意识的密切相关性。无意识会持续暴露在这些劣势功能里，所以人们不应该认为无意识一直存在于层层重叠的覆盖物之下，几乎只能费力地往深处挖掘才能发现它。情况其实恰恰相反：无意识会不停地流入意识的心理事件，由于无意识如此大量地流入，观察者实在难以判断，究竟该把个体的哪些性格特征归属于意识人格，而哪些应该归属于无意识人格。对于那些比其他人更能丰富地表达自己的人，情况更是如此。当然，这种判断在很大程度上取决于观察者的态度，毕竟有些观察者比较能理解个体人格的意识性格，而有些观察者则比较能掌握其无意识性格。

一般说来，具有判断态度的（urteilend eingestellt）观察者比较清楚个体的意识性格，至于具有察觉态度的

(wahrnehmend eingestellt)观察者则比较容易受到个体的无意识性格的左右,因为判断会比较关注于心理事件的意识动机,而察觉则比较倾向于记录纯粹的心理事件。不过,我们只要均等地运用判断和察觉,就可以很容易地发现,某些个体的人格兼具内倾和外倾的态度,不过,我们还是无从断定,个体的优势功能究竟属于内倾态度还是外倾态度。在这样的情况下,只有透彻地分析各种心理功能的特征才有助于我们建立有效的观点。在分析的过程中,我们还应该注意,哪些心理功能完全受制于意识的动机和控制,而哪些功能则具有偶发和自发的性质。前者的分化程度始终高于具有婴幼性和原始性特质的后者。有时前者会给人们留下正常的印象,而后者则显得不正常或病态。

三、外倾态度的基本心理功能的特点

‖ 思考 ‖

由于外倾的整体态度,个体的思考便倾向于客体和客观的信息。这种外倾的思考倾向产生了一个很明显的特征:思考的材料一方面来自主观的、最终可归结为无意识的资料,而另一方面则来自感官知觉所传递的客观资料,而且这种思考受到后者的影响会多于前者。个体的判断始终是以某一个标准为前提的。对于外倾的判断来说,客观情况

所形成的标准基本上是有效的、具有决定性的标准，这种标准会直接通过客观的、可被感官所知觉的事实，或借由客观观念体现出来。即使客观观念受到主体的赞同，它们依然是存在于外在或源自外在的东西。所以，只要我们可以证明，外倾者所思考的观念较多来自外在，也就是来自传统、教养和教育过程，那么，外倾思考就不一定是针对纯粹具体的事实所进行的思考，它也可能是针对纯粹观念的思考。我们如果要确定某种思考是否为外倾，首先应该斟酌这个问题：该思考者的判断究竟是依据哪一种标准？来自客观外在的标准，还是来自主观内在的标准？

另一个鉴定思考倾向的范畴就是个体下结论的方向，也就是思考的方向是否偏重于外部。个体对于具体事物的思考并无法证明这种思考具有外倾性质，因为当我对于某个具体事物展开思考时，我可能从中把我的思维抽象化，也可能借此把我的思维具体化。即使我所思考的对象是具体事物，因而可能被看成外倾思考，但我的思考所选择的方向还是必须接受检验。如果我的思考在接下来的过程中朝向客观状况、外在事实或一般既有的概念，它才称得上是外倾思考。生意人、技术人员和科学家的实际思维就是一种朝向客体的思考，这是再清楚不过的事。因此，当哲学家转而以内在观念作为思考的目标时，一般人通常会质疑他们的哲学思考。由此可见，我们一方面必须仔细地探究，是否某些观念只是对客体经验的抽象化，所以只是一种涵盖某些客观事实的、较高等级的集合概念；另一方面，我们还必须探究，是否某些观念（如果它们显然不是从直接经验所抽象而出的观念的话）来自思考者所属的传统或来自其时代及社会的精神。如果答案是肯定的，这样的观念也就属于客观状况的范畴，对于它们所进行的思考依然是外倾思考。

尽管我不打算在这里叙述内倾思考，而想把它留到后面的章节，但我还是觉得有必要在此对它作一些说明。因为人们如果已经看过我刚才对外倾思考的论述，往往会得出这样的结论：我对外倾思考的说法就相当于人们对"思考"这个概念所认知的一切。而且，人们也可能认为，思考如果不是针对客观事实或一般性概念，就不该被称为"思考"。然而，我却已经清楚地意识到，我们这个时代及其最为出色的代表性人物往往只知道并且赞同外倾思考。这种情况一方面可以归因于所有针对世界的表象而受到瞩目的思维——无论是以学术研究、哲学还是艺术的形式——通常不是直接源自客体，就是最后演变为一般性观念。基于这两种原因，个体的外倾思考即使不是一直很明显，基本上却可以被他人所理解，因此具有相对的有效性。在这层意义上，我们可以这么说：大家实际上只知道那些定向于客观事物的"外倾的智识"（extravertierter Intellekt）。

不过，人类其实还存在着另一种完全不同的、几乎难以被否认的思考方式，它既不定向于直接的客观经验，也不定向于来自客观事物的一般性观念，我在这里把它称为"内倾的智识"（introvertierter Intellekt）。我通过如下的方式才发现了这种思考方式：当我在思考某个具体的客体或一般性的观念时，我会让自己的思考方向最后又转到我思考的对象上，因此我会发现，这种外倾的智识过程并非当时唯一发生在我身上的心理过程。在此我要强调的是，我的思维过程虽然从客观事物出发，而且以追求客观性为目标，但另一方面却仍一直与主体维持着联系状态。这种关系是一种"必要的条件"（conditio sine qua non），如果缺少了这种关系，任何思维过程都无法发生。不过，我却会撇开一切可能出现的、或多或少已被我察觉的情感和感官知觉，因为它们会对我的思维过程造成干扰。由此可见，即使我的思维过程尽可能朝向客观事物，但这毕竟是我本人的主观思维过程，因此，主观性的介入不仅是无法避免的，还是不可或缺的。当我致力于将本身的思维过程全面导向客观的方向时，我却无法阻止相应的主观过程的伴随发生及其对于思维过程的参与。这种平行发生的主观过程具有一种自然而然的，但个体或多或少可以避免的倾向，这种倾向会把客观事物主观化，也就是使它们同化于主体。

如果主观过程取得了主要价值，个体就会出现一种不同于外倾型的思考。我把这种思考称为内倾思考，其思考方向定向于主体和主观事物。这种思考的定向不同于外倾思考，既不受制于客观事实，也不关注客观事物，而是从主观事物出发，并以追求主观观念或主观性质的事实为目标。我在这里只想让大家知道有这种思考方式的存在，所以不打算再继续探讨下去。以上对于内倾思考的论述是为了对外倾的思维过程做必要的补充，并借此阐释这种思维过程的本质。

当客观取向的思考取得某种程度的优势时，就会形成外倾思考。这种状况并不会改变思考的逻辑性，它只是詹姆斯所谓的不同性情类型的思考者的差异所在。就如同我在前面所说过的，对客体的定向并未使思考功能的本质发生改变，如果要谈到改变，似乎就是思考功能在表象上的改变。因为外倾的思考定向于客观事物，所以这种思考似乎已被客体吸引住，好像没有这个外在的定向就无法存在似的。外倾思考的表现宛如一种外在事实的结果，好像只有在本身可以被归结为一种普遍被接受的观念时，才达到了发展的顶峰。它仿佛一直受到客观事物的影响，所得出的结论也只能与客观事物相符。因此，人们会觉得它缺乏自由，有时甚至还缺乏远见，尽管它在这个受限于客观范围的空间里其实还富有灵活性和机变性。我在这里所描述的，纯粹是身为观察者的我对于外倾思考的现象所得到的印象，此时我势必得站在不同于外倾思考者的立足点，否则根本无法观察到他们的思考现象。由于在立场上不同于被观察的思考者，所以我这名观察者只看到了他们身上的思考现象，而不是思考本质。因此，谁如果能进入这种思考的本质，大概就可以理解它的本质，却无法掌握它的现象。人们如果只依据思考的现象就无法正确判断思考的本质，因此，所做出的判断大部分都没有什么价值。

如果从本质来看，外倾思考的丰富性和创造性并不逊于内倾思考，只不过它的能力被用于不同的目的罢了！当外倾思考取得某种原本是内倾思考的特定对象的材料时——比方说，当外倾思考者以客观事实对于某个主观信念进行性质分析的阐释时，或是当主观信念被外倾思考者视为客观观念的产物和衍生物时——人们才会特别感受到这两种思考之间的差异。当定向于主观的内倾思考试图把客观事物带入一种客观上并不存在的关联性时，也就是试着让客观事物屈从于主观观念时，外倾思考和内倾思考的差别对我们那种以科学为导向的意识来说就会显得更明显。这两种类型的思考者都认为对方是侵犯者，因此会带给对方负面的效应。内倾思考显得相当武断，外倾思考则让人们觉得平淡而庸俗，无法依据同一种标准来进行比较（Inkommensurabilität）。因此，这两种不同的立场会一直处于相互冲突的状态。

人们或许会认为，只要清晰地区别思考对象的主观和客观性质，就可以轻松地化解这种冲突。然而，这样的划分却是不可能的，尽管人们曾对此做过不少的尝试。这种做法如果行得通，就会危害很大，因为这两种思考倾向都属于片面性质，它们的有效性都受到限制，因此它们需要相互影响和调和。当客观事物对于思考出现更强烈的影响时，思考就会被贬抑为它们的跟随者，从而被扼杀能力，如此一来，思考便无从摆脱它们，也无法产生抽象的概念。于是，这种外倾的思考过程便受限于一种纯粹的"依附性思考"（Nachdenken）。"依附性思考"并不是"思索"

（Überlegung），而是一种纯粹在思维上的仿效，这种仿效基本上只表明了那些已经明显而直接地存在于客观事物里的东西。这样的思考过程当然是由个别存在的客观事实所直接引发的，因此与个体对客观观念的经验无关；如果客观观念成为思考的对象，思考就无法掌握实际的个别经验，而或多或少陷入同义反复（Tautologie）的泥沼里。唯物论者的思维方式就是反映这种思考的有力例证。

外倾思考受制于客体而屈从于客观事实时，一方面会完全迷失于个别的经验里，另一方面则积累了大量未消化的经验材料。这些或多或少缺乏相互关联性的个别经验所聚集而成的庞大且具有压迫性的信息量，会让人们处于一种思想散乱的，因此往往需要获得心理补偿的状态。一些既简单又普遍的观念不仅可以产生外倾思考者所需要的心理补偿，还可以让内部信息互不相关却聚集在一起的资料获得内在的关联性，或至少可以表达对于这种关联性的看法。比方说，我们所知道的"物质"或"能量"这些观念就具有这些作用。不过，如果思考比较依赖传统观念，而较不依赖外在事实，外倾者也会为了补偿思维的贫乏而出现令人印象更深刻的事实累积。因为外倾者对于这些事实的分类是片面地依照较受限制且缺乏创造性的观点，所以他们往往彻底失去了对于事物那种更有价值、感官知觉更丰富的观点。当今那些所谓的学术论文之所以能累积到令人头晕目眩的数量，其中有高度的比例可以归因于人们这种错误的思考倾向。

‖ 外倾思考型 ‖

就像经验所告诉我们的，同一个体的各种基本心理功能很少或不可能具有相同的强度或发展程度。在一般情况下，会有一种功能在强度和发展程度上领先其他功能。当思考在诸多心理功能当中居于优势地位时，也就是个体把主要的生命能力的表现交由思考来主导时，一切重要行动的发生就会出于智识所思考过的动机，或至少会符合这种着重思考的倾向，这么一来，我们就可以说，该个体与思考型有关。思考型可能是内倾的，也可能是外倾的。在这里，我们首先要探讨外倾思考型。

在合乎外倾思考型定义的前提下，我们假设有这样一个人存在——当然，前提是他纯粹属于这种类型——他所追求的目标就是使本身所有的生命表达完全仰赖智识的推论，而这样的推论最后总是定向于客观事物，也就是说，不是定向于客观事实，就是定向于人们已经普遍接受的客观观念。这种类型不只把他最具决定性的力量赋予本身，还赋予他身边那些面对客观事实性的人们，或更确切地说，赋予了这些人所遵循的那道定向于客观的、智识性的公式。这些人对善与恶的判别、对美与丑的断定都取决于这道公式。只有符合这道公式的一切才是对的，违反这道公式的一切就是错的，至于那些与这道公式保持中立的东西，则是偶然的存在。因为这道公式看起来似乎符合普世意义，因此它就成为一条普世法则，而且无论在何时何地，这条法则都必须由个体和集体来实现。就像外倾思考型会遵从他们的公式一样，其周遭的人们也必须为了增益自己而谨守这道公式，谁如果不依从就是错的，谁如果违抗这条普世法则就是不理性、不道德的，甚至已失去了良知。

外倾思考型的道德让他们本身无法容忍例外。不管怎样，他们必须实现他们的理想，因为在他们看来这些理想就是对于客观事实性最纯粹的表述，所以必然是普遍有效的、绝对有益于人类的真理。总之，他们这么做并不是基于对他人的友爱，而是基于更崇高的正义和真理的观点。如果对于罹患疾病、承受痛苦和不正常的人的担待应该成为这道公式的某个组成部分的话，那么在实践上就应该为此而设置专门的机构，例如急难救助所、医院、监护所、安置收容园区等，或制定出相关的实施构想和计划。不过，如果要实施这些方案，持有正义和真理的动机通常是不够的，它还需要人们对他人真正的友爱，这种爱心就不只关乎任何智识性公式，还涉及更多的情感。

在这类公式里，"人们其实应该"或"人们必须"这样的表达始终具有不可小觑的重要性。如果外倾思考型所持有的那道公式的指涉范围够宽广，他们就会在社会生活里扮演具有重大贡献的角色，诸如改革者、公开的谴责者、良心的净化者，或一些重要创新的鼓吹者。他们所持有的那道公式的指涉范围越狭隘，他们就越会发牢骚，越道貌岸然，越自以为是地提出批评，总想把自己和他人全都压入一个模式里。这就是外倾思考型对于本身所遵循的那道公式的两极反应，不过，大部分这种类型的人的表现都介于这两个极端之间。

依照外倾态度的本质，外倾者的表现和影响越出色、越受外界好评，他们就离自己越远。所以，当他们不太受到本身所信服的那道智识性公式的影响时，他们的表现其实就是自己最好的一面；当他们越深入那道智识性公式的势力范围时，就越显露出该公式的专断对他们所造成的不利影响。当处于外围时，他们还跃动着不同的生命，只把公式的真理当作一种值得重视的额外部分；不过，他们越深入该公式的势力范围，就会失去越多不符合该公式的生命力。他们的亲人大部分都承受着他们所崇奉的这种外倾公式所带来的恶果，毕竟身边最亲近的人会首当其冲地受到这种负面的波及。不过，受害最深的还是他们（主体）本身，因此我们接下来要讨论这种类型心理的另一面。

不论是过去、现在还是将来，外倾思考型所仰赖的智识性公式都无法掌握并适切表达生命的丰富性及可能性。这种状态会阻碍或排除主体本身其他重要的生活形式和生命活动。首先，一切依赖于情感的生活形式会在这种类型里受到压抑，例如，审美活动、品位、艺术感（Kunstsinn），以及友谊的维系等。至于宗教经验、激情等非理性的形式则经常被抹杀，而完全变成了无意识性质。这些可能相当重要的生活形式勉强地维持着本身绝大部分属于无意识的存在。虽然有些人可以为了某个特定的公式而牺牲自己全部的人生，但他们毕竟是例外，因为大部分的人都无法持续把这些与情感和非理性有关的生活形式排除在外而生活下去。这些备受智识态度所压抑的生活形式或迟或早——视外在的情况和内在的本性而定——都会以间接的方式显现出来，也就是通过对于意识的生活方式的干扰显现出来。如果这种干扰达到严重的程度，个体就会出现所谓的精神官能症。当然，这种情况大部分都不会发展成精神官能症，因为个体会出于本能地预防自己陷入这样的病态，所以不会严格要求自己遵循某道智识性公式，当然，他们此时会采取恰当的、理性的表达方式。这么一来，他们就为自己配备了一个可以防止心理健康恶化的安全阀。

外倾思考型的某些倾向和功能由于受到意识态度的排挤，而部分地或彻底地转化为无意识性质，而且滞留在一种较未发展的状态中。相对于意识功能，它们是比较没有价值的劣势功能。这些劣势功能只要属于无意识，就会与无意识的其他内容融合在一起，而变成一种怪异的性质。这些劣势功能如果属于意识，就会扮演次要的角色，虽然它们对于整个心理图像而言具有重大的意义。意识所发动的阻碍首先会波及情感，因为情感会率先反对僵化的智识性公式，所以会受到意识最强烈的压制。任何心理功能都不会因为意识的干预而完全消失，只会因此而受到严重的扭曲和损害。只要情感本身是任意形成的，而且愿意顺从于他者，情感就必须支持智识的意识态度，并适应意识态度的意向。不过，这只有某种程度的可能性，因为仍有部分的情感具有反抗性而必须被压抑。假如情感成功地受到压抑，它就会从意识中消失，而在意识阈限之下展开违背意识意向的活动。

情感在无意识里的活动可能会产生某种效应，但个体却完全不清楚这种效应是如何产生的。举例来说，意识里的那种崇高的利他主义往往会因为个体本身所暗藏的利己主义而破灭，因为这种利己主义往往会把大公无私的行动打上自私自利的印记。纯粹的伦理目的会把个体带进一种紧要的情况里，然而，对这种情况起关键性作用的有时却不是伦理动机，而是其他的东西。一些自愿的救助者或社会道德的守护者会突然需要救助或突然丧失名誉，因为救助他人的目的会使得他们乐意采用一些方法，而这些方法恰恰会引来一些他们希望避免的事物。有些外倾的理想主义者为了实现理想来造福人群，甚至会不惜说谎或采取其他不正当的手段。在学术界里，还发生过一些令人无比难堪的例子，比方说，一些声誉崇隆的科学家因为对自己所提出的公式的真理性和普遍有效性深信不疑，为了达成他们崇高的研究目标，竟不惜假造证据。因为依据他们所信奉的公式，人们可以为了目的而不择手段。不过，归根究底地说，只有弱势的情感功能在无意识里展开某种具有引诱性的运作，才会使得一些享有崇高声望的人偏离正道。

在外倾思考型身上，属于劣势功能的情感也会以其他的方式来表达它自己。意识态度因为合乎由客观实质性所主导的公式，所以或多或少与个人无关，而且往往还会损及个人的兴趣。当意识态度发展到极端时，一切个人的考虑就会消失无踪，甚至包括那些对于自己本身的考量。他们会忽视自己的健康，社会地位不断下滑，自己的家庭还经常因为他们最看重的事物而备受伤害。他们在健康、财务和道德上都蒙受损害，而这一切都是为了服务他们所持有的理想。只要受到关心和同情的人仍坚定地支持这种智识性公式，无论如何，他们都不会对自己所获得的关心和同情做出应有的回应。因此，经常会发生这样的情况：关系比较密切的亲属，例如自己的孩子，只知道家里的父亲就跟暴君一样残忍，然而，外界却对于这位父亲的仁慈和美德赞誉有加。尽管这是事实，不过，意识态度的高度非个人化，并不会导致无意识的情感变得具有高度个人化的敏感性，从而造成自身某些暗自的偏见。比方说，个人会特别倾向于把他人客观反对自己的智识性公式误解为一种恶意，或为了预先弱化他人的说法，而总是以负面的假设来看待他人的品格。当然，这些做法都是个人保护本身的敏感性。这种无意识情感的敏感性经常会让人们的语言表达变得尖锐、严厉、富有攻击性，而且会经常使用暗讽的方式。

外倾思考型的情感属于劣势功能，具有不合时宜的、遇事耿耿于怀的性质，因此这种类型的个体便形成了一种显著的怨恨倾向。虽然这些个体可能为了智识性目标而慷慨地牺牲奉献，但他们的情感却是如此狭隘、多疑、变化无常和保守。对于一切尚未包含在那道公式里的新事物，他们会通过无意识那层厌恶的面纱来观察并加以判断。19世纪中叶，一位以医德著称、为人博爱慈善的医生曾以解雇来威胁他的助手，只因为这名助手使用了温度计，违反了他在医疗上所奉行的公式：发烧只能由脉搏来确定。我们都知道，类似的例子其实很多。

外倾思考型的情感越受到压抑，对于原本堪称完善的思考的影响就越负面，也越微妙。智识的观点或许会基于本身所具有的价值而合理地要求一种普遍的赞同，并且受到个人无意识情感的敏感性的影响而发生性质的转变，也就是变得像教条般僵化。人格的自我维护（Selbstbehauptung）会被转移到这种智识的观点上，因此，真理不仅无法再发挥它的本质作用，而且因为获得主体的认同而变成一位敏感的、受到恶意批评者伤害的小姑娘。

不过，如果人们可以采取人身攻击，而且任何指责的言论或许都不算过分的话，这类批评者就会受到贬斥。总之，真理必须持续被展现出来，直到众人开始明白，他们所相信的真理，显然比较关乎真理的创造者，而比较无涉于真理本身。

智识观点的教条主义有时还因为无意识的个人情感的介入而进一步出现一些特有的改变。狭义上来说，这些变化的起因不是无意识里被压抑的情感，而是一些已与无意识情感混杂在一起的无意识因素。虽然理性本身可以证实每一道智识性公式仅具有部分有效性真理，因此毫无权利要求绝对的权威。但是，这种智识性公式实际上已取得了压倒性的优势，以至于其他所有的观点及其可能性都变得无足轻重，而且它还取代了一切较为普遍、不确定，因而也较为不起眼且较为真实的世界观，甚至还取代了被人们称为宗教的那种普遍性观点。因此，这种公式也变成了某种宗教——即使就本质而言，它们与宗教毫无关系——并获得了属于宗教本质的绝对性，换句话说，智识性公式已变成了智识性迷信。

然而，一切受到智识性公式压制的心理倾向，却在无意识里聚集并形成一种与该公式对立的立场，从而对这种公式发出质疑。为了抵御这些来自无意识的质疑，意识态度会变得狂热起来，因为这种狂热就是对于质疑的过度补偿。意识态度的这种发展最后会使得个体过度着重意识立场，进而促成一种与意识立场完全相反的无意识立场，例如，与意识的理性主义对立的极端非理性主义，以及一些与现代学术研究的意识观点对立的、很迷信的、极其古老而原始的观点。因此，在各门学科的研究史上，许多地位崇高的学者最后却栽在本身所提出的那些虽然著名却也偏颇可笑的观点上。男性身上的无意识特点，有时会表现在女性身上。根据我的经验，外倾思考型主要是男性，因为，思考功能成为男性的优势功能远比成为女性的优势功能更为合适。当思考在女性身上占有优势地位时，就我所知，这种思考大多是这些女性以直觉为主的心理活动的产物。

外倾思考型的思维是积极正面的，也就是具有创造性。它不是形成新的事实，就是从不同的经验材料中建立一般性观念。大体上，它的判断是综合性的。即使在拆解的同时它也能建构，因为它始终能超越解离，它会为既有的材料添加新的成分，或以不同的方式重新统合被解离的东西，而打造出新的组合或另一种观点。人们通常可以把这种思维的判断方式视为述谓性质（pradikativ）。不论怎样，它的特征就在于它从未具有贬抑性或破坏性，而总是以另一种新的价值来取代已毁坏的价值。这样的特征的形成，是因为外倾思考型的思维几乎可以说是一种以本身的生命能量为主的渠道。人们不断进展的生命会表现在本身的思维里，这些思维也因此而具有一种进步的、创造的性质。这种类型的思维通常不会停滞不前，也不会倒退，除非思维已经无法在意识里占有优势地位。思维如果变得比较不重要，就会缺少一种生命活动的积极性，而且会尾随其他的心理功能而出现。这种失去优势地位的思维几乎是后知后觉的——始终满足于反复的对过往的、已发生的事物的沉思、分析及领会——所以便具有埃庇米修斯的特点。

在这种情况下，由于个体的创造性存在于其他的心理功能里，思考功能便不再有进展，而是停滞不前。因此，它的判断便具有显著的内属性，换句话说，它已经把自己完全限制在现有材料的范围内，绝不跨出这个范围。它或多或少满足于抽象的断定，而不再赋予经验材料原本所没有的价值。外倾思考的内属性判断是以客体为导向的，也就是说，这种思考的断定总是取决于经验的客观意义。因此，外倾思考不只处于客观事物的主导性影响之下，甚至还受到个别经验的吸引，所以，它只会表述那些已经存在于客观事物和个别经验中的一切。

有些人会禁不住给予某个印象或经验一种理性的、无疑会被广为接受的评论，然而，这些评论却无法跳脱经验的既定范围。在这些人身上，人们可以轻而易举地观察到这种外倾思考。这些外倾思考者所提出的评论其实只是在表示"我了解它了！我可以思考它了"，而且仅止于此。因为外倾思考的判断顶多只意味着个体能够以客观关联性来编排经验。然而，人们也清楚地看到，该经验恰恰属于这种框架。

如果不是思考，而是其他的心理功能在意识里占据了比较显著的优势地位，而思考此时仍属于意识领域且不直接依赖该优势功能，那么，思考就会出现负面性。思考只要屈从于个体的优势功能，看起来就会具有正面性，不过，我们只要更深入地探究，就不难发现，它只是在仿效，只是以论据来支持该优势功能，而且这些论据往往还明显地与思考本身的逻辑法则相抵触。在这里，我们并不打算继续阐述这种臣服于优势功能的思考，而比较想讨论那些忠于自身原则、不愿顺从于优势功能的思考的性质。但是，对于后一种思考的观察和研究是困难的，因为在具体的情况下，它总是或多或少受到意识态度的压抑。如果它没有在意识未防备的时刻偶然浮现于意识的表面，我们多半得深入意识的幕后，才能探求它的真貌，而且大多必须使用如下的问句，才能引诱它现形："您到底怎么看这件事情？您个人对于这件事情究竟有什么看法？"或者，我们甚至还必须在提问上要个心机："您究竟如何看待我对于这件事情的看法？"如果研究对象真正的思维已落入无意识领域，并因此而被投射出来，我们就必须选择后一种提问的方式。

我认为，借由这种方式而被诱出并浮现于意识表面的思维的特质就在于它本身的负面性，而且最能显示在"除了……之外，其余皆非"这个句式里。大文豪歌德所塑造的恶魔梅菲斯特这个角色，就是这种思维的拟人化。这种思维尤其彰显了一种倾向：它会认为，它所判断的对象源自某种平庸性，而且会剥夺它们本身独立自主的意义。这种情况会发生，是因为它所判断的对象显示出对于其他平庸事物的依赖状态。倘若两个男人之间爆发了一场看似属于客观实质性质的冲突，此时人们的负面思维就会认为："找到那个女人，事情就解决了！"如果有人在捍卫或宣扬某件事情，人们的负面思维并不会想知道这件事情有什么意义，而是简单地问："这个人可以从中得到什么好处?""你吃什么,你就是什么",19世纪荷兰生理学家暨哲学家雅各布·莫勒斯霍特(Jacob Moleschott)的这句名言,就跟许多格言和观点一样,都属于这种负面思维,我已无须在此一一列举。

这种思维的负面性就跟它本身可能受到局限的用处一样,都不需要进一步的解释。不过,还有另一种形式的负面思维存在着,而人们在乍看之下几乎无法确知,它就是神智论(Theosophie)的思维。[1] 现今,它正快速地传播于世界各地,或许这种现象是在回应在我们这个时代之前便已兴起的唯物论。神智论的思维看起来不仅没有任何化约性,反而还把一切提升为先验的、涵盖全世界的观念。举例来说,梦在它看来不再只是平常发生的梦,而是"另一种层次"的体验,此外,从一个人传给另一个人的能量"振动",对它来说也已清楚说明了心电感应(Telepathie)这个人们至今仍无法解释的事实。常见的神经性精神障碍会被神智论简单地归因于某个"星体"受到某种东西的撞击所产生的效应,大西洋沿岸居民的某些人类学特征也被

---

[1] 神智论既是一种宗教哲学,也是一种神秘主义学说,盛行于19世纪末的欧美。——译注

草率地说成和传说中因地震而沉入大西洋的亚特兰蒂斯大陆有关，等等。总之，人们只需要翻开一本神智论著作，就会被一些说法压得喘不过气来，比方说，一切万有都已经获得解释，"与性灵有关的学科"已不会再给人们留下未解之谜。

神智论的思维方式其实跟唯物论的思维一样，都是负面的。如果唯物论把心理学理解为神经节细胞（Ganglienzellen）的化学变化、神经细胞突触的伸展和收缩，或内分泌现象，那么，它的迷信程度便不下于神智论。此二者唯一的差别就在于，唯物论把一切都归结于我们所熟悉的生理学，而神智论则以印度形而上学的概念来解释一切。然而，人们如果把梦归因于饱胀的胃，这并不表示已经对梦做了什么解释；同样，人们如果认为，心电感应的起因就是能量的"振动"，这其实也等于没有解释，毕竟有谁晓得这里的"振动"到底是什么。唯物论和神智论这两种解释方式不仅无法解释心理现象，而且具有破坏性，因为它们那些站不住脚的解释会把人们对于心理现象的关注转移到前者所谓的胃和后者所谓的"振动"上。这两种思维方式不仅没有创造性，还扼杀了创造性。它们之所以负面，是因为它们的思维极其空洞，也就是欠缺实现和创造的能量，所以它们会受制于其他的心理功能。

‖ 情感 ‖

外倾态度的情感定向于客观事物，也与客观价值一致，换句话说，客体是这种情感所不可或缺的决定要素。如果有谁认为情感只是一种主观的事实情况，他就无法理解外倾情感的本质，因为外倾情感已经尽可能地摆脱主观因素，并已完全臣服于客体的影响。尽管它似乎可以证明本身已独立于具体客体的本质之外，但仍受到传统的或大家普遍所接受的价值的支配。外倾情感者觉得自己不由自主地使用"好的"或"出色的"这些述词，并不是因为他们基于主观情感而认为该客体是"好的"或"出色的"，而是因为当时将该客体称为"好的"或"出色的"是恰当的做法，如果使用相反的形容词就会对人们一般的情感状态造成干扰。这种恰当的情感判断即使言不由衷，却绝对与虚伪无关，甚至也与说谎无关，而是关乎个体的适应。举例来说，人们会称赞一幅画画得"好"，通常是因为一幅挂在客厅里、有知名画家签名落款的绘画一般都被认定为一幅"好"画，或因为当时如果使用"丑的"这个述词可能会伤害收藏这幅画的那家人的情感，或因为当时拜访者希望营造出一种愉快的情感氛围，毕竟在那种场合让人们感到愉快是必要的。这种外倾的情感取决于客观的决定要素。它们本身确实就是如此，而且表现为一种人们可以明显感受到的、整体的情感功能。

正如外倾思考会尽可能摆脱主观影响一般，外倾情感在消除所有的主观附属物之前，也必须经历某种分化过程。这种情感活动所产生的价值判断，如果无法直接合乎客观价值，至少会符合某些传统的、普遍被接受的价值标准。许多人会带着已经正确衡量过的正面情感去欣赏戏剧、聆听音乐会或上教堂，其中绝大部分都是出自这种外倾情感的作用。连一些流行风尚的兴起也拜它所赐，而且——远远更有价值的是——社会的、慈善的以及文化的活动能获得正面而广泛的支持也应该归功于它。在这些方面，外倾情感已经证明自身是一种创造性因素。假如缺乏这种情感，我们实在无法想象人类可以拥有美好而和谐的社交生活。就这一点来说，外倾情感跟外倾思考一样，都是令人欣慰的、能发挥理性效应的力量。不过，一旦客体产生过度的影响，外倾情感就会丧失这种有益的效应。在这种情况下，过于外倾的情感已把个体的人格过度拉向客体，也就是同化于客体之中，情感的个人特质——即情感的主要魅力所在——也就因此而消失。如此一来，个体的情感会变得冷漠、注重实质的利害关系，一点儿也不值得信赖。

这种外倾情感会透露某种隐秘的意图，连毫无偏见的观察者都会产生这样的怀疑。这些个体不仅无法再给人们留下那种愉悦、清新、始终保有真挚情感的印象，反而还让人们察觉到他们的装腔作势或忸怩作态，尽管这些个体可能还没有意识到自身那种自私自利的意图。如此过火的外倾情感虽然实现了某些审美的期望，但它的表达却无法再触及人们的内心，而只能诉诸感官，或更糟糕的是，只能诉诸理智。它虽然可以用审美的方式来营造某种情境，但它本身及其所产生的效应却也受限于该情境。总之，它已经失去了创造性，而且这种过程如果持续发展下去，就会出现一种怪异且充满矛盾的情感分裂：它会以情感方面的评价来抓住每个客体，而且联结了许多相互矛盾的关系。如果受到充分重视的主体存在的话，这种情感的分裂根本不可能出现。由于主体已完全被卷入各个情感的过程里，连真正的个人观点的最后一丁点儿残留也受到压抑，以至于让观察者觉得，似乎情感的主体已不存在，只剩下情感的过程。在这种情况下，情感已彻底失去原有的人性温暖，而让人们觉得装模作样、反复无常及不可靠，更有甚者，甚至还会给人们留下歇斯底里的印象。

‖ 外倾情感型 ‖

只要情感是一种比思考更明显的女性心理的特征,最显著的情感型就会出现在女性身上。当个体的外倾情感占有优势地位时,我们便把该个体称为外倾情感型。这种类型浮现在我眼前的范例,几乎毫无例外都是女性。这种类型的女性以情感为依归,她们的情感由于受到教育的影响,而发展成一种能适应于环境的、服从于意识控制的心理功能。除了一些极端的例子之外,她们的情感通常都具有个人特质,即使其主体已受到较高度的压抑。因此,她们的人格便显得已适应客观情况。她们的情感与客观情况及普遍被接受的价值是一致的,这一点就相当清楚地表现在她们对于情爱对象的选择上。她们只爱恋"合适的"男人,至于这些男人之所以合适,并不是因为他们符合了她们那种隐而未显的、主观的本质——她们对此通常一无所知——而是因为这些男人在社会地位、年龄、能力、身高和家庭声望等方面都符合了一切明智的世俗要求。不过,话说回来,这种类型的女性所选择的对象其实完全合乎她们在情爱方面的情感。如果我对这个说法没有全然的确信,人们很可能会认为这番话具有讽刺性和贬低性而拒绝接受。其实,外倾情感型的女性对于爱侣的情感是真切的,并不只是出于理性的计算。这种带有"理性的"婚姻在现实生活中比比皆是，而且绝不能算是最糟糕的婚姻。只要丈夫或儿子具有一般常见的心理特性，这种类型的女性其实是理想的贤妻良母。

只有当情感不受其他东西干扰时，人们才能"准确地"感受。然而，没有什么会比思考更能干扰情感了！因此，我们就不难理解，外倾情感型会尽可能压制本身的思考，但这绝不表示这种类型的女性并不思考，情形其实恰恰相反：她们可能大量地思考，机敏地思考，只不过她们的思考从不具有独特性，所以只能算是情感的（埃庇米修斯式的）附属物罢了！无法感受的东西，她们也就无法在意识层面上对其进行思考。"我没办法思考自己无法感受到的东西。"一位女性患者曾以愤怒的口吻这么告诉我。所以，只有在情感允许的范围内，外倾情感型的女性才能敏捷地思考，任何推论不论多么合乎逻辑，只要会让她们的情绪受到干扰，一开始就会遭到她们的拒绝，她们根本不会去思考它们。只要被客观价值认定是好的东西，就会受到她们的珍视或喜爱；其余的一切似乎只存在于她们自身以外的那个世界。

不过，如果客体变得比较重要时，这种情况就会发生改变。正如我在前面所解释的，当主体同化于客体时，情感的主体或多或少会变得比较薄弱。情感会因此而失去个人特质，只剩下情感本身。人们会觉得，该个体的人格好像已经完全消融于他的情感里。由于一些引起各种不同的，甚至形成对比的情感色调的情况会持续不断地在生活中交替出现，人格便因此而消散于许许多多不同的情感之中。人们在这个时候是这个样子，在另一个时候又是另一个样子，但这样的变化充其量只是表象，因为人格实际上不可能有这么多的变化。更何况自我的基础总是与自身保持一致，所以会明显地反抗这种变化不定的情感状态。

个体内在不一致性的征兆，会随着自我与当时的情感状态之间分离程度的不同，而或多或少地显露出来，换句话说，原先具有补偿作用的无意识态度会转而采取明显的反对立场。这种转变首先会显示在一些夸张的情感表达里，例如个体所使用的一些强烈、具有压迫性但缺乏某种程度的可信性的情感述词。这些述词听起来很空洞，不具有说服力，甚至还让人们察觉到某种对抗可能已经被过度补偿，因此，个体的情感判断可能会出现完全不同的结果，有时甚至没过多久又出现了另一个不同的结果。总之，情况只要稍有改变，就可以让人们对于同一客体的评价立刻翻转。

这种经验最后会导致观察者无法当真地看待任何一个判断，而且会对自己的判断有所保留。既然与周遭的人们建立密切的情感联系对于这种类型的人而言特别重要，他们就需要加倍努力，才能克服周遭人们的淡漠。不过，这却会让情况陷入一种恶性循环，因为人们越强调与外在客体的情感关系，无意识的那股反对力量越会浮现出来。

我们已经看到，外倾情感型大部分会压抑本身的思考，这是因为情感最容易受到思考的干扰。同样，思考如果想要取得纯粹的结果，就必须极力排除情感，因为思考最容易受到情感价值的干扰和扭曲。因此，外倾情感型的思考只要还具有自主性，就会受到压抑。但是，就像我曾经提过的，人类的思考不仅不会受到彻底的压抑，思考强硬的逻辑性反而还会迫使个体做出一些与情感不兼容的推论。不过，外倾情感型却允许本身的思考成为情感的仆人，或更贴切地说，成为情感的奴隶，这时他们的思考便失去了支柱，无法再依照本身的法则行事。既然思考的逻辑性以及无可退让的、正确的推论无法被抹杀，这些逻辑性和推论还是会在某处发生，不过是在意识范围之外，也就是在无意识里。因此，这种类型的无意识内容首先是一种独特的思维，一种婴幼性的、古老而原始的、负面的思维。只要意识情感还保有个人特质，换句话说，只要人格尚未被个体的各种情感状态征服，这种无意识思维便能产生补偿作用。不过，一旦人格瓦解并消散于个体的各种相互矛盾的情感状态，自我的认同便会随之丧失，主体便落入了无意识里。主体陷入无意识时，便会跟无意识思维结合而使得本身有机会再度升入意识。意识的情感联系越强，而且这种情感联系越是把情感"去自我化"，无意识的反对立场就会越激烈。此时，无意识思维会聚焦于评价最高的客体，而且毫不留情地贬低这些客体的价值。

带有"除了……之外，其余皆非"这种风格的无意识思维在这里绝对是恰当的，因为它可以破坏与客体紧密相连的情感所具有的优势。这种无意识思维会化身为突然出现的想法而浮现于意识的表面，因为它们会产生干扰，且这种干扰一般说来往往是负面和贬抑的。因此，这种类型的女性会对本身情感所认定的最有价值的客体产生最糟糕的想法。更确切地说，这种负面思维会使用那些适合质疑情感价值的、幼稚的偏见或比喻，而且会动用个体所有原始的本能，以便对情感做出"除了……之外，其余皆非"这类负面诠释。如果我在此谈到，个体也会经由这种方式而动用集体无意识——人类原初意象的总和——这就不只是一种片面性的看法，因为这种对集体无意识的处理可能会在另一个基础上促使另一种基本态度的再生。出现在外倾情感型身上的精神官能症的主要形态，就是一种保有——以婴儿式性特质（infantile Sexualität）为特征的——无意识想象世界的歇斯底里症。

‖ 对于外倾理性类型的总结 ‖

我把前面所讨论的外倾思考型和外倾情感型称为"理性类型"或"判断类型"，因为思考和情感这些理性判断的心理功能已分别在这两种类型里占据了优势地位。这两种类型都具有一个普遍的特征：他们的生活都高度受制于理性的判断。当然，我们还必须考虑到，我们所谈论的是个体本身的主观心理学的观点，还是观察者从个体外部所察觉和判断的观点。如果观察者纯粹以直觉来理解所发生的种种并下判断，那么，他可能会做出与被观察者的主观观点相反的判断。从整体来说，理性类型或判断类型在生活里其实不单单依赖理性的判断，他们也同样高度依赖无意识的非理性。如果有谁只观察个体所外显的种种，却罔顾个体意识的内在状态，反而会比较容易受到个体的某些无意识表达的非理性和偶发性的左右，而比较不受其意识的意向和动机的理性性质的影响。因此，我本人在分析心理学上所提出的判断,是以个体的意识心理所感受到的东西为基础的,不过,我也同意,人们同样可以用完全相反的方式来理解并描述这种心理。我深信,我本身如果具有另一种个体心理,就可以用相反的方式——从无意识的角度——把这两种理性类型描述为非理性,但这种状况却会妨碍人们对于心理的事实情况的呈现和理解,而大幅增加人们误解的可能性。

通常人们基于这些误解所进行的讨论并不会得出什么成果,因为参与讨论的人都在各说各话,彼此没有真正的沟通。对于参与讨论的个体来说,这种经验只不过是他们以主观的意识心理为基础而进行的自我表现,因为人们至少可以因此而取得某种客观的依据,不过,人们如果想把心理的规律性建立在无意识的基础上,这种客观的依据就会完全消失。在这种情况下,被观察的对象可能无法再表达意见,毕竟他们对于本身的无意识的了解实在不如其他的一切。因此,观察者——主体——便获得了可以独自下判断的机会,所以,我们也可以确知,观察者此时是依据自己的个人心理来主导自己的观察。我认为,弗洛伊德的精神分析学和阿德勒的个体心理学都有这种弊端,个体也因此而完全受到下判断的观察者的支配。不过,判断的基础如果改为被观察者的意识心理，情况就会随之改观。此时，只有被观察者有能力做出判断，因为只有他知道自己的意识动机。

外倾思考型和外倾情感型的意识生活方式的理性性质，就意味着在意识上排除了偶发性和非理性的一切。在这种心理中，理性判断就代表一种势力。它会把实际发生的事物的无规则性和偶然性强行套上特定的形式，或至少尝试过这种做法。所以，一方面这些个体在生活的可能性里会因为意识只接受理性的东西而做出特定的选择；另一方面，那些负责察觉一切的心理功能——感知和直觉——的自主性和影响力则会受到根本的限制。当然，感知和直觉这两种察觉功能所遭受的限制并不是绝对的，它们依然存在于所有情况下，但它们的产物却受制于理性判断的选择。因为能够对行动的动机产生决定性作用的，并不是感知的绝对强度，而是思考和情感的判断。

在某种意义上，负责察觉的感知功能和直觉功能，跟外倾思考型的情感功能以及外倾情感型的思考功能在状态上是一样的。它们都是劣势功能，会相对受到压抑，因而处于比较没有分化的状态。劣势功能的存在还赋予外倾思考型和外倾情感型的无意识一种独特的标记：这两种理性类型的人有意识、有目的去做的事都合乎自己的理性；但是，偏偏发生在他们身上的事一方面却符合了他们那种婴幼性和原始性的感知本质，而另一方面则与他们的直觉是一致的。至于这些概念的含义，我会试着在后面的章节里阐明。无论如何，在外倾思考型和外倾情感型身上所发生的这些事情是非理性的（当然是从他们的角度来看！）。因为相当多的人的行动和做事比较依据他们在生活中所遭遇的种种，而不是出于自己的理性目的，所以，这些人在经过仔细的分析后，也很容易把这两种类型的人视为非理性。我们在此必须包容他们的看法，因为一个人的无意识往往会比他的意识留给人们更强烈的印象，而且他的行为经常比他的理性动机更有显著的分量。

外倾思考型和外倾情感型的理性都具有客观倾向，也都依赖于客观事物。他们的理性符合集体所普遍接受的理性，而且他们在主观上会认为人们一般所视为理性的东西必然合乎理性。不过，理性其实也具有高度的主体性和个体性，但这个部分却受到这两种理性类型的压抑，而且越是受到压抑，客体的重要性便越形增加。于是，主体和主观理性便越来越受到压抑，它们被压制住时，便开始受到无意识的支配。在这种情况下，无意识会拥有一些令人相当不快的特征。我们在前面已经谈论过无意识的思维，但是，无意识还有一些原始的感知会借由感知的强制性表现出来，例如，个体会不正常地、不由自主地沉溺于享乐，而且这些纵情声色的癖好还具有各种可能的方式。此外，还有一些原始的直觉会直接地折磨个体本身及其周遭的人们。一切难堪、可憎、丑陋、恶劣或令人不快的东西都会被察觉或受到怀疑，虽然它们的负面性大多半真半假，但很容易衍生出一些充满恶意的误解。站在反对立场的无意识内容所产生的强大的影响，会经常违反意识的理性准则，也就是明显地和偶发事物联结在一起。这些偶发事物不是由于它们的感知强度，就是由于它们的无意识意义，而获得了一种强制性的影响力。

‖ 感知 ‖

在外倾的态度里，个体的感知主要受到外在客体的制约。感知作为感官的知觉，当然会依赖于客体；同样，感知也会依赖于主体，因此也存在着主观的感知，而且就其特性而言完全不同于客观的感知。在外倾的态度里，感知的主观部分只要涉及意识的运用，就会受到阻碍或压抑，而且在思考或情感这些理性功能取得优势地位时，作为非理性功能的感知也同样会受到压抑。思考和情感这些理性功能只有在意识的、判断的态度让偶然的察觉变成意识内容时，也就是认识到这些偶然的察觉时，才会刻意运作。狭义来说，感官功能当然是绝对的，比方说，人类只要具有视觉和听觉的生理可能性，就可以看见和听见，不过，并不是所有期待被主体所统觉的东西都可以达到人类知觉的运作所不可缺少的阈限值。如果感知能取得优势地位，情况就会有所改变。此时，来自客观感知的东西就不会被排除或被压抑（但是，刚才提到的感知的主观部分却是例外）。

感知主要取决于客体，而且那些引起最强烈的感知的客体还能对个体的心理起决定性的作用，因此，个体便形成了与客体的感官性联结。由此可见，感知是一种充满活力的功能，同时还具有最强劲的生命驱力。只要客体唤起了主体的感知，客体就可以对主体产生作用，而且只要客体的作用可以通过主体的感知而有所发挥，该客体不论是否符合理性的判断，都会完全被意识接受。主体衡量客体的唯一标准，就是客体的特性对主体所引发的感知强度。因此，只要客体的作用引发了主体的感知，一切客体的作用就会进入主体的意识里。不过，在外倾的态度中，只有那些具体的、感官可以知觉的、任何人在任何时空都感到是具体的客体或作用，才能引发感知。由此可知，外倾感知型的个体会定向于感官所能知觉的东西的事实性。此时，思考和情感这两种判断功能便从属于感知的具体事实，因此便具有劣势功能的性质，也就是某种带有婴幼性的、古老而原始的特征的负面性。至于外倾感知型最受压抑的功能，当然就是与感知对立的无意识察觉，即直觉。

‖ 外倾感知型 ‖

没有一种心理类型对外在现实的讲究能比得上外倾感知型。这种类型的客观事实感（objektiver Tatsachensinn）有相当突出的发展，他们会在生活里从具体的客体累积实际的经验，而且他们本身越出色，就越少运用他们的经验。在某些情况下，他们的经历根本称不上"经验"。他们所感知的东西顶多只能引导新的感知，所有出现在他们的关注范围内的新事物都可以借由感知的途径而取得，而且应该为感知的目的效力。只要有人倾向于把这种对客观事实性的敏锐感受力理解为高度的理性，人们就会称赞这样的人具有理性。但实际上，这些人不该被视为理性的存在，因为他们也同样受制于本身对非理性的偶发事件的感知。

当然，外倾感知型——似乎绝大多数都是男性——不仅不认为自己"受制于"本身的感知，反而还会讥笑这种说法根本不中肯，因为在他们看来，感知就是具体的生活表现，就是丰富的真实生活。他们都把自己的目的锁定在具体的享受上，而且他们的道德观念也是如此。因为真正的享受本身便具有特殊的道德和特殊的节制及规律性，甚至还具有舍己为人与牺牲自我的精神。因此，他们不仅不会成为耽于感官享乐的粗鄙之人，反而还会发展他们的感知而使其达到更高度的审美纯粹性，而且即使在最抽象的感知里依然可以忠实于本身的客观感知的原则。19、20世纪之交的荷兰作家威廉·范·乌尔芬（Willem van Wulfen）在他最知名的著作《享乐者：一位带领人们无所顾忌地享受生活的向导》(*Der Genußmensch: Ein Cicerone im rücksichtlosen Lebensgenus*)里所谈到的那位享乐者，就是这种类型的毫不掩饰的自我揭露。从这个角度来看，我认为这本书确实值得一读。

外倾感知型的人处于较低的发展阶段，倾向于感官可触及的真实性，而不是内省的思考。他们并不具有掌控的意图，他们的经常性动机就是感知客体，要拥有感官的知觉，并尽可能地获得感官的享受。不过，他们绝不是不和善、不亲切的人，而是经常能开心又活泼地追求享受的人。他们有时是充满兴致的伙伴，有时则是很有品位的审美者；

当他们是前者时，生活的重心便或多或少取决于一顿美味的午餐，当他们是后者时，便属于品位绝佳的人士。他们如果有所感知，一切重要的东西对他们来说便已经有所表达和完成。在他们看来，没有什么可以胜过具体和真实的东西；他们会允许自己针对或超越具体和真实的事物提出一些推测，只要这些推测可以强化感知。然而，从愉悦的意义来说，这种类型的人并不需要借由这些推测来强化他们的感官，因为他们并非一般所认为的荒淫好色之徒。他们只不过是想追求最强烈的感知，而且依据其本性，这些感知往往还必须从外部取得。至于源自内在的东西对他们来说，就显得既病态又令人厌恶。

外倾感知型总是把自己的思考和情感化约为客观的基础，也就是归结于那些来自客体的影响，即使这种做法已经严重地扭曲逻辑性，他们也毫不在乎。无论如何，感官可触及的真实性会让他们觉得安心踏实，而且他们对于这种真实性的轻信也颇令人感到意外。比方说，他们会毫不迟疑地认为，某种精神性症状和气候的低气压有关，而心理冲突的存在对他们来说反而是不正常的幻想。无疑，他们的情爱是以客体所引起的感官刺激为基础的。他们只要处于正常状态，就会以显而易见的方式适应既有的现实，因为他们的适应始终是显而易见的。他们没有持有崇高的理念，所以没有理由不习惯事实的真实性，而这些全都显露在他们所有的外在表现上。他们穿着时髦体面，也符合自己的身份。他们会慷慨地用佳肴美酒来招待朋友，人们和他们在一起时很舒服，或至少可以理解他们为何要用本身精致的品位来要求周遭的人。他们甚至还深信，为了展现某种风格而付出某些代价确实是值得的。

感知越是占有支配地位，感知的主体就越隐匿在感官知觉里而消失无踪，这种感知型的人就越令人感到不快，因为他们不是变成粗野的享乐者，就是变成无所顾忌的、精明巧妙的审美者。如果客体对于他们来说是绝对不可缺少的，那么，存在于自身并借由自身而存在的客体就绝对会受到他们的贬低。此外，客体还会受到他们毫无顾忌的歪曲和压榨，因为客体此时仅仅具有刺激感知的用途。他们与客体的关系会变得很恶劣，于是无意识便被迫脱离原先的补偿性角色，而走向公然的对立，受到压抑的直觉功能尤其会以投射于客体的方式，来发挥本身的作用。一些最荒诞离奇的推测会随之出现，倘若这些推测和性的对象有关，个体那些猜忌吃醋的幻想以及焦虑的状态就会产生重大的作用。在比较严重的情况下，甚至还会演变成各种恐惧症，特别是一些强迫性症状。这些病理学内容具有一种显然不真实的特性，它们经常蒙上一层道德或宗教的色彩，而且往往还发展成吹毛求疵的诡辩、可笑且恣意专擅的道德观念，以及对于原始、迷信、"神奇"、诉诸深奥难懂的仪式的宗教的笃信。

这些东西全都来自一些被压抑的、较未分化的心理功能，这些劣势功能在这样的情况下会跟意识处于敌对状态，而显得更醒目，因为它们似乎是以一些最不合理的先决条件为依据，而完全和意识的事实感（Tatsachensinn）对立。在人们的这种"二号人格"（zweite Persönlichkeit）里，整体的情感和思考会被扭曲而陷入一种病态的原始性当中；理性变成了咬文嚼字的、没有实质进益的分析和推论，道德变成了沉闷乏味的说教和生硬僵化的形式主义，宗教变成了荒谬的迷信，而预知能力——这项人类重要的天赋——则变成了个人在困难而繁杂的事物上的虚耗，它会在每个角落里闻嗅一番，之后便落入琐碎事物的最狭隘之处，而不是看向宽广的远方。

出现在外倾感知型身上的精神官能症所特有的强迫性显示出，无意识会抗拒纯粹的感知态度在意识道德上的自由性。这种感知态度从理性判断的立场出发，不加选择地接纳了已发生的种种。虽然感知型不设定任何前提绝不表示感知型没有准则性和约束性，但感知型却因此而失去了他们那种借由判断而存在的、极为重要的节制力。理性的判断代表一种意识的强制性，理性类型似乎自愿承受这种强制性，然而，感知型却受到意识的强制性经由无意识管道所产生的控制。此外，理性类型与客体的关系由于理性判断的存在，不同于感知型与客体的那种无条件的关系。当感知型的态度出现了不正常的片面性时，他们就会面临落入无意识掌控的危险，一如他们也面临在意识上依附于客体的危险。当他们患有精神官能症时，诊治的医生就更难采用理性的方式来治疗他们，医生原本希望他们身上的那些心理功能可以发挥作用，但这些功能却都处于较未分化的状态，因此实在难以或根本无法派得上用场。诊治的医生为了让他们具有比较清楚的意识，经常需要采用一些与情绪有关的强制性方法。

‖ 直觉 ‖

在外倾的态度里，直觉——作为无意识的察觉功能——会完全定向于外在客体。因为直觉主要是一种无意识过程，所以，意识很难掌握它的本质。在意识里，直觉功能会通过察看某种预期的态度以及穿透表象的洞察而体现出来，而且只有事后的结果才能证明，个体的直觉究竟洞察了多少东西，洞察了多少客体的真实性。就如同取得优势地位的感知不只是一种反应过程、一种对于客体最重要的过程，而且是一种能掌握与塑造客体的行为；同样，直觉也不只是一种察觉，一种纯粹的察看，而且是一种积极的、具有创造性的过程。这种创造性过程在客体里投注多少，就会从客体里取走多少，它既能在无意识里从客体获得具象的直观（Anschauung），也能在客体里创造无意识效应。

当然，直觉功能首先会传递一些其他功能根本无法或只能间接地达成的关系和情况的纯粹意象或直观。只要直觉受到重视，直觉所传递的意象便具有某种知识价值，而且这些知识还能对人们的行动产生决定性的影响。在这种情况下，心理适应几乎完全以直觉为基础，至于思考、情感和感知便相对受到压抑，其中尤以感知为最，因为感知——作为意识的感官功能——会给直觉造成最大的阻碍：感知会用源源不绝的感官刺激干扰纯粹的、无偏见的、简单素朴的直观，这些感官刺激会使得个体的关注转向事物的表面，然而，直觉却力图掌握这些表面以下的东西。因为直觉在外倾态度里主要是以客体为导向，所以它和感知实际上很接近，因为直觉在对外在客体形成那种预期的态度时很可能会利用感知。直觉如果要运作顺利，感知就必然会受到高度的压制。在这里，我会把"感知"这个概念理解为简单而直接的感官知觉，也就是把它当作相当清楚的生理和心理的资料。我必须事先说明这一点，因为每当我询问直觉者他们是以什么作为导向时，他们回答的内容竟然全是感官知觉，而且他们还频繁地使用"感知"这个词语。

这些直觉者确实拥有感知，但他们本身却未定向于感知，而只是纯粹把它们当作直观的根据。无意识的先决条件会挑选比较有价值的感知，不过，受到青睐的感知并不是生理性最强烈的感知，而是那些被直觉者的无意识态度大幅提升价值的感知。如此一来，这些感知便有可能获得主要价值，而对于直觉者的意识来说，这些感知似乎就是纯粹的感知，但实际上却不是如此。

就像感知在外倾态度里会试图达到最强烈的现实性一样——因为感知只有借此才能为本身制造那种充满生命力的表象——直觉也会追求最大的可能性，因为对于可能性的直观最能满足直觉的预感。直觉在客观事物里致力于发现潜在的可能性，因此，它作为纯粹的附属功能（即无法取得优势地位时）也算是一种能自动发挥作用的辅助工具，如果其他的功能无法为个体所深陷的、全面受阻的境况找到一条出路的话。不过，直觉如果占有优势地位，所有普通的生活情况似乎就是应该被直觉所开启的封闭空间。此时，直觉会不断地寻找外在生活的出路以及新的可能性。对于直觉者来说，所有的生活情况都可能会在极短的时间内变成囚禁的监牢和系缚的锁链，而迫使他们想要寻求解脱。当人们发现，某些客体暂时有助于解决问题和摆脱困境，而且具有新的可能性时，客体便似乎拥有了某种近乎夸大的价值。如果客体几乎从未尽到它们作为阶梯或桥梁的职责，客体便似乎不再具有价值，而且会被降格为令人厌烦的附属物。只要某种事实开拓了新的可能性，而且这些可能性还超越了事实本身，并且能把个体从事实当中解放出来，那么，这样的事实就具备有效性。由此而出现的可能性都是直觉所无法逃避的强制性动机，因此，直觉必须为这些动机而牺牲其他的一切。

‖ 外倾直觉型 ‖

当直觉占有优势地位时，就会形成一种独特而显著的心理。既然外倾直觉型的直觉定向于外在客体，他们对于外在情况的强烈依赖便显而易见，不过，他们的依赖方式却与感知型的依赖方式截然不同。直觉者从不出现于一般公认的现实价值所存在的地方，而总是出现于可能性存在之处。他们能敏锐地察觉出一些正在萌发和具有愿景的事物，而从不让自己置身于稳定的、存在已久且稳妥可靠的情况里，因为这样的情况所具有的价值虽然普遍受到认可，却有所局限。他们始终在寻求新的可能性，因此稳定的情况会让他们感到窒息。他们虽然可以强烈地，有时甚至相当狂热地掌握新的客体和方法，不过，一旦这些新事物的范围确定下来，而且他们已经预见接下来无法再出现重要的进展，他们就会毫不留情地放弃它们，不再重视，也不再想起它们。

只要可能性还存在，直觉者就会和命运的力量联系在一起，仿佛他们全部的生命已在新的情况里获得开展一般。人们会有这样的印象，当然，直觉者本身也觉得，好像他们刚刚完成了生命中明确的转变，好像他们从今以后已经无法再对其他的东西产生任何的思考或情感。即使一切依然如此理性而且合理，即使所有可以想得到的论据都赞同稳定性，但这些却无法阻止他们将来有一天把从前对他们而言意味着获得自由和解救的情况视为囚牢，并且以这种态度来处理这些情况。

理性和情感都无法制止或吓退他们对于新的可能性的

追求，尽管新的可能性或许与他们迄今所持有的信念相抵触。理性和情感既是信念所不可或缺的成分，也是直觉者的劣势功能。因为它们在直觉者身上不具有决定性的分量，所以无法持续地抵抗直觉的力量，不过只有它们能有效地补偿占有优势地位的直觉功能，因为它们会把本身的判断传给直觉者，而判断正是直觉者这种类型所完全缺乏的东西。

直觉者的道德观念不具有智识性或情感性。他们的道德就是忠实于自己的直观并自愿服从于直观的权威。他们很少考虑周遭的人的幸福。别人的健康就跟自己的健康一样，都难以具有令人信服的重要性。此外，他们也难以尊重别人的信念和生活习惯，因此他们经常被视为不道德的、肆无忌惮的猎奇者。因为他们的直觉关注外在的客体，并预感外在的可能性，所以他们乐于从事一些能让本身的能力尽量达到多面向发挥的职业。许多商人、企业家、投机买卖者、经纪人和政客等都属于这种类型，而且这种类型的女性在比例上高于男性。这种情况还让我们清清楚楚地看到，直觉活动的社会性远远胜过职业性。直觉型女性深知如何充分利用所有的社会机遇，以及如何建立社会关系。她们会尽可能为自己找到理想的男人，并为了这个新的机会再度放弃曾经拥有的一切。

外倾直觉型的人不论是在工商业还是在文化推广领域，都具有非同寻常的重要性，这显然是可以理解的。如果他们是正直良善的人，本身的倾向不过于自私自利，他们就会成为某些丰功伟业最初的发起者，或至少扮演促进者的角色。当然，他们也会挺身支持那些前途大有可为的少数派，因为比较倾向于人而非事物的他们能通过预感来事先掌握这些少数派的某些能力和可能性，所以他们也是"造就"别人的人。没有人像他们这般，具有鼓舞他人或为新事物注入热情的能力，尽管他们可能在明天过后就会否定这一切。他们的直觉越强，他们的主体就越和本身所预见的可能性融合在一起。他们会把这些可能性生动化，并以令人信服的热情鲜明地将它们展现出来，换句话说，他们体现了这些可能性。他们这么做不是在演戏摆样子，而是在表达本身作为直觉者的宿命。

然而，外倾直觉者的这种倾向却具有严重的危险性，因为他们太过容易地消耗自己的生命。他们会让人们和事物显得生机勃勃，而且让他们的周遭充满丰富的生命力，不过，在周遭的人事物获得生机的同时，他们却将自己耗尽了。如果他们能坚持下去，那么，他们辛劳的付出就可以结出美好的果实，但他们却又很快地为了追求新的可能性而放弃原先的努力，白白地把成果拱手让给他人，最后一无所获。当直觉者落入这种境况时，连本身的无意识也会反对他们。直觉型的无意识与感知型的无意识具有某种程度的相似性，因为他们的思考和情感都相对地受到压抑，所以都在无意识里形成了婴幼性的、古老而原始的思维及情感。我们可以把直觉型和感知型的思维和情感跟相反类型——思考型和情感型——的思维和情感进行比较。直觉者的未分化的思维和情感会以密集投射的形式显现出来，而且跟感知型的未分化的思维及情感同样荒谬。

在我看来，外倾直觉型的思维和情感确实缺乏神秘性，因为它们大多涉及具体的、近乎实在的事物，比如与性、财务或其他方面有关的猜测（例如对于患有某种疾病的疑虑）。直觉者备受压抑的现实感知（Realempfindungen）会导致本身的直觉功能和感知功能的落差。当直觉者突然与一个极不合适的女人或极不合适的男人有了情爱的牵绊，而且这些男女已触及那个古老而原始的感知领域时，这种落差通常会表现得更明显。这会使直觉者的无意识对于大多无法建立稳定关系的对象产生一种强制性联系。这样的情况已经是一种强制性的症状，而且它绝对是直觉型的特征。

直觉型的决定并不依照理性的判断，而只是凭借本身对于一些偶发的可能性的察觉，所以，他们需要那种与感知型所拥有的类似的自由与无拘无束。他们会通过理性来消除本身的限制，却也因此而出现精神官能症，从而让自己陷入无意识的强制性、咬文嚼字的理性分析和推论、在繁杂的事物上的虚耗以及对于客体的感知的强制性联结当中。他们在意识里会以绝对的优势和无所顾忌的态度处理本身的感知和感知对象，不过，他们却不认为自己处于优势的、不顾一切的状态。他们只是看不到大家都能看到的客体——他们的视若无睹和感知型很类似，只不过后者无法触及客体的本质——然而，客体后来却会以疑病症的强迫性观念、恐惧症，以及一切可能的、荒谬的身体感知来报复直觉者的这种态度。

‖ 对于外倾非理性类型的总结 ‖

基于上述的理由，我把前面所讨论的外倾感知型和外倾直觉型称为"非理性类型"，这是由于这两种类型的行为和要求都不是依据理性的判断，而是依据察觉的绝对强度。他们的察觉是针对发生的事物，而这些事物并不受制于判断的选择，从这方面来看，这两种非理性类型就比前面那两种理性类型具有更显著的优越性。客观发生的事物时而具备规律性，时而出于偶发性。如果它们合乎规律性，理性便可以掌握它们；如果它们是偶发的，理性便无从掌握。同时也可以反过来说：我们的理性如果发现它们合乎规律性，就会把它们当作具有规律性的东西；我们的理性如果捕捉不到它们的规律性，就会把它们的发生视为偶然。不过，我们对于普遍的规律性的假设只是我们的理性功能的假设，绝不是我们的察觉功能的假设。因为这些察觉功能不是根据理性及其假设的原则，所以它们在本质上是非理性的。但是，我们如果因为这两种非理性类型的察觉优先于判断，而把他们当作"非理性的"人，那就大错特错了！实际上，他们只是高度地依赖经验，独独以经验为根据，有时甚至还夸张到他们大部分的判断已经无法与他们的经验同调。尽管如此，判断功能依然存在着，只是勉强地维持一种以无意识部分居多的存在。

虽然无意识与意识的主体分离，但只要无意识不断地显露出来，我们也可以在非理性类型的生活里观察到，他们那些显眼的判断与选择性行为所表现的形式就是一些看似严厉冷酷的判断、拘泥于遣词造句的理性分析和推论，以及对个人和情况似乎充满目的性的选择。这些特征具有一种婴幼性的或原始的印记；它们有时会表现出过度的天真，有时则显得无所顾忌、鲁莽和粗暴。在具有理性倾向的人身上，我们或许很容易看到，他们在真实的性格上似乎就是理性主义者，而且可能还充满负面的意图。不过，这样的判断也许只适用于他们的无意识，而不适用于他们本身完全定向于察觉的意识心理，也就是那种由于非理性的本质而无法被理性判断理解的意识心理。对于具有理性倾向的人来说，这种偶发事件的累积最终甚至无法被称为"心理"。非理性者借由理性者留给他们的印象而制衡了这种轻蔑的判断：非理性者认为自己只有一半的部分具有生命，唯一的存在目的就是把一切有生命的东西系在理性的锁链上，并以理性的批判来勒紧自己的脖子。这当然是相当极端的例子，但它们确实发生过。

理性者的判断很容易把非理性者描述为比较差劲的理性者，也就是说，理性者会依据本身的观点而以非理性者所遭遇的事情来理解他们。非理性者所碰到的事情并非偶发事件——毕竟在偶发事件里，他们就是主宰——而是理性的判断和理性的目的。这对于理性者来说几乎是难以理解的事实，而且理性者对于这种事实难以置信的程度，就相当于非理性者讶异某人竟把理性观念置于生动活泼的真实事物之上的程度。在非理性者看来，这样的事情也几乎是不可思议的。人们如果想在这方面促使他们从属于某些原则性的东西，通常是不可能的，因为理性的理解对他们来说不仅不熟悉，甚至还让他们觉得反感，这就如同理性者无法想象，双方当事人在没有相互商议和承担责任的情况下便签订契约一般。

这一点也让我开始思考不同类型的典型代表之间的心理关系的问题。心理关系在当代精神医学里被称为 Rapport（相互关系）——这个专有名词原是法国催眠学派用于描述施催眠术者与被催眠者之间的精神感应。Rapport 主要存在于一种虽有所差异却仍能相互协调的情感里。甚至对于现有差异的认可——只要它们是普遍存在的差异——也是一种 Rapport，一种具有协调性的情感。如果我们比较清楚地意识到我们观察的对象怀有这种情感，我们就会发现，这种情感不只具有无法被进一步分析的特性，而且是一种察知，或是一种以思维方式呈现协调性的知识内容。只有理性者会采取这种理性的呈现，非理性者并不如此，因为非理性者的 Rapport 根本不是建立在理性判断的基础上，而是建立在生机勃勃的具体事物的相似性上。他们那种协调性的情感就是感官知觉或直觉的共同察觉。理性者或许会表示，他们与非理性者之间的 Rapport 来自纯粹的偶然性。当客观情况偶然变得正确时，就会产生人际关系之类的事，不过，没有人知道这种关系的有效性和持久性。

人们或许会认为，只要外在的情况偶然显示出一种共同性，这种关系就会存在，但这样的想法却往往让理性者感到难堪。当非理性者正好在这种关系里看到了特别美好的人性时，理性者却不觉得这种关系特别具有人性。这种看法的分歧会导致其中一种类型把另一种类型看成与自己不相干的人，看成无法信赖、无法合得来的人。当然，只有当人们刻意地尝试评估本身与他人的关系时，才会出现这种结果。由于这样的心理细腻度并不常见，尽管这两种不同的类型在观点上存在着绝对的差异性，他们之间却往往会形成 Rapport，而且是依照如下的形成方式：其中一种类型会以私下的投射为前提，另一种类型则在一些关键要点上与他们意见相同；后者预感到或知觉到某种客观的共同性，但前者不仅无法有意识地预期这种共同性，还立即驳斥它的存在，这种情况就跟后者从不认为他们的人际关系必须建立在与别人持有相同意见的基础上一样。这样的 Rapport 是最为常见的，它以投射为依据，但投射后来却成为双方误解的根源。

在外倾类型里，心理关系始终是根据客观因素和外在条件而进行调整的，所以，外倾者的内在并不具有决定性的意义。就我们当前的文化而言，外倾态度原则上对于人际关系的问题能发挥决定性的影响；内倾原则当然也会出现，却是一种例外的存在，所以它会诉诸同时代的人的包容。

第三节 内倾型

一、意识的一般态度

诚如我在本章的绪言里所说明的，内倾型和外倾型的区别就在于，后者主要定向于客体和客观事物，而前者定向于一些主观因素。此外，我还在绪言里提到，内倾型会在对客体的观察和他本身的行动之间添入一种主观的观点，而使得他的行动无法获得某种与客观事物相符的性质。当然，这是一个特例，我把它举出来，只是为了做简单的说明。然而，我们现在却必须致力于取得一些较为普遍的说法。

内倾的意识虽然会注意到外在环境，却选择主观因素作为决定性因素。因此，这种类型是以察觉和认识的因素为依归的，这些因素还显示出他们本身那种包含了感官刺激的主观倾向。举例来说，两个人都看到同一客体，但他们从该客体所获得的意象却不是绝对一致的。个体的感官器官所具有的敏锐度并不相同，个人方程式（persönliche Gleichung）也会出现观察的误差，即便完全撇开这些不谈，个体在知觉意象（Perzeptionsbild）的心理同化的方式和程度上也还经常存在着根本的差异。当外倾型总是以本身从客体所获取的东西作为主要的依据时，内倾型基本上则依赖那些能在主体内把外在的印象联系起来的东西。在统觉产生作用的个别情况里，只存在细微的差异，但在整体的心理状态里，却存在相当明显的差异，尤其是在保有自我（Reservat des Ich）的方式里更是如此。

在这里，我想预先指出一点：我认为把内倾型视为自我中心的、主观主义的、利己主义的、自淫的，或如早逝的维也纳犹太裔哲学家奥托·魏宁格（Otto Weininger）所谓的"自恋的"（philautisch），原则上具有误导性和轻蔑性，因为这种观点正好符合外倾者对内倾者的本质所持有的偏见。人们应该记住——虽然持有外倾观点的人相当容易忘记——人类所有的察觉和认识不仅具有客观性，还受制于个体的主观性。这个世界不只是它本身的存在，还是人们主观印象中的存在。其实，我们人类甚至不具有任何能帮助我们判断这个世界的标准，因为这个世界是不会被主体同化的。我们假如忽略了这个主观因素，就等于赞同了知识的绝对可能性，也因此走上那条空洞的、陈腐乏味的实证主义的道路——一度蔚为风潮的实证主义曾把19世纪末20世纪初变得粗陋不堪——并陷于智识的傲慢中，这种傲慢还会演变成情感的粗劣性，以及冷漠而狂妄的粗暴性。因为高估了人类客观认知的能力，所以我们会抑制主观因素的重要性，而且连带地抑制了主体的重要性。那么，什么是主体？主体就是人，我们就是主体。处于正常状态的人都不会忘记，认识的进行必须有主体。如果我们获取知识的过程不存在，这个世界对我们来说也就不存在了！当这个世界已经没有人说"我知道……"时，这种情况其实也表达了一切知识的主观性限制。

人类所有的心理功能都少不了主体，就像它们少不了客体一样。"主观"一词听起来有时几乎就是一种责备，这种现象恰恰表明了现在的外倾型价值观的特征。因此，在任何情况下，一个人被形容为"完全主观"就意味着具有危险的攻击性。在生活里，我们总是会遇到这种不会完全相信客体的绝对优越性的人，因此我们必须弄清楚，"主观"这个词语究竟有哪些含义。我会把那些与客体的作用融合成新的心理事实的心理活动或心理反应当作主观因素。只要主观因素自远古时代以来在世界所有民族的身上一直保持极高度的一致性——毕竟人类基本的察觉和认识不论在哪个时空下都是相同的——它就会跟外在客体一样,是一种牢不可破的真实性。

主观因素如果不是如此,就根本称不上是什么经久不变的、始终一致的真实性,人们也不可能凭借流传下来的东西来理解它。因此,只要主观因素的存在就像海洋的辽阔和陆地的宽广这些事实一般不容置疑,只要主观因素还要求那些无论在何时何地都无法被排除在人们的考虑之外的、决定世界的重要力量的全部价值,它就是一种确凿的真实性。此外,它还是另一种世界的法则,谁如果依据它而存在,就可以得到跟那些依据客体的人一样的确定性、持久性和有效性。不过,正如客体和客观事物会因为偶然性以及有限的有效性而发生改变一般,主观因素也会受到多变性和个别的偶然性的影响而出现变化。由此可知,主观因素的价值只是相对的,而不是绝对的。内倾观点在意识里的过度发展不但无法让主观因素获得更好的、更有效的运用,反而还会导致意识的非自然的主观化(künstliche Subjektivierung),这么一来,个体就得承受"完全主观"

的指责了。此时，个体的外倾态度会出现魏宁格所谓的"自我憎恨的"（misautisch）现象，以对应意识的去主观化。

因为内倾态度依赖一种普遍存在、极其真实且绝对不可缺少的心理适应的条件，所以，以"自恋的"和"自我中心的"等这类词汇来形容内倾者是不恰当且应该被摒弃的做法，因为它会让人们对内倾者产生偏见，认为他们是自恋的人。尽管没有什么观点会比这样的偏见更错误，但每当审视外倾者对于内倾者的判断时我们就会发现，它其实经常出现在我们的生活当中。在这里，我并不想把这种偏见归咎于外倾型个体，因为在我看来，这种偏见更多源自目前普遍被大家所接受的外倾观点，而且外倾观点不仅存在于外倾型里，也同样存在于其他极度背离内在自我的类型当中。人们甚至还理直气壮地批评那些背离内在自我的人不忠于自己的类型，而外倾者至少还不至于受到这种非难。

在正常的情况下，内倾态度原则上会受到来自先天遗传的心理结构的制约。这种心理结构虽然是主体内在的一个重要的部分，却不等同于上述那些形容词所界定的主体的自我（Ich），而是主体在自我出现任何发展之前便已具备的东西。作为心理结构的基础的主体，即本质我（Selbst），远比自我更为广泛，因为本质我还包含了无意识，而自我基本上只是意识的中心。如果自我可以和本质我画上等号，那么，我们将无法理解，为什么我们有时候会以完全不同的形式和含义出现在自己的梦境里。当然，内倾者的特性就在于他们会顺从自己的倾向和一般的偏见，而把本身的自我和本质我相互混淆，并把自我提升为心理过程的主体，从而导致前面提到的意识的病态主体化，最后使得自己与客体疏离。心理结构就相当于德国演化生物学家理查德·赛蒙（Richard Semon）所提出的"残存于人类无意识里的记忆痕迹"（Mneme）[1]以及我所谓的"集体无意识"。个体的本质我是一种普遍存在于人类的生命体，并已相应地发展出各种演化层级的心理过程的某个部分、片段或代表。而且，这种心理过程对每个新生的生命体来说，都是与生俱来的。自古以来，人类行动的先天性质被称为"本能"，而人类心理掌握客体的习惯和方式就是我所谓的"原型"（Archetypus）。我在这里已经假定，大家都知道"本能"这个概念。至于"原型"，大家就比较不熟悉，我认为，这个

---

1 RICHARD SEMON, *Die Mneme als erhaltendes Prinzip im Wechsel des organischen Geschehens*.——原注

概念的含义其实无异于瑞士文化史学家雅各布·布克哈特（Jacob Burckhardt）所提出的"原初意象"。

原型是一种象征性公式，而且四处发挥作用，不是在意识概念尚未存在的地方，就是在意识概念基于种种内在或外在的原因而根本不可能存在的地方。这些集体无意识的内容在意识里会以显著的倾向和观点表现出来。个体通常会认为，这些倾向和观点受制于客体，但这却是错误的看法，因为它们毕竟来自心理的无意识结构，只不过是被客体的影响唤起罢了！这些主观的倾向和观点其实比客体的影响更强烈，因为它们具有较高度的心理价值，所以超越了一切的印象。就像内倾者无法理解客体总是发挥决定性作用一样，外倾者也始终对主观观点得以凌驾于客观情况感到困惑，而不可避免地认为内倾者就是自负的利己主义者或教条主义的狂热者。此外，外倾者还假设，内倾者会受到无意识的权力情结的影响。因为内倾者本身的某些特定的、强烈概括化的表达方式往往会让人们觉得，他们似乎一开始就把其他的意见排除在外，所以进一步强化了外倾者对于他们的偏见。

内倾者在先验上凌驾于客观事物的主观判断的坚决性和固执性，就足以给人们留下强烈的自我中心的印象。内倾者大多提不出确实的论据来驳斥这样的偏见，因为他们不明白本身的主观判断或主观察觉的无意识前提，却知道那些绝对具有普遍有效性的前提。他们以合乎时代风格的方式，往意识的外部而非往意识的背后进行探索。如果他们患有精神官能症，他们的无意识里的自我与本质我便或多或少会具有同一性。本质我会因为与自我的同一性而完全失去重要性，而自我反而因此大幅取得了重要性。然后，主观因素的那种确凿的、决定世界的权力会被迫进入自我当中，而造成个体过度的权力需求以及可笑的自我中心。每一种把人类的本质归结于无意识的权力驱力的心理学，都是以这个机制为基础而发展起来的。以哲学家尼采为例，他在许多方面缺乏品位，其实可以归咎于本身意识的主体化。

二、无意识的态度

在内倾型的意识里，主观因素的优势地位同时也意味着客观因素的劣势地位。客体在内倾态度里并未获得原本应有的重要性，也几乎没有想要表达的内容，相较之下，它在外倾态度里却扮演极其重要的角色。当内倾者的意识出现一定程度的主观化，并赋予自我过度的重要性时，个体就会把客体和一种无法长期持续下去的状况加以对比。

客体具备重要性以及毋庸置疑的威力，而自我却存在着极大的限制性和脆弱性，不过，如果由本质我来面对客体，情况就不一样了！本质我和世界都具备可以一较高下的重要性，因此，正常的内倾型就跟正常的外倾型一样，都保有存在的正当性和有效性。如果自我接受了主体的要求，无意识此时为了进行补偿，必然会强化客体的影响。这种强化会随着客体和客观事物发挥极其强大的影响而变得显而易见——尽管自我有时必须拼命努力以确保本身的优势——当这些客体的影响在无意识里控制了个体，从而不禁强行进入意识里时，就会变得更加锐不可当。

由于内倾者的自我与客体缺乏联系——毕竟想要有所掌控的意图不等于环境的适应——在无意识里便形成了一种对于客体的补偿关系。这种补偿关系是内倾的主体与客体之间绝对的而非具有压制性的关系，而且会在意识里发挥作用。内倾者的自我越试图确保一切可能获得的自由，越希望处于独立自主、优势且不受约束的状态，便越加受到客观事物的奴役。他们的精神自由受到可耻的经济依赖的束缚，对自身行为的那种无谓的态度因为必须面对公众舆论而不时处于焦虑的精神萎靡状态。他们的道德优势陷入了劣势关系的沼泽里，支配的兴致也随着自身可怜地巴望获得他人的喜爱而消散无踪。此时无意识会采取能彻底摧毁意识的权力幻觉和优势幻想的方式，来处理本身和客体的关系。客体虽然受到意识的贬抑，却表现出一些令人恐惧的面向，从而使得自我更加剧了自身与客体的分离以及对于客体的支配。最后，自我会用一套正式的、至少可以试图维护意识的优势幻想的安全系统（心理学家阿德勒已确切地阐述过这一点）将自己保护起来。

如此一来，内倾者便与客体完全分离。他们为了在客体身上强行贯彻自己的目的，一方面采取防卫措施，另一方面则进行一些徒劳无功的尝试，把自己的精力消耗殆尽。他们的努力也因为客体留给他们的那些强烈的印象而受挫。客体会持续地压迫他们，对抗他们的意志，致使他们产生最不舒服的、最持久的负面情绪，而且处处与他们纠缠不休。为了让自己能"撑下去"，他们需要不断进行强大的心理建设。因此，出现在这些内倾者身上的精神官能症的典型就是"精神衰弱"（Psychasthenie）。这种心理疾病的特征在于，患者会出现高敏感度、身心衰竭以及慢性疲劳的症状。对于内倾者所进行的个人无意识的分析，会导致该内倾者出现大量的权力幻想，其中还夹杂着对于具有强大生命力的客体的恐惧。实际上，内倾者很容易成为这些客体的牺牲品，更确切地说，他们对于客体的恐惧会让自身形成一种特有的胆怯，从而畏于表达自己或自己的意见，因为他们害怕客体会产生更强烈的影响。他们对于他人（客体）强烈的情绪感到恐惧不安，几乎无法摆脱可能落入他人的势力范围的恐惧。换句话说，这些客体具有势力庞大的、令他们感到恐惧的特性，虽然他们无法在意识里观察到它们，但他们却相信可以通过本身的无意识而察觉出它们的存在。他们与客体的意识关系相对地受到压抑，因此，这种意识关系的维系就必须借助于无意识，所以他们后来还得以拥有基本上属于婴幼儿的、古老而原始的无意识性质，他们与客体的关系便具有原始性以及所有表明原始人与客体的关系的特征。于是，客体似乎拥有了神奇的魔力。新出现的、陌生的客体好像隐藏着莫名的危险，会引发内倾者的恐惧和误解；至于那些存在已久的客体，则与他们的内心存在着无形的联系，不过，任何的改变即使不会造成危险，也会造成干扰，因为这些改变仿佛意味着客体神奇的生命力。

一座只有被允许活动的东西才得以活动的孤岛，就是内倾者的理想。19世纪德国文学家弗里德里希·费舍尔（Friedrich Theodor Vischer）的长篇小说《一位在旅途中结识的人》(*Auch Einer. Eine Reisebekanntschaft*)不仅让我们清楚地看到内倾型的心灵状态孤独的那一面，同时还让我们了解了集体无意识所潜藏的象征性意义。不过，我在这里描述内倾型时并不想继续讨论这种象征性意义，因为它并不是内倾型的特征，而是横跨各种类型的普遍现象。

三、内倾态度的基本心理功能的特点

‖ 思考 ‖

我在前面描述外倾思考型时，曾约略提到内倾思考型的特征，在这里，我将对它做更深入的探讨。内倾思考型主要定向于主观因素，而主观因素至少会显现在最终做出判断、具有主观倾向的情感里。有时，这种主观情感也是一种或多或少已臻至完善的意象，这样的意象在某种程度上还被当作一种标准。内倾思考既可以处理具体的，也可以处理抽象的范围，但在决定性的时刻却始终定向于主观事物。它不会从具体经验转向客观事物，而是转向主观内容。外在事实并非内倾思考的原因和目标，虽然内倾者总是希望本身的思考能接受这种假象。其实，内倾思考开始于主体，而后也会返回主体，即使它曾深入实在事实的领域。因此，新的事实的提出可以让我们明白，只要内倾思考所传递的主要信息是新事实的观点，而不是新事实的知

识，内倾思考大部分便只具有间接的价值。

内倾思考提出问题并建立理论，指出发展前景并表达自己的洞察，然而，在面对事实时，它却显得有所保留。事实对它来说只是用于说明的例证，不宜占有优势。内倾者搜罗事实只是为了收集证据，绝不是为了事实本身，如果是为了事实本身，就等于是在赞同外倾风格。就内倾思考而言，事实只具有次要意义，主观观念、内在洞察力以及或多或少无法捉摸的初始象征的意象的发展和表达，才具有主要价值。因此，内倾思考从不致力于以思维来重建具体的事实性，而是把神秘模糊的意象提升为清楚明白的观念。内倾思考想要达到事实性，想要察知外在事实如何嵌入既有的观念框架之中。它也可以产生那种虽不存在于外在事实，却最能以抽象方式表达外在事实的观念，因此便证明了本身的创造力。当它所创造的观念看来好像来自外在事实，而且这些观念的有效性也获得外在事实的证实时，它的任务就完成了！

正如外倾思考总是难以从具体事实中取得卓越的经验概念，或难以创造新的事实一般，内倾思考也总是难以将原初意象转为贴近事实的观念。在前一种情况里，外倾思考纯粹依靠经验主义积累事实，这不仅会阻碍思维的发展，还会扼杀事实所包含的意义；在后一种情况里，内倾思考为了展现本身的幻想意象而出现一种危险的倾向：它不是把内在的意象形式强行加于外在事实上，就是彻底忽略外在事实。这么一来，内倾思考所表达的观念便无法否认本身起源于神秘的、古老而原始的意象。由于这种内倾观念本身带有神话特征，人们便把这种神话特征解释为"原创性"（Originalität），但在比较糟糕的情形下，人们会把它们视为稀奇古怪的东西，因为那些不熟悉神话题材的专家学者们无法掌握神话的古老而原始的特性。

这类内倾观念往往具有强大的主观说服力，而且越不涉及外在事实，说服力就越强。虽然对于持有内倾观念的人来说，那些贫乏的事实材料似乎就是观念的可信性和有效性的依据和原因，但事实并非如此，因为观念的说服力其实源自它们本身的普遍有效且永远真实的无意识原型。由于这个真理如此具有普遍性和象征性，为了进一步成为一贯的生命价值的实际真理，它始终必须在当下先获得人们在认知上的赞同，或让自己可以受到人们认知的赞同。试想，如果人们完全无法察知某个因果关系的实际原因和实际结果，那么，该因果关系还能存在吗？

内倾思考很容易迷失在主观因素的那种强大的真实性

里。它为了理论而创造理论，其中似乎也曾考虑到真实或至少是可能的事实，不过，它却显然倾向于将抽象的思维逐渐转化成生动的意象。一些富有许多可能性的观点虽然因此而产生，但它们却都无法实现，最后，一些被创造出来的意象依据不再是外在真实的表达，它们充其量只是人们所无法察知的事物的象征罢了！内倾思考会因此而变得难以理解，也会变得跟那些只在客观事实的范围内所进行的外倾思考一样缺乏创造力。不同的是，局限于客观事实的外倾思考会落入只会设想事实的层次，而内倾思考则转变为一种对于难以想象的事物的设想，这种设想甚至超越了一切生动的意象。对于事实的设想当然具备无可争辩的真实性，因为事实依据由于主观因素被排除在外而充分地显示出来；至于内倾思考对于难以想象的事物的设想则拥有主观而直接的说服力，而且会以本身的存在来证明自己。前者会表示：它在，所以它存在（Est, ergo est）；但后者却说：我思考，所以我思考（Cogito, ergo cogito）。

过于极端的内倾思考会显露出本身主观的存在，外倾思考则反映出本身对客观事实的彻底认同。外倾思考因为完全融入于客体当中而否定了自身，内倾思考则摆脱了所有内容而满足于自身纯粹的存在。在这两种情形里，生命的进一步发展都被排除在思考功能之外，而进入其他迄今仍相对存在于无意识的心理功能的领域。内倾思考在客观事实方面的贫乏化，会由大量的无意识事实进行补偿。如果意识借由思考功能而越把自己限制在最小、最空洞，但似乎包含了丰富神性的范围之内，无意识的幻想就会因为含有大量形成于远古时代的事实，以及含有神奇与非理性的重要性的魔性，而越加增多。魔性所具有的神奇与非理性的重要意义，会依照个体身上由哪一种优势功能取代了思考功能而出现不同的特殊面貌。

如果是由直觉功能来取代思考功能，我们就得用奥地利当代文学家梅林克和艺术家阿尔弗雷德·库宾（Alfred Kubin）的观点来看待"另一面"（andere Seite）了。如果是由情感功能来取代思考功能，个体就会出现迄今罕见的、怪异的情感关系与情感判断，而且它们还具有矛盾的、人们无法理解的特性。如果是由感知功能来取代思考功能，个体的感官就会在身体的内部和外部发现一些新的、从未体验过的东西。如果我们更深入地探讨以上这些出现于个体身上的转变，就可以轻易证明这是原始心理及其所有特征的浮现。当然，已被体验过的东西并不只是原始的，也是象征的；它们看起来越古老、越原始，将来就越有可能发生，因为存在于我们无意识里的所有古老的内容都意味着未来的发生性。

在一般情况下，个体无法顺利地往"另一面"过渡，更不用说那种经由无意识所达成的解脱性过渡了。往"另一面"过渡所碰到的阻碍大多是来自意识的抗拒，因为意识不希望自我受制于无意识的事实性以及无意识对象所具有的制约力的实在性。这是一种分裂状态，换句话说，是一种以精神衰弱、心力与脑力的耗竭为特征的精神官能症。

‖ 内倾思考型 ‖

如果英国生物学家达尔文可以代表正常的外倾思考型，那么，我们也可以把德国哲学家康德当作一个正常的内倾思考型的范例。达尔文是让事实来说话，康德则是依据主观因素。达尔文追求客观事实性的那片广阔的领域，康德则把自己限制在那种对人类知识的批判当中。如果我们再拿法国博物学家乔治·居维叶（Georges Cuvier）和德国哲学家尼采比较，这种对比就会更鲜明。

内倾思考型的特征在于我刚才所描述的那种思维的优势地位。他们跟外倾思考型一样都受到观念的决定性影响，不过，那些制约他们的观念并非起源于外在的客观事物，而是来自个体本身的主观基础。也就是说，内倾思考型和外倾思考型都遵从观念，只不过方向相反罢了！因为，前者所依循的观念是内在的，而后者所凭借的观念则是外在的。此外，前者追求思考的深度，而后者则致力于思考的广度。以上这些基本的差异，可以让人们明确地区分这两种类型。内倾思考型就和其他的内倾型一样，有时几乎完全缺乏外倾型的特征，即那种与客体的密切关联性。如果外在客体是人，这个人会明显地感到他与内倾思考型个体的关系根本是负面的：在比较和缓的情况下，他会意识到自己在对方的眼里是多余的；在比较严重的情况下，他会觉得自己阻碍了对方而遭到对方直接的拒绝。

与客体所产生的负面联结（从冷漠到拒绝）是每一种内倾型的特征，这也大幅提高了人们描述内倾型的难度。在内倾思考型的内在世界里，一切都倾向于消失或隐藏。他们的判断显得冷酷、固执、专断且严厉无情，因为这些判断与主体的关联性多于与客体的关联性。内倾型的判断不仅否定客体具有较高的价值，而且经常不理睬客体，从而让主体感觉到本身的优越性。礼貌、亲切和友善可能会出现在他们身上，却经常伴随着某种焦虑不安的怪异性，而且这种焦虑不安还隐约透露着解除敌人武装的意图。因为可能会带来干扰和妨碍，所以敌人应该被安抚或被征服。

即使对方不是敌人，但是，只要够敏感，对方就会感觉到自己在某种程度上受到内倾者的压抑甚至贬低。

客体往往受到内倾主体的忽视，更有甚者，还会受困于内倾主体所采取的一些不必要的防御措施。这种类型喜欢隐身于误解的云雾里，如果他们想试着引发补偿作用，那层误解的云雾就会加厚。他们会借助某些劣势功能而戴上温文有礼的面具，不过，这样的面具却经常和他们真正的本质形成明显的对比。他们在扩充本身的观念世界时，并不畏惧一些大胆的冒险行动，而且不会顾虑它们的风险，因为这样的顾虑可能具有危险性、颠覆性、异端性以及对情感的伤害性。但是，当这种冒险行动应该转化为外在的真实性时，他们就会非常担忧恐惧，毕竟他们不喜欢这样。当他们在真实世界里实践本身的观念时，他们推行观念的态度并不像操心的母亲那般仔细用心地引导自己的孩子，而只是把它们提出来，当它们无法自行取得进展时，顶多就是生气罢了。从各方面来看，他们通常在实际能力上的欠缺和对于自我吹嘘的厌恶，都有助于自身的这种内倾思考类型。当他们认为自身思维的产物在主观上具有正确性时，它们就必然是正确的，而其他的人就应该屈从于这个真理。

他们几乎不愿意争取一些有影响力的人来赞成自己的想法。如果真的这么做，他们通常会显得很笨拙，所以反而会适得其反。他们在同行的竞争者身上经常遇到麻烦，因为他们从不会试着争取竞争者的好感，甚至还让竞争者认为自己在他们面前是多余的。他们会遵照本身的观念，因此他们大多时候是顽强、固执、拒绝接受影响的。如果他们认识到客体似乎不具有危险性，他们这种类型就会非常乐于接受一些劣势因素——无关于思考的因素——这些劣势因素便得以从无意识上掌控他们。只要他们在遵循自己的观念时没有受到干扰，他们就会变得残暴，而且以最卑劣的方式对他人进行剥削。他们不知道自己会被他人从背后袭击并洗劫一空，而且会遭受他人所造成的实际损害。他们之所以会有这样的遭遇，是因为与客体的关系对他们来说是次要的，而且他们也没有意识到外界对于他们的思维产物的客观评价。当努力思考问题的可能性时，他们也同时将问题复杂化，因此，他们总是在所有可能的疑虑当中挣扎着。他们认为，自身思维的内在结构是如此清晰明确，不过，他们却不明白，自身的思维该如何归属于外在那个真实世界，而且究竟该归属于那个真实世界的哪个地方。他们后来只能勉为其难地接受一些自认为很清楚，但并非每个人都认为很清楚的东西。本身的顾虑所产生的种种附加条件、限制、谨慎和怀疑，经常会妨碍他们展现自己的风格。工作对他们来说，既困难又费劲。

他们不是沉默寡言，就是令人感到无法理解。为了反制人们的不解，他们会搜罗一些证据，以凸显人们身上那些无法解释的愚昧。他们如果偶尔为人所理解，就会因为轻信对方而高估对方。野心勃勃的女人懂得如何利用他们对客体那种不加批判的心理，因此，他们往往会因为这种女人而吃亏上当，或因此而畏惧伴侣关系，最后逐渐变成虽然拥有单纯的童心却又愤世嫉俗的单身汉。他们的外在表现也经常显得愚钝笨拙，比方说，他们的谨小慎微会令人感到尴尬难堪。他们有时会刻意避免惹人注目，有时却对自己明显表现出的那种童稚的天真毫不在意。他们在自身特殊的工作领域里会引发激烈的矛盾和冲突，但他们对此却束手无策，除非他们受到自身那种仍带有原始性的情绪的牵引，而卷入一些尖刻的、毫无结果的论辩。

在他的生活圈子里的人会认为，他不会替别人着想，而且独断专行。不过，人们越了解他们，对于他们的判断就越中肯，那些与他们最亲近的人最懂得珍惜他们那种亲密融洽的情谊。在那些与他们关系较疏远的人的眼里，他们就显得高傲、粗鲁无礼且难以接近，他们还经常因为承受这类不利于社交的偏见而感到苦恼不已。他们如果担任教师，就比较无法发挥本身的影响力，因为他们不了解学生的思维方式。如果不是在教学时偶尔还会碰到理论方面的问题，他们对于教学工作其实完全不感兴趣。他们不是称职的老师，因为他们在上课时比较偏重于自己对教材内容的思考，而不是如何把教材内容介绍给学生。

随着本身类型的强化，他们的信念会变得越发僵化，也越发无法改变。此时，他们已经排除了外来的影响，对于那些与他们关系较疏远的人来说，他们变得更没有同理心，因此就更加依赖身边最亲近的人。他们的言语变得更自我中心和无所顾忌，他们的观念变得更深刻，但他们手边现有的材料却无法充分地表达这些观念。所幸的是，他们的易感性和敏感性弥补了这方面的不足。他们在外部所拒绝的外来影响，此时却从内在世界、从无意识里向他们袭来。为了抵制这些外来影响，他们必须收集证据来反对某些在局外人看来根本是多余的事物。他们欠缺与客体的联系，这便导致他们的意识出现主观化，因此，那些私下与他们个人最密切相关的东西，就被他们视为最重要的东西。这么一来，他们便开始把他们的主观真理和他们的个人混淆在一起。他们虽然不会试着强迫别人接受自己的信念，却会恶毒地反击所有批评他们的人，尽管这些批评是如此恰当而合理。因此，他们在各方面便逐渐陷入孤立。他们原先那些丰富的观念会变得具有破坏性，因为他们自身所遭受的苦难已经把这些观念负面化了！随着本身与外界的隔绝，他们和逐渐瘫痪他们的无意识影响的较量便愈演愈烈，然而，他们那种已变得更加深重的孤独习气，却可以保护他们免于遭受无意识影响的侵害。这种无意识影响通常会让他们陷入一些更深的、足以耗尽他们内在的冲突。

在发展那些更接近原初意象的永恒有效性的观念时，内倾型的思维是积极的，也是综合的。如果这些观念与客观经验的关联性出现松动，它们便具有神话性，而且它们对当前的情况来说会变得不真实。当这种内倾思维与当时众所周知的事实存在着明显的、可理解的关联性时，当时的人便会认为它很有价值。这种思维一旦具有神话性，就会变得无关紧要，最终就会在自己里面消散无形！一些与内倾思考对立的、涉及无意识的心理功能，诸如情感、直觉和感知，都是劣势功能，也都具有原始的外倾性。一切内倾思考型所服从的、令人厌烦的客体关系都是由这种原始的外倾性所造成的。因为这些人们经常采取的自我保护措施以及习以为常的自我束缚的领域，大家已经相当熟知，所以我在这里就不再赘述了。所有的内倾思考都是为了抵御外在客体所产生的"魔性"影响，其中也包括对于女性的恐惧。

‖ 情感 ‖

内倾情感主要取决于主观因素。对于情感的判断来说，这正是内倾情感和外倾情感之间的根本差别，而且它们在本质上的差异就跟内倾思考和外倾思考之间的差异一样。无疑，以智识的方式说明内倾的情感过程或约略地描述该过程，都是不容易的事，尽管这种类型的情感特质在人们的眼里绝对是醒目而突出的。内倾情感因为主要受制于主观的先决条件，所以与客体的关系是次要的，因此这种类型的个体极少表达他们的内倾情感，如果偶尔流露出这种情感，通常也会遭到人们的误解。内倾个体的情感似乎是在蔑视外在客体，因此会让人们注意到它的负面性，至于其正面的情感，人们几乎只能间接地推断它的存在。

内倾情感不会试着适应客体，而是试着通过无意识而让客体所依据的意象成为现实，并以这种方式来支配客体。因此，内倾情感始终在寻找某种似乎曾见过，却不存在于现实中的意象。它仿佛漫不经心地掠过了一直未合乎它的意向的客体。它追求内在的强度，而客体顶多只是这种强度的一个刺激罢了！人们只能猜想它的深度，却无法清楚地了解它。为了充满主体深邃的背景，它敏感地拒绝了外在客体的粗暴性，因此人们实在难以接近它，只能沉默以对。此外，它还会以负面的情感判断或显著的冷漠来保护自己。

我们都知道，原初意象跟情感一样，都是人们的观念。因此，诸如上帝、自由、永恒不朽等基本观念不仅具有观念的内涵，也具有情感的价值。因此，内倾思考所表达的一切也会被转移到内倾情感上，换句话说，内倾情感所感受到的东西就是内倾思考所思忖考察的对象。思维的表达通常比情感的表达更清楚明了，不过，这个事实却使得内倾情感为了尽可能地表现或对外界传达本身情感的丰富性，而需要一种超出一般水平的语言和艺术的表达能力。正如主观思考由于缺乏与外在现实的联系而让个体无法获得应有的理解一般，主观情感也同样处于这种困境，而且情况或许更严重。为了让他人了解自己，个体便需要找到一种外在的表达形式，这种形式不仅能恰当地承载本身的主观情感，也能促使他人的内在出现相对应的心理过程，而让个体得以将主观的情感传达给他们。

有鉴于人类具有较高的内在同质性（一如具有较高的外在同质性），这种效应的确有可能发生，不过，只要内倾情感还以原初意象的丰富内容作为主要导向，个体就很难找到这种为情感所满意的表达形式。内倾情感如果遭到个体的自我中心的扭曲，就会失去同理心而令人感到不快，因为它已经变得只会关注于自我。然后，它一定会使人们觉得，它是一种自我欣赏、感伤的自恋，以及病态的自我吹嘘。就像内倾思考的主观化意识力图追求极致的抽象化，到头来却只让内容空洞的思考过程达到最大的强度一样，自我中心的内倾情感也会深化为一种缺乏内涵的、只能感受自身的激情。这是一个神秘的、极度亢奋的阶段，也是内倾情感将逐渐转变为某些原先被情感压抑的外倾功能的准备阶段。就像客体借由本身的魔性力量所依附的原始情感与内倾思考彼此对立一样，在具体化和事实的绝对权威里寻找与本身同类的原始思考也与内倾情感处于相互对峙的状态。内倾情感会逐渐摆脱与客体的关系，并取得只与主体有关的行动自由和良知自由。这种自由有时会表示放弃所有传统的、普遍被接受的东西。不过，这么一来，无意识思维就更加受制于客观事物的势力。

‖ 内倾情感型 ‖

我发现,内倾情感型主要出现在女性身上。"静水流深"(Stille Wasser gründen tief)这句德语谚语就是对这类女性最好的形容。她们大多沉默寡言、难以亲近、令人不解、性情抑郁,而且经常戴上天真单纯或平庸无趣的面具来隐藏自己。她们不会显露自己,也不会表现自己。因为她们主要受到自身主观倾向的情感所引导,所以她们真正的动机通常是隐而不显的。她们的外在表现是平和的,不会引人注目,她们拥有惬意的平静,而且会将心比心地对待别人,不会想打动、影响或改变别人,也不想让别人留下任何深刻的印象。如果她们的外在表现受到更多影响,便会让人们不由得怀疑她们是否已经带有些许的冷漠与冷淡,而这些情感甚至会进一步发展成一种对于他人的苦乐无所谓的态度。当客体以任一方式产生过强的影响时,在正常的内倾情感型身上就会出现回避客体的情感活动。因此,只有当客体处于一种强度适中的情感状态,并依照自己的方式运作,而不想妨害他人的方式时,这种平和的情感才会伴随出现。因此,不仅不会有什么东西伴随客体原本的情绪而出现,反而客体原本的情绪还会遭到削弱和抗拒,或更确切地说,会因为个体做出负面的情感判断而"冷却下来"。

虽然内倾情感型的人向来愿意与外在客体和睦相处，但是，在外在客体看来，她们并不亲切可爱或乐于给予温暖的支持，而是冷漠、冷淡或拒人于千里之外，人们有时甚至还觉得自己在她们面前似乎是多余的。对于那些吸引人的、令人狂热的东西，内倾情感型通常会站在友善的中间立场，但有时也会以些许的优越性和批判让敏感的客体屈居下风。至于爆发的情绪，却会挟着可怕的冷漠粗暴地出现，除非这种情绪偶然地从无意识袭向这种类型的个体，也就是激活该个体的任何一种情感的原初意象，从而掌控其情感。当这种情况出现时，这种类型的女性会感觉自己大大地丧失了行动能力，为了反制这种瘫痪现象，她们必然会做出更强烈的反抗来攻击客体最脆弱的部位。她们会尽可能将与客体的关系维持在一种平静而稳健的、强度适中的情感状态，所以她们会严正地拒绝自身的任何激情以及放纵不羁的行为。因此，她们缺乏情感的表达，她们的客体如果意识到这一点，就会老是觉得自己不如她们。当然，情况并非都是如此，因为情感表达的匮乏往往会潜藏在无意识里，无意识的情感需求会随着时间而逐渐产生一些症状，以迫使个体付出更多关注。

内倾情感型大多显得冷淡而矜持，因此，人们肤浅的判断往往会认为她们没有情感。不过，这种判断打从一开始就是错的，因为她们的情感虽然不广泛，但是因为朝深度发展，所以是深刻的。举例来说，有些人会在适当的地方通过言语和行动来表达本身广泛的同情，而且事后还能迅速地摆脱他们所留下的这种印象；然而，有些人却不流露本身深刻的同情，因而让这样的情感获得了一种激情的深度。这种深刻的激情接纳了人世间的愁苦与不幸，并因此而呈现僵化状态。或许这种激情会过度地爆发出来，而出现几乎可以说是英雄性格的那种令人惊愕的行为，而且不论是主体或客体，都无法找到对待这种激情的适当方式。

对于关注外在世界以及无法洞察的外倾者来说，内倾情感型深刻的同情似乎是冷漠的，因为这种同情没有任何外显的表现，毕竟外倾判断不会相信看不见的力量。这种误解就是内倾情感型在生活中特别容易碰到的情形，它通常还被当作反对所有主体与客体建立更深刻的情感联系的重要论据。正常的内倾情感型本身只能预感情感的真正对象的存在。她们可能会以一种隐而不显的、不安地提防世俗目光的宗教虔诚，或以一种同样已经彻底排除出人意料的变量的诗歌形式，来表达自己的目的和内容，其中还不乏暗自盘算如何凌驾于客体之上的企图。如果这种类型的女性成为母亲，她们在默默把自己的激情灌注在子女身上时，也往往会把这种方式传递给他们。

正常的内倾情感型所显露的倾向，会把暗地里所感受到的东西以公开而明显的方式置于客体之上，或以绝对的优势强加于客体之上。虽然这种倾向对于客体不具有干扰性，也不会当真对于客体进行这类尝试，但它却仍通过一种难以被定义也难以被支配的影响方式，而渗入本身对于客体所发挥的效应中。人们会感觉到，内倾情感型的这种倾向是一种深具吸引力，却也令人感到压迫或窒息的情感，因此，这种类型便获得了某种神秘莫测的力量。这股力量特别让外倾男性感到心醉神迷，因为它触及了他们的无意识。它来自那些个体已感受到的无意识意象，但因为意识很容易把它和自我联系起来，所以它所产生的影响就转变为个人的专横。当无意识主体获得自我的认同时，强烈的内倾情感的那股神秘莫测的力量就会转变为乏味而狂妄的权力欲、虚荣心以及专断蛮横的压制性，因此一种以肆无忌惮的野心和阴险的暴虐而声名狼藉的女性类型就这么出现了！如果个体因患有精神官能症而出现这种转变，病情就会恶化。

只要自我还觉得屈居于无意识主体之下，只要情感比自我出现更优越、更强大的发展，这些个体就是正常的内倾情感型。她们的无意识思考虽然古老而原始，却可以通过本身的弱化来补偿个体有时突然把自我提升为主体的做法，而有益于个体。不过，如果是因为正在弱化的无意识思考所产生的影响受到彻底的压制才导致这种情况的出现，无意识思考就会形成反向转化，而把本身投射于外在客体。如此一来，已变得自我中心的主体就会逐渐感觉到之前被贬低的客体的力量和重要性，意识也开始感觉到"别人所思考的东西"。这些个体会认为，别人可能在思考一些卑鄙无耻的东西，计划一些恶劣的事物，而且偷偷地挑拨煽动，暗搞阴谋诡计等。所以，他们必须抢在别人之先，尽早采取预防措施，暗中谋划计策、怀疑和探听他人，并把这些信息整合起来。他们会受到谣言的攻击，为了将这种具有威胁性的劣势逆转为优势，就必须竭尽全力地奋斗。他们会与对手展开无数的、属于秘密性质的对抗。在这些激烈的斗争中，他们为了让自己立于不败之地，不仅不避讳恶劣的、卑鄙的手段，甚至还会滥用道德情操。这种情况最终会导致敌对双方身心的耗竭。出现在这种类型的精神官能症通常是神经衰弱，而不是歇斯底里。这类女性患者还会出现一些严重的生理症状,例如贫血及其伴随症状。

‖ 对于内倾理性类型的总结 ‖

刚才讨论的内倾思考型和内倾情感型都属于理性类型,因为它们都以理性判断为基础。理性判断不只根据客观材料,也根据主观材料。哪个因素能占有优势,往往取决于个体从青少年时期便已存在的心理气质,而且这种优势肯定会迫使理性屈居其下。真正的理性判断应该同时依据客观因素和主观因素,而且要能正确地评断此二者。个体如果能做到这一点,便处于一种理想状态,而且我们还可以假定,个体此时的外倾和内倾都获得了均衡的发展。不过,这两股反向的心理能量的流动实际上会相互排斥,只要这个困境仍存在,它们根本不可能并存,顶多只是先后接连地存在。由此看来,在一般情况下,完善的理性是不可能存在的。

理性类型的理性始终具有典型的变化。就内倾理性类型来说,他们一定拥有理性判断,只不过他们的理性判断较多取决于主观因素。他们的逻辑性完全不需要处于屈从状态,因为他们本身的片面性已经存在于某种前提里。这种前提就是先于一切结论和判断而存在的主观因素的优势。主观因素从一开始便理所当然地认为,自身拥有比客观因素更高的价值。就像我刚才已经指出的,这里其实与被赋予的价值无关,而与早已存在于价值赋予之前的个体的先天气质有关,因此,内倾者所认为的理性判断必然与外倾者所认为的理性判断存在着一些细微的差别。为了表述最普遍的情况,内倾者会觉得,以主观因素为导向的连锁推理(Schlußkette)会比以客体为导向的连锁推理更理性。此二者虽然一开始在个别情况里存在着微小的、几乎察觉不到的差异,但后来却演变成无法弥合的激烈对立。人们越是无法意识到个体不同的心理前提会在个别情况里造成微小的立场变化,就越无法了解这样的对立。经常出现的错误主要还是在于,人们在下结论时会尽力证明自己的错误是正确的,而不承认自己与对方在心理前提上的不同。每一种理性类型都难以脱离这种困境,因为承认自己与对方的差异等于损害了他们的原则所具有的那种看似绝对的有效性,也等于把自主性交给对方而任由他们摆布。这种情况对他们来说不啻一种毁灭。

内倾理性类型比外倾理性类型更容易被误解。这并非因为外倾型往往会比内倾型采取更加批判、更不留情面的态度来对待对方,而是因为内倾型往往与自己所身处的时代风气大相径庭。内倾型在面对我们西方人普遍的世界观

（而非面对外倾型）时，总是会觉得自己属于少数派。这里所谓的少数并不是从数字上来看，而是依据个体本身的情感。内倾型如果深信不疑地参与普遍的流行风格，就会危及本身的生存基础，因为光是流行风格只承认看得见和摸得到的东西这一点，就已经跟他们的原则背道而驰了！他们如果要跟随外界的流行，就必须蔑视主观因素（基于其隐形的性质），并强迫自己像外倾型那般过于重视外在客体，同时还会因为过于看轻本身的主观因素而产生自卑感。因此，当主观因素在我们这个时代——特别是在那些前卫运动里——以夸张、嘲讽以及缺乏品位的方式显现出来时，我们实在不必大惊小怪。我在这里是指我们西方当前的艺术创作。

内倾者如果轻视自己的原则，就会变得自私自利，也会让自身产生压抑的心理。他们越是自私，就越觉得那些积极附和当前流行风格的人是压迫者，因此，为了保护自己，他们必须挺身反抗这种压迫。但是，他们多半不知道自己在这方面犯了大错：他们无法用外倾型依从客体的那种忠诚和顺服来依从本身的主观因素。他们一向轻视自身的原则，这已经无可避免地让他们养成了一种自私自利的习气，同时也让外倾者理所当然地对他们持有这样的偏见。

不过，如果他们可以忠于自己的原则，那么，那种将他们视为利己主义者的判断就是错误的。届时他们的心理倾向所产生的普遍效应，便可以证明本身倾向的合理性，别人的误解也会因此消除。

‖ 感知 ‖

感知——就整体的本质来说——依赖于客体和客观刺激，而且在内倾态度里会出现相当大的变化。感知也具有主观因素，因为除了被感知的客体之外，还存在感知的主体，也就是把本身的主观倾向加诸客观刺激的主体。感官功能在内倾态度里主要是以知觉的主观部分为基础，那些再现外在客体的艺术作品最能说明这种情况。比方说，有好几个画家同时对一样的风景进行写生，而且都努力地在画布上"如实地"再现这个景致，但是，每个画家最后所完成的画作却各自不同。这并不是因为他们的绘画能力参差不齐，而大多是因为他们对描绘的对象有不同的观察，我们甚至还可以在其中某几幅作品所呈现的氛围情调、色彩和造型的处理中，发现创作者之间明显的心理差异。这些特点都透露着一个事实：个体的主观因素会以大小不一的强度影响本身的感知。

基本上，感知的主观因素和前面讨论过的那些心理功能的主观因素是一样的。主观因素是无意识先天的倾向，这种倾向能改变感官知觉的形成，而且能把纯粹的客体效应从感知当中剔除。在这种情况下，感知与主体的联系是主要的，与客体的联系则是次要的。我们在艺术作品里最能清楚地看到，主观因素可以产生多么强大的作用。主观因素的优势有时甚至会彻底压制纯粹的客体效应，此时感知虽然仍是感知，但已经转变成主观因素的察觉，而客体效应则弱化为一种纯粹的外在刺激。这就是内倾的感知的发展方向。虽然内倾者的感知是实实在在的感知，但是，被感知的客体似乎完全无法影响感知的主体，反而感知的主体似乎是以完全不同的方式来看待客体，或因为与别人的关注不同而看到完全不同的客体。事实上，所有的主体对于同一客体的察觉是一样的，但它们随后并不会停留在纯粹的客体效应里，而是关注本身被客观刺激所引发的主观察觉。

主观察觉显然不同于客观察觉。在客体里，人们通常无法发现或顶多只能隐隐约约地发现主观察觉的存在。换句话说，主观察觉虽然在不同的个体身上可能是相似的，但它却不是由他们的客观行为所引发的。主观察觉因为具有高度的先天性质，所以不会被当作意识的产物。它会让人们留下某种心理印象，因为人们可以在它本身的要素中发现较高度的心理秩序。这种秩序不仅无法与意识内容协调一致，而且涉及人类集体无意识的前提或倾向，也就是作为人类最初始的想象的神话意象。主观察觉本身具有某种意义性，它所表达的内容不仅止于客体的纯粹意象，不过，它的表达对象却只限于那些受到主观因素影响的客体。此外，主观察觉所再现的主观印象似乎还受制于本身的特性，也就是因为与客体缺乏足够的相似性而无法达到自己的目的。

因此，内倾的感知对隐藏于物质世界表面之下的存在的把握，胜过了对物质世界的表面的把握。对于这种感知来说，能起决定性作用的东西并不是客体的实在性，而是主观因素的实在性。这里的主观因素就是原初意象，把这些原初意象全部聚集起来，便构成了一个心理的镜像世界（Spiegelwelt）。这些如镜面一般的原初意象本身具有一种特有的能力：它们会通过"潜在的永恒形式"（sub specie aeternitatis）——也就是人类自100万年前便已存在的意识——来表现当下的意识内容，而不是通过大家当前所熟知的、普遍流行的方式。这种古老的意识不仅以事物当前的存在来考察事物的形成和消失，而且会关注那些存在于事物形成之前和消失之后的东西，所以，当下的时刻对于这种意识来说，是不真实的。

当然，以上的论述只不过是一个比喻，不过，它却是我阐明内倾感知的特质所需要的比喻。内倾的感知所传达的意象大多不是客体的再现，而是已经被那种从远古残留至今、未来亦将存在的主观经验改造过的客体。这么一来，内倾感知的纯粹感官印象便往直觉性的深处发展，而外倾的感知则只能掌握事物暂时的、外显的存在。

‖ 内倾感知型 ‖

内倾感知的优势地位形成了一种特定的心理类型——内倾感知型——而且具有某些特征。因为他们对于事物的选择主要是依据所发生的事物，而不是依据理性的判断，所以，他们属于非理性类型。外倾感知型受制于客体效应的强度，而内倾感知型则取决于客观刺激所引发的感知的主观部分的强度。后者已清楚地显示，他们的感知与客体之间并不存在对等的关联性，而是双方实力不成比例的、较强势的一方得以肆意专横的关联性。所以，当人们从外部考察内倾感知型时，根本无法预料他们会产生或不会产生什么印象。如果他们的表达能力和表达意愿能与感知的强度相称，那么，他们本身的非理性就会非常醒目。

举例来说，这种情况会出现在富有创造力的艺术家身上。不过，艺术家却是人类存在的例外情况。一般说来，内倾感知型所特别缺乏的表达能力会掩盖自身的非理性，然而，他们也会因为本身的沉默、消极或理性的自我克制而惹人瞩目。他们那些让人们对他们产生肤浅的误判的特征，可以归因于他们与客体的毫无联系。在正常的情况下，客体不会受到个体的刻意贬抑，不过，个体无法再与客体的真实性建立关系的主观反应，却会取代客体的刺激，而让客体无法对个体发挥刺激的效应。这样的结果其实就相当于对客体的贬抑。这种类型的人很容易提出这样的问题：人活着是为了什么？既然一切重要事情的发生都不需要客体，为什么客体具有存在的理由？这种质疑在极端的情况下是合理的，不过，在正常的情况下就不是这样了！因为客观刺激对于个体的感知来说是不可缺少的，只不过客观刺激对个体所造成的效应并不等同于我们从个体的外部所做的推测。

从个体的外部来看，客体效应似乎根本无法进入主体的内部。这样的印象是正确的，因为来自无意识的主观内容会在这期间进行干预，从而阻截客体效应。主观内容的干预会采取粗暴而生硬的方式，因此，人们会觉得，个体是在保护自己免于受到客体效应的影响。在某些状况比较严重的个案里，确实存在这种保护性的防卫。即使无意识只稍微被强化，感知的主观部分也会变得相当活跃，几乎完全掩盖了客体效应。这便使得客体的情感完全受到贬抑，而且主体还会形成一种无法贴近真实的幻想观点，甚至在病态的个案里，个体已无法区别真实的客体和主观的察觉。区别主观和客观的能力非常重要，虽然这项能力要等到个体已濒临精神病状态时才会完全丧失，但远远在病态形成之前，主观的察觉便已经对思考、情感和行动产生了极大的影响，即使个体还能清楚地认识客体全部的真实性。

当客体效应由于某些特殊状况——例如，由于某种特殊的心理强度，或由于与无意识意象的极度相似性——而成功地侵入主体时，连这种类型的正常个体也会受到驱使而依照本身的无意识模式来行动。就客观真实性来说，这种行动具有幻想性质，所以会令人感到怪异，同时它还揭露了这种类型背离真实的主观性。不过，在那些客体效应尚未触及的地方，个体就会出现一种既友善又很少流露同情的中立态度。这种不偏不倚的持平态度往往致力于安抚个体，并维持个体的平衡。太低的会稍微被提高一些，太高的会稍微被压低一点儿，狂热的情感会受到抑制，夸张的行为会受到约束，不寻常的东西会被带入"正确的"公式里，这一切都是为了把客体效应局限在必要的范围内。只要人们还不相信他们不会造成危害，他们就会对周遭的人产生压迫。果真如此，他们就很容易成为他人的攻击性和权力欲的受害者。他们通常会被别人糟蹋，之后才在不适当的场合以加倍的反抗和顽强来报复对方。

如果内倾感知型的个体没有艺术的表达能力，他们所获得的所有印象就会沉入他们的内在深处，而且会把意识吸引住，如此一来，意识便无法通过本身的表达来掌控个体所获得的这些具有吸引力的印象了！因为这种类型的思考和情感相对地停留在无意识里，所以这些个体只能相对地利用印象里的那些古老而原始的表达。如果个体的思考和情感停留在意识层面，他们就只能支配印象当中那些必要的、日常的、琐碎乏味的表达。作为理性的意识功能，思考和情感实在无法恰当地再现个体的主观察觉，而作为非理性类型的内倾感知型则很难理解外在客体，就像他们大多时候也不了解自己本身一样。

他们的发展主要是让本身脱离客体的真实性，从而任凭已经把意识定向于古老而原始的真实性的主观察觉的摆布，尽管他们因为缺乏比较性质的判断而完全不自觉这个事实的存在。其实，他们本身就存在于神话世界里，其中那些人、动物、房舍、铁路、河流和山丘对他们来说，似乎一半是仁慈的神祇，一半则是凶恶的魔鬼。虽然他们没有意识到自己这样的情况，但这就是他们在判断和行动中的表现。他们在下判断和采取行动时，似乎和这些超自然的鬼神有关。后来发现他们的感知和实际情况完全不同时，他们才惊觉自己处于这样的状况。如果他们倾向于客观的理性，他们就会觉得自己与现实的差距是病态的；如果他们仍执着于自己的非理性，并承认本身的感知具有现实价值，那么，他们所认知的客观世界就是假象和虚构。不过，这种困境往往只出现在一些极端的个案里。这种类型的个体通常满足于他们本身的封闭性以及现实世界的平淡乏味，而且不自觉地以一种古老而原始的方式来看待现实世界。

对于外倾直觉以及古老而原始的无意识直觉的压抑，就是内倾感知型的无意识的主要特征。外倾直觉具有机智灵巧的特征，所以可以"敏锐地察觉"到客观世界的一切可能性；至于古老而原始的无意识直觉，便善于洞悉隐藏于现实世界背后所有模糊、阴沉、卑鄙且危险的东西。客体在意识里的真正意向对于无意识直觉来说毫无意义可言，但无意识直觉却能察知隐藏于客体意向背后的所有原始而古老的可能性。因此，无意识直觉带有危险的破坏性，而与意识的善意的无害性形成鲜明的对比。只要个体不要过于疏远客体，其无意识直觉便能对于偏向轻信的意识态度产生有益的补偿作用。但是，如果无意识与意识对立起来，无意识直觉就会浮现出来而迫使个体接受自己，致使个体形成厌恶客体的强迫观念（Zwangsvorstellung），从而产生一些有害的效应。个体因此而出现的精神官能症，通常是强迫性精神官能症，更确切地说，就是耗竭症状强于歇斯底里特征的强迫性精神官能症。

‖ 直觉 ‖

内倾态度的直觉以内在客体为导向，当然，人们也可以把内在客体称为无意识要素。内在客体与意识的关系非常类似外在客体与意识的关系，虽然，内在客体所具有的实在性是心理实在性，而不像外在客体那般具有物质实在性。就直觉的察觉而言，内在客体就是个体对于那些与外在经验无关，但构成无意识的内容，甚至构成集体无意识的内容的事物的主观意象。无意识内容的"在己存在"（Ansichsein）与"为己存在"（Fürsichsein）当然是意识所无法理解的，这也是无意识内容与外在客体所共有的特征：

就像我们的知觉只能相对地掌握外在客体一样，我们所知觉的内在客体的表现形式对内在客体本身也是相对的，这些表现形式产生于我们所无法知悉的内在客体的核心和直觉功能的特性。

直觉跟感知一样，也具有主观因素。在外倾直觉里，这些主观因素会受到极大的压抑，但在内倾直觉里却至关重要。即使内倾直觉可能从外在客体获得推动力，但它不会流连于外在的可能性里，而是沉湎于外在客体在内在所引发的一切当中。内倾感知主要是通过无意识而把本身限制在特殊的神经刺激现象（Innervationserscheinungen）的察觉里，并流连于其中；至于内倾直觉，则压抑了主观因素的这一面，而察觉到引起神经刺激现象的意象。比方说，如果人们突然出现心因性头晕，他们的感知就会停留在神经刺激紊乱的特殊状态，而且会察觉这种状态的性质、强度、演变过程，以及出现与消失的方式的所有细节，却完全无法超越它，也无法贴近它那些紊乱的内容。然而，直觉的反应却相反：直觉从感知那里只接收到立即行动的推动力，却会试图察知事物的幕后，而且会迅速地察觉到引发头晕这种心理表达现象的内在意象。假设直觉看到了一个被利箭穿心的男人摇摇欲坠的意象，直觉活动就会深受这个意象的吸引而滞留在它身边,并试着探知它所有的细节。直觉会紧紧地抓住这个意象,而且通过最热烈的关注来查明,这个意象如何发生改变、如何出现进一步的发展,以及最后如何消失这一整个过程。

内倾直觉便通过这种方式而察觉出所有隐而未显的意识过程,其清晰程度就如同外倾感知对于外在客体的察觉一般。对直觉来说,无意识意象便因此而获得了事物或客体的重要性。不过,因为直觉始终不让感知一起参与其中,所以,直觉便借助于无意识意象,这导致自身根本无法认识,或只能贫乏地认识身体所出现的神经刺激的紊乱和身体所受到的影响。如此一来,无意识意象似乎脱离了主体,似乎与个体毫无关联地独立存在着。因此,在上述的例子里,那些突然出现头晕的内倾直觉型可能没有想到,他们所察觉的意象可能与他们本身有关。当然,这在判断类型(即思考型和情感型)的人看来几乎是不可思议的,但确实是我经常在内倾直觉型身上所观察到的事实。

外倾直觉型对于外在客体持有显著的冷漠,这种冷漠也同样出现在内倾直觉型对待内在客体的态度里。外倾直觉型会不断地猜想并寻求新的可能性,而毫不在意自己与他人的利益,也毫不关心社会公益,并且在本身持续追求变化的渴望中不停地拆毁刚刚建立起来的东西,而内倾直觉型则不停歇地从一个意象探索到另一个意象,而且追逐无意识那个孕育生命的子宫可能形成的一切,却没有让自己与这些现象之间建立任何联系。

就像这个世界对于感知型的人来说绝不会成为道德的问题一样,意象世界对于直觉型的人来说也绝不会成为道德的问题。意象世界不论对任何人而言,都是一个审美的问题,一个察觉的问题,也是一个"感官知觉"的问题,内倾直觉型也因此而无法意识到身体的存在,以及自己身体的存在对于他人的影响。外倾者会对他们持有这样的观点:"真实性不是为他们而存在的,因为他们沉浸在那些不会有结果的空想里。"无意识意象的观点虽然能产生源源不绝的创造力,却无法让个体获得直接的助益。不过,只要这些无意识意象可能成为一些能够赋予能量新的位能的观点,那么,外在世界最不熟悉的直觉功能对于人类整体的心理系统,就会像内倾直觉型对于一个民族的精神生活一样,是不可缺少的。试想,如果内倾直觉型不存在,犹太民族如何能拥有他们的众先知?

被内倾直觉掌握的意象源自无意识心理的那种先验的、经由代代遗传而存在的基础。这些原型最内在的本质是经验所无法理解的。它们显示出我们历代先祖们的心理运作所积淀下来的东西,也就是经过数百万年的累积并依据所凝聚出的经验而形成的一些人类存在的类型。因此,这些原型可以完全表现出人类自出现于地球以来,曾经拥有的一切经验。这些经验的发生越频繁、越强烈,就越清楚地显现在原型里。套用哲学家康德的概念来说,原型或许就是直觉所察觉的,并产生于察觉当中的意象的本体(Noumenon)。

既然无意识绝不是无用的精神残骸,而是能与个体共同经历、能体验内在变化且与普遍事物具有内在联系的东西,那么,内倾直觉就能通过内在过程的察觉而提供某些对于普遍事物而言可能相当重要的信息。它甚至能以或多或少明确的方式预见未来新的可能性,而且能预见随后确实会发生的事情。我们可以用它与原型的关系来解释它那些先知式的预测,因为原型呈现了一切可被经验的事物的规律性过程。

‖ 内倾直觉型 ‖

内倾直觉如果取得优势地位,它的特殊性就会在个体身上形成一种特有的类型,即内倾直觉型。不只是神秘的先知和梦想家,连艺术家和富有想象力的人也都属于这种类型。后者可以被视为正常的内倾直觉型,因为一般说来,这类个体会倾向于把自己局限在本身直觉的察觉特性里。直觉者通常会停留在察觉当中，而他们最大的问题也是察觉；倘若他们是多产的艺术家，他们最大的问题就是察觉材料的形象塑造。至于那些富有想象力的直觉者则满足于直观，他们接受直观的塑造，也就是受到直观的制约。当然，直觉的强化会让个体与明确的现实经常处于极度疏离的状态，这便使得他们本身在周遭比较亲近的人眼里成了谜一样的人物。如果他们是艺术家，他们的艺术创作就会预示一些不寻常的、超凡脱俗的事物。这些事物呈现出五光十色的风貌，它们既是重要、优美、崇高的，同时也是平庸乏味、荒诞不经、稀奇古怪的。如果他们不是艺术家，他们便往往是被埋没的天才、未受赏识或栽培的能手、看似愚蠢的智者，或是"心理"小说里的人物。

把察觉变成道德问题并不太合乎内倾直觉型的作风，因为，这需要在某种程度上强化思考和情感这些判断功能。不过，这种类型的个体只需要让判断功能出现较少的分化，便足以把直观从纯粹的审美领域转移到道德领域，因此而衍生出的变异类型虽然已经迥异于原本的内倾直觉型的审美形式，却仍具有这种类型的特征。当已经不再满足于纯粹的直观及其审美评价和形象塑造时，直觉者就会提出这样的问题：这对于我或这个世界有什么意义？这会让我或这个世界承担什么样的责任或使命？当直觉者转而与本身的灵视有所联系时，就会出现道德问题。至于压抑判断或以察觉来吸引住判断的纯粹直觉者，就不会想到这样的问题，毕竟他们唯一的问题就是本身所察觉到的情况。他们会觉得道德问题实在令人不解或根本是荒谬的，因此会尽可能借由灵视的内容来排除这方面的思考。

不过，具有道德倾向的直觉者却不一样：他们会探究自己的灵视的意义，比较关心灵视的内容含义所可能产生的道德效应，而不注意灵视是否还具有审美的可能性。他们的判断让他们认识到——往往只是朦胧地认识到——他们作为一个人以及一个整体已经由某种方式而被吸入本身的灵视里，而且认识到，这种灵视不仅可以被察看，而且希望进一步成为主体的生命。所以，这些认识已经让他们觉得，应该把灵视转化为自己的生命。因为他们主要依赖自身的灵视，所以他们的道德尝试只具有片面性；他们把象征性赋予自己以及自己的生命，这虽然能让他们适应事件的内在意义与永恒意义，却无法适应当前现实的真实性。此外，因为他们始终令人难以理解，所以他们便放弃了本身对于现实的影响力。他们使用的语言并不是一般的语言，而是过分主观的语言，而且他们的论据缺乏具有说服力的理性。总之，他们只能坦承或宣称，他们就是旷野里的传道者的声音。

内倾直觉型经常压抑本身对于客体的感知，而这也是他们的无意识的特征所在。在内倾直觉型的无意识里，存在着可以发挥补偿作用的、具有古老的原始性的外倾感知功能。因此，内倾直觉型的无意识人格最容易被描述为隶属于外倾感知型的一种低级而原始的类型。外倾感知功能的特征就是本能的冲动、缺乏节制，以及与感官印象极其密切的相关性。这些特征可以补偿内倾直觉型的意识态度周边的那种稀薄的高空空气，同时还赋予了意识态度某种重力，而使其不至于完全"向上升华"。不过，如果内倾直觉型的意识态度的那种强制性的夸张导致个体对于内在察觉的彻底屈从，其无意识就会转向对立的那一方，从而产生抗拒意识态度的且与客体关系过于密切的强迫性感知（Zwangsempfindung）。出现在内倾直觉型身上的精神官能症就是强迫性精神官能症，疑病症现象、感觉器官的过度敏感以及对于特定的人或其他客体的强迫性固定关系（Zwangsbindung）都是它的症状。

‖ 对于内倾非理性类型的总结 ‖

上述的内倾感知型和内倾直觉型，都是人们无法通过外在的判断而理解的非理性类型。因为，他们的内倾会让本身比较无法，或比较不愿意表达自己，所以只提供了少量的依据可以让别人判断他们。因为他们的主要活动是以内在为依归的，所以他们对于外界只会表现出他们的矜持、观望、隐藏、冷漠、不安或看似没来由的困窘。如果他们显露出什么，那么，大多是一些相对处于无意识层面的劣势功能的间接表现，因此自然而然会造成周遭的人对于他们的偏见、低估或不解。因为他们缺乏判断力，所以他们并不了解自己，也无法明白为什么他们在社会上一直无法受到应有的重视。他们无法认识到，自己的外在表现正是本身的弱点。他们的目光已经被主观事件的丰富性吸引住，因为内在所发生的种种是如此具有吸引力与无穷的魅力，所以他们完全没有发觉，他们从内在传递给周遭的信息通常极少含有他们在自己的内在世界所经历的、与其相联结的东西。他们传达给外界的信息是片段的，大多只具有类似插曲一般的性质，不过，他们却苛求周遭的人们能理解他们或与他们热络地互动。此外，他们所传达的信息也缺乏那种关注客体的、可能唯一具有说服力的热情。

内倾感知型和内倾直觉型往往对外表现出粗鲁的拒绝行为，虽然他们本身完全没有意识到这一点，也没有刻意地要让自己做出这种表现。人们如果可以认识到把自己对于内在的察觉以别人可以理解的语言表达出来有多么困难，就会更公正地判断这两种非理性类型的人，而且会更宽容地对待他们。不过，这样的宽容绝不意味着，人们已经不要求他们表达自己，毕竟这么做会带给他们相当大的伤害。比起其他类型的人，命运或许为他们安排了更多无法排解的外在困难，好让他们可以醒悟过来，而不再执迷于内在的直观。不过，通常得让他们处于极大的困境，这样才能迫使他们找到一种可以被别人了解的表达方式。

从外倾和理性的观点来看，内倾感知型和内倾直觉型是最没有用处的人。不过，如果从更高的观点来看，他们却活生生地证明，我们这个丰富的、充满变动的世界及其令人陶醉的、热情洋溢的生命力不只存在于个体的外在，也存在于个体的内在。可以确定的是，这两种类型虽然仅仅片面地展现了人类的本性，但对那些未盲目跟从各种思想风潮的人来说却充满了启发性。这两种类型的人都是优秀的教育者及文化的推动者，而且自身的身教多于言教。他们的生命，而不是他们的拙于表达——他们在人们眼中的最大缺点——可以让我们看到我们文化的重大错误之一，也就是我们对于言辞和表现的迷信，以及过度高估那些经由语言和方法的教导。

父母的重要言谈肯定会给孩子留下深刻的印象，而且人们也相信，父母可以通过这种方式来教育孩子。但实际上却是父母的身教在教育孩子，父母的言教反而会让孩子困惑不已。此外，老师的身教和言教对于学生也有相同的影响，但人们却非常相信教育的方法，以至于采用好方法的老师也因此而备受尊崇。卑劣的人绝不可能成为好的老师，虽然他们会使用出色的教学法和卓越的智识表达能力，来隐藏自身那种无形中伤害学生的丑恶。随着年龄的增长，年级较高的学生自然而然只会渴望知道哪些才是有用的方法，因为他们已经被大家普遍相信的方法万能的态度征服，而且他们也体验到，头脑最空的人才能准确地学会方法的操作，才是最好的学生。他们周遭所有的人都认为，一切成就和幸福都存在于外在世界，人们只需要找到正确的方法，就可以获得这些令人梦寐以求的东西，而且他们在言谈和生活上也处处流露着这种想法。或者，他们的宗教导师的生活已经向他们展现了内在直观的丰富性所散发出的幸福？

内倾非理性类型当然不是性情完美的教导者。他们身上缺乏理性和理性的伦理，但他们的生活却为我们指出另一种可能性，而我们的文化正因为缺少这种可能性而承受着痛苦。

四、主要功能和辅助功能

我绝不希望前面的描述让读者留下这样的印象：这些心理类型似乎在现实生活中经常表现出本身类型特征的单一优势功能。就类型的凸显而言，几乎只有英国遗传学家暨心理学家弗兰西斯·高尔顿爵士（Sir Francis Galton）会通过家庭照片里家人重复出现的共同性状来确认一个家族典型的外在特征，而且以不合比例的方式凸显这些特征，至于个别成员所独有的特点，则以不合比例的方式被忽略。然而，一些对于个案比较深入的研究却指出一个显然具有规律性的事实：在每个个体身上，除了最高度分化的优势功能之外，其实还存在着具有次要意义的第二种功能。第二种功能是意识里比较没有出现分化和发展的劣势功能，因此只具有相对的影响力。

为了让论述更清楚，我再重复说明一下：所有心理功能的产物都可能属于意识层面；当功能的运作不只受到个体意志的支配，而且功能的原则对意识的定向也具有决定性的影响时，我们就可以说，这是功能的意识性。举例来说，当思考功能不只有沉思与事后的思量，而且它的推论还具有绝对的有效性时，它的逻辑推论虽然不是显而易见，却可能被视为实际行动的动机和担保。从经验来说，往往只有一种功能可以得到绝对的优势地位，因为另一种功能如果具有同等的自主性而介入个体的心理运作，必然会导致个体出现不同的心理定向，而与既有的优势功能——至少局部地——发生冲突。拥有清楚而明确的目标，一直都是意识的适应过程能否进行的关键条件，因此，第二种功能自然不可能与主要功能具有同等的地位。换句话说，第二种功能只能拥有次要的重要性，而且这一点向来可以获得经验的证实。它那次要的重要性是基于自身是个体的辅助功能或补强功能，所以它并不像主要功能那般，是唯一可以发挥决定性作用且绝对可被信赖的功能。

在理性功能里，思考与情感是对立的，在非理性功能里，感官与直觉是对立的。因为次要的辅助功能在本质上不会跟主要功能对立，所以情感不可能成为思考的辅助功能，毕竟它的本质与思考具有高度的对立性。如果思考要成为真正的而且忠于自身原则的思考，就必须严格地排除情感。尽管如此，某些个体的情感仍具有与思考同等的重要性及意识的动机力量（Motivkraft）。因为他们的思考和情感都处于较未分化的状态，所以无法被视为思考或情感已分化的思考型或情感型。还有，心理功能的意识性与无意识性如果具有同等的分量，就是原始心智状态的特征。

根据我自身的经验，辅助功能的本质虽然不同于主要功能，却不会与主要功能对立。所以，理性的思考功能作为主要功能时，很容易以非理性的直觉或感知作为它的辅助功能，却不会跟与它同属于理性功能的情感搭配。直觉和感知都是非理性的察觉功能，它们不像情感那样，由于和思考同属于理性的判断功能而与之对抗和竞争。所以，它们不仅不会被思考排除在外，反而还成为思考所乐于接受的辅助功能。不过，一旦它们的分化程度与思考并驾齐驱，就会导致个体由判断态度转为察觉态度，从而与原本的思考倾向相抵触。如此一来，个体便会为了纯粹察觉的非理性而压抑思考所不可缺少的理性原则。由此可知，辅助功能只有效劳于主要功能，而且不要求本身原则的自主性时，才有可能作为辅助功能而有益于个体。

所有实际出现的类型都适用如下的原则：个体除了拥有意识的主要功能之外，还拥有具备相对意识性的辅助功能，而且该辅助功能在各方面都与主要功能的本质不相同。主要功能和辅助功能的组合促使个体形成了一些大家所熟知的情况，例如，思考搭配感知的"实际的智识"、思考搭配直觉的"臆想的智识"、直觉借由情感判断而进行选择并表现出意象的"艺术的直觉"，以及直觉通过强而有力的智识思考将本身的灵视转入人们可理解的范围的"哲学的直觉"等。

意识功能的关系也会对无意识功能的组合产生相对应的影响。举例来说，意识的"实际的智识"会形成直觉与情感相配对的无意识态度，其中情感功能会比直觉功能受到更强烈的抑制。当然，只有处理这类个案的临床心理治疗者才会对这个特点感兴趣，而对他们来说，了解以下的情况相当重要。比方说，我经常看到有些心理医生在面对极端思考型的病人时会想办法让对方直接从无意识里发展本身的情感功能。但这种尝试却往往以失败告终，因为这已经过于剧烈地扭曲了意识的立足点。即使这种扭曲得以成功，患者却会因为这种扭曲而失去立足点，因而把治疗的医生当成他们的立足点，而对医生产生十足的强迫性依赖（Zwangsabhängigkeit），最后，医生只好残酷地中止患者的这种"移情作用"。如果个体可以经由次要功能而获得进一步的发展，也就是理性类型通过非理性功能而有所发展，那么，个体本身只要可以充分察觉意识的立足点，便可以掌握无意识以及最受压抑的劣势功能。理性类型经由非理性功能所出现的发展,可以让意识的立足点全面地察觉并审慎地考虑可能发生和实际发生的事物,意识便因此而获得保护,不至于受到无意识的破坏性效应的侵犯。反之,非理性类型则要求存在于意识中的理性辅助功能取得更强大的发展,以便做好充分的准备,让自己可以抵挡无意识的冲击。

人类的无意识功能处于古老而原始的、动物性的状态。它们那些出现在梦境和幻想里的象征性表达,大多呈现为两只动物或魔怪的战斗或对峙。

结　语

100多年前，法国大革命所揭示的"自由、平等、博爱"已经成为我们这个时代风行的社会思潮。这股思潮不只普遍地把个人的政治权利统一化，而且还强调可以通过外在的调整、处理和平等化来消除人类的不幸。处于这样的时代氛围却要谈论组成国家的人民的高度差异，这对我个人来说实在是一个吃力不讨好的任务。法律面前人人平等当然是一件美事，因为每个人都可以拥有自己的政治主张和投票权，没有人可以借由世袭的特殊地位和权利而不公平地凌驾于同胞之上。不过，如果人们把这种平等思想延伸到其他的生活领域，这件美事可就要跟着变调了！

只有那些无法正确认识和判断事物的人，或是那些因为距离遥远而无法清楚地观察人类社会的人，才会认为，只要把生命平等化，就可以把幸福更平均地分配给每一个人。如果他们还认为，相同的收入或外在生活条件对每人必定具有相同的意义，那么，他们就已经陷入空想之中而无法自拔了！如果他们是立法者，他们该如何对待那些认为生命更大的可能性并非外在于生命，而是内在于生命的人？他们如果对人有正确的认识，就会明白，或许应该给予某些人双倍的资源，因为同样的东西对人们来说意义不尽相同，有的人会认为比较有价值，有的人则认为比较没有价值。有鉴于社会的立法不会顾及人与人之间的心理差异——人类社会的生命能量最不可缺少的因素——因此，探讨个体差异对于人类社会是有助益的。因为个体差异会使得个体对幸福有不一样的要求，所以立法再怎么完善，也无法满足全体人民对幸福的各种不同的要求。况且，人们至今仍无法构想出一种看起来既公平又合理、不会让任何一种心理类型的人感到不公正，且普遍适用于民众的外在生活形式。虽然各个领域的狂热者——比如政治、社会、哲学和宗教的狂热者——依然致力于寻找一种普遍平等的外在条件，也就是一种能普遍为人们带来更多幸福的生活方式，但在我看来，人们会往这方面追求，其实是因为人们本身的那种过度定向于外在世界的普遍态度。

我们在这里只能略微地谈论这些问题，毕竟本书的任务不是要处理这些问题，而是讨论人类的心理问题，尤其是人类存在着各种心理类型的态度这个事实。心理类型的态度不仅是心理学的课题，也是所有取决于人类心理的学术领域与生活领域的首要问题。举例来说，所有的哲学都不只是哲学史，因为哲学理论和观点皆以哲学家个人心理的先决条件为基础，这是一般人可以轻易理解的事实。我们如果要对哲学提出心理学的批判，就应该注意，哲学家个人心理的先决条件就是——而且通常也被这么认为——他们本身纯粹的个体性。人们尽管认为这种情况是理所当然的，却忽略了哲学里存在着许多哲学家个人的先入为主的偏见。然而，带有偏见的看法无论如何都不算是偏见，毕竟哲学家的观点经常受到大批追随者的支持。哲学家的观点会被某些人接受，并非因为这些人没有自己的想法，只会盲目地附和哲学家，而是因为他们的确可以完全理解和赞同该哲学家所提出的观点。哲学家的观点如果独独取决于他个人，就不可能让追随者们产生共鸣，因为这样的观点可能完全无法被理解或赞同。追随者所理解和赞同的某种具有独特性的哲学观点，必然合乎某种由许多社群成员所共同持有的类型态度。在哲学的论战中，一方的支持者通常只会从外部攻击敌对的另一方，而且会以对手的缺失作为贬斥和攻击的目标。

一般说来，这类交锋往往很难得出实质的结果。不过，我们如果把这种无谓的争辩转移到心理学领域——导致敌对双方争辩的起因——时，就会有相当可观的斩获。因为心理学的审视可以很快地让我们看到，人们身上存在着各种不同的心理态度，而且每一种心理态度都拥有存在的权利，所以，不同的心理态度会使得哲学家们提出一些互不兼容的理论。只要人们试图通过外部的相互妥协来平息这种争端，这样的做法就只能满足那些肤浅的、无法因为坚持原则而产生热情的人们本身的那种较低的要求。因此，我认为，只有当不同类型的人们愿意相互认可彼此不同的心理先决条件时，他们之间才能真正地相互理解。

在临床的治疗工作上，我总是得不断地面对一个事实：人们几乎无法理解和接受与自己不同的观点。在比较琐碎的事物上，人们普遍的表面性和肤浅性在某种程度上的确有助于个体对他人的谅解和宽容，却难以让人们达到愿意真正理解他人、主动与他人沟通的善意。在比较重要的事物上，尤其是涉及某种心理类型的人们所持有的理想时，人与人之间的理解几乎已经变得不可能。当然，争执与不睦始终都是人类悲喜交织的生活戏剧的一部分，不过，我们却无法否认，从大动干戈到订立法律，并因此设立超然于冲突双方的审理机关和相关的评判标准，确实是人类文明的一大进步。我一直深信，个人认可与自己不同的态度类型的存在，并承认自己在某种程度上会受限于本身的类型，以至于无法完全理解他人观点的这个事实，才是平息人际之间由观点不同而引发的争端的基础。人们如果无法认可这种颇具挑战性的要求，就必然会扭曲他人的观点。正如法庭上针锋相对的双方必须放弃直接的暴力，而把本身的要求交付给法律和法官的公正性一样，凡是意识到本身受限于自己所属的心理类型的个体，也必须懂得克制自己不去谩骂、猜疑和贬损对方。

通过掌握和概略地描述关于类型态度的问题，我希望可以把读者的目光转向许多形塑个体观点的可能性，并借此让读者或多或少地认识个体心理的近乎无穷尽的变化及其在程度上的差异性。此外，我还希望，读者在看过我对于心理类型的描述后不至于认为，我所主张的四种或八种心理类型已经完全涵盖了所有出现在人类身上的心理类型。其实，我从不会质疑以其他的观点来探究和分类人类所出现的心理类型的可能性，因为在本书里我也曾约略提过探讨心理类型的其他可能性，比如人类心理活动的次类型的划分。不过，对于人类各种不同的习惯性态度的比较，始终都是建立心理类型的准则。因此,人们只要采用这种比较的方法,所得出的心理类型在数量上就会跟我所提出的心理类型是一样的。

人们如果要以其他的观点来思考出现在人类身上的态度,其实是比较容易的,至于要反证心理类型的存在,就比较困难了!我当然知道,我的对手们会努力把心理类型的问题排除在学术的研究范围之外,因为对于所有探讨复杂的心理过程并宣称具有普遍有效性的理论来说,类型问题必然是一个令人相当厌烦的阻碍。所有讨论复杂的心理过程的理论都是以人类心理的同质性为前提的,而且都是对于自然科学理论——也以研究对象的同质性为前提——的仿效。然而,心理学的情况却比较特殊,因为在心理学家建构心理过程的概念时,心理过程不只是研究的客体,也是研究的主体。如果人们天真地认为所有进行个案研究的主体都是相同的,那么,人们也会天真地认为,建构概念的主观过程无论在哪里都是一样的。

但是,实际的情况却非如此,而心理学家们对于人类复杂心理过程的本质总是看法不一,就是令人印象最深刻的证明。通常一个新的理论会自然而然地先从否认其他观点的正确性出发,这种研究现象大多只是因为提出新理论的研究者在主观见解上不同于前辈们罢了!不过,这些研究者却不会注意到,他们所察觉的心理其实只是自己的心理,或顶多只是他们所属的类型的心理,因此他们会期待他们所要认识和解释的客体只存在一种真正的解释,也就是合乎他们所属的类型的解释。至于其他所有的观点——或许我们可以说是其他的七种类型的观点——对他们来说则是谬误的,尽管这些观点对于观点持有者的类型而言具有同样的真实性。这些研究者对本身理论的有效性的关注,会同时让他们对于其他七种心理类型的存在产生强烈的、但在人性上却是可以理解的反感,这么一来,他的观点就会失去八分之七的真实价值。由此可知,研究者除了本身所建构的理论之外,也应该把同样经由主观过程而形成的其他七种理论看作具有同等的真实性。或者,我们可以这么说:他们至少应该把这七种理论视为与自己的理论具有相同价值的"第二理论"。

我深信,如果自然过程大抵上不受人类心理的影响,这种自然过程对于人类心理而言就只是客体,而且只具有一种真正的解释。同样,我也深信,复杂的、无法被任一仪器客观记录下来的心理过程所获得的解释,都只是研究主体的心理过程自行提出的解释。换句话说,概念的创造者只会提出符合他们本身所致力于解释的心理过程的概念，而且这些概念只有在与其创造者——进行思考的主体——的心理过程一致时才具有确实性。当概念的创造者所要解释的心理过程并未出现在他们自己身上，或自身没有相似的心理过程时，他们就无法解释这些心理过程，终究必须把解释的工作交给那些曾亲历这种心理过程的人来完成。以我本人为例，我从来无法通过客观的仪器体验灵视的形成过程，因此我只能依据自己的推想来解释该过程。然而，在"依据自己的推想"这句话里，却存在着我个人的局限性，因为我个人的解释顶多只是依据灵视的形成过程在我内在世界里的呈现。但是，我怎能知道，别人的内在世界所出现的灵视过程和我的灵视过程是否相同或近似呢？

心理学的研究者往往以看似合理的方式主张人类心理具有不受制于任何时空的、普遍的同质性，并以此作为他们自身所提出的主观判断的论据。我本人也深信人类心理的同质性，甚至曾用"集体无意识"这个概念来表达这种同质性，并把它视为一种普遍存在于人类身上的同质基底。因为集体无意识这种同质性的分布相当广泛，所以我们可以在世界各个角落发现相同的神话、民间传说和梦境的主题，例如，一个生活在美国南方的黑人会梦见希腊神话的主题，一位瑞士店员在精神障碍（Psychose）的状态下会出现与古代的埃及斯诺底派基督徒相同的灵视等。不过，这种无意识的同质性却也衬托出同样显著的意识心理的异质性。试想，原始人和古希腊名将特米斯托克利（Themistocles）那个时代的雅典人以及当今的欧洲人的意识存在着何等的差距！学问渊博的大学教授和他的妻子的意识又是何等的不同！如果人类的意识心理具有同质性，我们现在的这个世界看起来会是什么样子？在我看来，主张人类意识心理的同质性的思维其实只是学院派的空想，虽然它可以让心理学教授简化课堂上的教学，不过，这种主张一旦与现实遭遇就会立刻土崩瓦解。由于个体最内在的本质存在着天壤之别，即使我们完全撇开个体之间的差异不谈，同一类型的个体之间也会出现高度的差异性。总之，一些普遍性观点之间的分歧就是这些差异所造成的。

为了发现人类心理的同质性，我必须深究意识之下的无意识根基，而且我在那里所发现的一切都彼此等同。如果我把理论建立在这个可以联系一切的根基和起源上，我就会以此来解释人类的心理。但这么一来，我就无法说明人类心理所出现的历史或个体方面的分化。换句话说，我会因为这种强调无意识同质性的理论而忽略了意识心理的心理学，而且还否定了心理的另一面的种种，也就是心理从原初的萌芽状态所展开的分化。因此，我不是在某种程度上把人类还原到种系发生（Phylogenese）的原型，就是把人类分解成他们的基本心理过程；当我想重新建构人类时，在前一种情况里会出现人猿，而在后一种情况里则会出现大量累积的、彼此的交互作用既没有目的也没有意义的基本心理过程。

根据同质性来解释心理不只可行，而且完全合理，这毋庸置疑。但是，如果我想把人类的心理意象补充完善，我就必须考虑到心理的异质性这个事实，因为个体的意识心理不仅具有无意识的基础，也属于一般的心理写照。因此，我在建构概念时，也可以用同样的理由从已分化的心理异质性这个事实出发，并以分化的角度思考那个从前我从还原的、着眼于同质性的角度所思考的心理过程。当然，这种做法会让我产生与从前完全相反的观点：所有被从前的观点视为个体的变异而不列入考虑的东西，现在都因为作为个体继续分化的起点而变得很重要；所有被从前的观点视为同质性而赋予特殊价值的东西，现在都因为本身的集体性而变得毫无价值。因此，在现在这种思路里，我总是在注意事物会往何处发展，而不是它们从何处而来；然而，在从前的思路里，我只会关注事物的起源，而不是它们的发展目标。由此可见，我可以用两种相反的、相互排斥的理论解释同一个心理过程，却无法用其中任何一种理论声称，与其对立的理论是错误的，因为心理的同质性可以证明其中一种理论是正确的，而心理的异质性也同样可以证明另一种理论的正确性。

这种情形便给那些曾读过我早期的著作《力比多的转变与象征》的读者——不论是否具有心理学的专业背景——造就了极大的困境，许多优秀人士甚至还因此感到困惑不已，因为我在这本论著里曾试图以具体的材料说明这两种彼此对立的观点。我们都知道，现实既不是来自理论，也不会依循理论而发生。这两种相互矛盾的观点其实同时存在于现实里，所以我们必须分别地思考它们。毕竟一切具有生命力的东西都会在心灵里五彩缤纷地发光，它们都来自过去，也都在往未来发展，因此我们无法确实地知道，它们究竟是起点，还是终点。心理内容的生命力始终需要两种对立的理论的相互激荡，但这个事实却让那些认为心理过程只有一种正解的人感到绝望。尤其是对那些偏好简单、不复杂的真理的人来说，他们实在无法同时思考这两种观点。

然而，我本人依然不认为，采用定向于过去的还原法和定向于未来的建构法——我曾在本书以及先前发表的著作里提过这两种相反的研究方法——就能穷尽心理学研究的所有可能性。我反而相信，人们其实还可以对心理过程提出同样"真实"的解释，而且这些解释的种类就跟人类的心理类型一样多，不过，这些解释却跟各种心理类型在人际关系上的表现一样，不一定能相互协调一致。如果人们应该承认人类心理存在着类型的差异——我实在找不到任何理由来否定这种差异的存在——心理学的理论家就会觉得自己被迫面对一种棘手的困境，因此，不是任由一些探讨同一种心理过程却相互矛盾的理论继续存在，就是试着建立自己的学派，并声称自己拥有唯一正确的方法和唯一真实的理论，尽管他们这样的尝试从一开始就显得毫无指望。因为这种可能性不只违反了人类二元的、内在相互矛盾的思维运作的错综复杂性——这一点我在前面已经谈过——也违反了智识性道德的基本原则之一：人们不该依照某件事物的应用情况而扩大它的解释基础。

对于心理学的理论来说，获得大多数的解释的支持确实是必要的，因为——与所有自然科学的理论不同的是——在心理学的领域里，研究者所解释的客体和进行解释的主体（研究者）在性质上是一样的，因为心理学的研究就是由一个心理过程来解释另一个心理过程。然而，这种令人产生疑虑的复杂性已经迫使长期进行这方面思考的有识之士提出一些引人瞩目的借口，比方说，他们不得不接受"客观心理"这个概念——所谓的"客观心理"存在于心理过程之外，因此可以客观地思考它所管辖的心理——或类似的想法，比如智识是一种可以让自己站在自身之外以思考自身的能力。他们认为，借由这些或类似的想法，就可以创造出一个位于地球以外的支点，而让阿基米德根据杠杆定理举起整个地球。我当然可以理解人类对于简便的强烈需求，但我却无法理解，为何真理应该屈服于这种需求。此外，我也可以理解，人们如果不理会那些自相矛盾的心理学解释，而是把心理过程还原为某种尽可能简单的本能基础，就可以让自己因此而平静下来，或者赋予心理过程某种形而上学的救赎目标，而让自己可以在这种希望里感到安心，并因此而获得更多审美的满足。

不论我们努力用智识探究什么，只要这些探究是诚实的，不是诉诸简便的不当预设，它们终将会出现抵触性和相对性。以智识理解心理过程必然会导致抵触性和相对性，这是确凿无疑的，因为智识只是人类诸多心理功能的一种，从本质上来看，它的存在只是有利于人类建构本身的客体意象。人们看起来似乎不只从智识，也会从情感来理解这个世界。由此可见，智识的判断顶多只占了真理的一半，它如果是诚实的，必定会承认自己的不足之处。

否认心理类型的存在，其实完全无损其存在的事实。正因为心理类型确实存在，所以所有探讨心理过程的理论都必须被视为心理过程本身，更确切地说，被视为人类既有的、具有存在权利的心理类型的表达。这些心理类型的表达会产生一些材料，而这些材料的相互搭配就会形成一种更高层次的综合体。

图书在版编目（CIP）数据

心理类型 /（瑞士）卡尔·荣格著；庄仲黎译.
长沙：湖南文艺出版社，2024. 8 -- ISBN 978-7-5726-1985-4

Ⅰ．B84

中国国家版本馆CIP数据核字第2024A4V425号

心理类型
XINLI LEIXING

作　　者	［瑞士］卡尔·荣格
译　　者	庄仲黎
出 版 人	陈新文
出 品 人	陈垦
出 品 方	中南出版传媒集团股份有限公司
	上海浦睿文化传播有限公司
	上海市静安区万航渡路888号开开大厦15楼A座（200040）
责任编辑	吕苗莉
装帧设计	祝小慧
责任印制	王　磊
出版发行	湖南文艺出版社
	（长沙市雨花区东二环一段508号　邮编：410014）
印　　刷	深圳市福圣印刷有限公司

开本：880mm×1230mm　1/32　　印张：17.5　　字数：280千字
版次：2024年8月第1版　　　　　 印次：2024年8月第1次印刷
书号：978-7-5726-1985-4　　　　 定价：78.00元

版权专有，未经本社许可，不得翻印。
如有倒装、破损、少页等印装质量问题，请联系印制单位调换。联系电话：021-60455819

浦睿文化
INSIGHT MEDIA

出 品 人：陈　垦
出版统筹：胡　萍
监　　制：余　西
编　　辑：何啸锋
装帧设计：祝小慧
营销编辑：狐　狸

欢迎出版合作，请邮件联系：insight@prshanghai.com
新浪微博@浦睿文化